ちくま学芸文庫

英語類義語活用辞典

最所フミ 編著

筑摩書房

目 次

まえがき　11
今回の増補版を前にして　　17

ABANDON　20
ABLE　21
ACCOMPLISH　23
ACHE　25
ACHIEVE　23
ACQUIRE　172
ACT　26
ACTION　26
ACTUAL　383
ADAGE　286
ADEQUATE　135
ADHERE　344
ADORN　127
AGE　139
AGREE　39
AIM　175
ALIEN　159
ALL　29
ALLOW　261
ALTER　70
AMBIGUOUS　386
ANALOGY　243
ANIMAL　30
ANSWER　32
ANTAGONISTIC　34
ANXIETY　36
APEX　259
APHORISM　286
APPAREL　124
APPRAISE　140
APPREHENSION　36
ARGUE　37
ARROGANT　38
ASPECT　266
ASSAIL　42

ASSAULT　42
ASSEMBLE　171
ASSENT　39
ASSESS　140
ASSIST　192
ATTACK　42
ATTORNEY　226
AUGMENT　204
AVENGE　43
AVOID　45
AXIOM　286

BAN　158
BANAL　46
BARBAROUS　312
BARE　48
BARRISTER　226
BATTLE　396
BEAST　30
BEGIN　50
BENEFIT　52
BENEVOLENT　53
BENIGN　53
BERATE　314
BIAS　55
BIG　56
BIND　376
BLEND　247
BOAST　58
BRAG　58
BRING　60
BROAD　397
BULK　392
BUM　62
BURDEN　231

BUSINESS 86
BUY 63

CALM 65
CANDID 162
CAPABLE 21
CAPTURE 68
CARE 67
CAST 374
CATCH 68
CEASE 345
CERTAIN 357
CHANGE 70
CHARACTER 265
CHARMING 150
CHASE 157
CHOICE 255
CHOOSE 71
CINEMA 73
CIVIL 269
CLAIM 75
CLASSIC 76
CLASSICAL 76
CLIENT 78
CLOSE 216
CLOTHES 81
COHERE 344
COLD 82
COLLECT 171
COLOR 83
COMFORT 84
COMMENCE 50
COMMERCE 86
COMMODITIES 177
COMMUNICABLE 87
COMMUNICATIVE 87
COMPANY 88
COMPARABLE 89
COMPARATIVE 89
COMPETE 90, 309
CONDITION 92

CONFER 94
CONSENT 39
CONSEQUENCE 305
CONSERVE 282
CONSIDER 297
CONSOLE 84
CONSTRAIN 93
CONSTRAINT 93
CONSULT 94
CONTAIN 96
CONTEMPT 315
CONTEND 90
CONTENT 311
CONTEST 90
COOL 82
COPY 202
CORPORATION 88
CORRECT 307
COURTEOUS 269
CREATURE 30
CREDIBLE 98
CREDITABLE 98
CRITERION 340
CUNNING 99
CUSTOMER 78

DAMAGE 208
DANGEROUS 101
DAZED 121
DEBATE 37
DECAY 102
DECIDE 103
DECOMPOSE 102
DECORATE 127
DEEM 297
DEFER 271
DEGENERATE 112
DEGRADE 112
DELINEATE 108
DEMAND 75
DEMON 114

DEPART 174
DEPEND 105
DEPICT 108
DEPRESSED 106
DESCRIBE 108
DESERT 20
DESPISE 110
DESPOT 111
DETERIORATE 102, 112
DETERMINE 103
DETEST 110
DEVIL 114
DIFFICULT 185
DISBELIEF 115
DISCIPLINE 379
DISCLOSE 116
DISDAIN 110
DISEASE 118
DISINTERESTED 120
DISREGARD 201
DISTRESSED 106
DIVULGE 116
DIZZY 121
DOUBT 361
DOUBTFUL 122
DRAG 288
DRAW 288
DRESS 81, 124
DUBIOUS 122

EAGER 125
EARNEST 316
ECONOMICAL 165
EFFECTIVE 126
EFFECTUAL 126
EFFORT 133
ELECT 71
ELEMENT 148
EMANCIPATE 164
EMBELLISH 127
EMIGRANT 129

EMPLOY 195
EMPTY 131
ENDEAVOR 133
ENEMY 134
ENOUGH 135
ENTHUSIASTIC 125
ENVIOUS 137
EPIGRAM 286
EPOCH 139
ERA 139
ERROR 245
ESTIMATE 140
ETHIC 142
ETHICS 143
ETHNIC 143
EVADE 45
EXHAUSTED 378
EXPLAIN 146
EXPLICATE 146
EXPOUND 146

FACTOR 148
FAKE 335
FARE 149
FASCINATING 150
FASHION 391
FAST 151
FATAL 390
FATIGUED 378
FEMALE 153
FEMININE 153
FETCH 60
FIEND 114
FILM 73, 155
FINAL 225
FIRM 88, 155
FLICKS 73
FOE 134
FOLLOW 157
FORBID 158
FOREIGN 159

FOREWORD 278
FORTUITOUS 161
FORTUNATE 184
FRANK 162
FREE 164
FRINGE 235
FROCK 124
FRUGAL 165
FRUSTRATE 167

GAINFUL 168
GAME 169
GARMENT 124
GATHER 171
GET 172
GIDDY 121
GIFT 280
GO 174
GOAL 175
GOODS 177
GOVERN 179
GOWN 124
GRATUITOUS 161
GRAVE 180, 316
GRIEF 182
GUESS 183
GUILT 326

HAPPY 184
HARD 155, 185
HARM 208
HASSLE 198
HASTE 196
HAUGHTY 38
HAVE 187
HEALTHY 189
HEAR 191
HELP 192
HIDE 328
HIRE 195
HIT 350

HOBO 62
HOSTILE 34
HUE 83
HURRY 196
HURT 208
HUSTLE 198

IDLE 200
IGNORE 201
ILL 324
IMITATE 202
IMMIGRANT 129
INCLUDE 96
INCREASE 204
INDUSTRY 86
INFIRMITY 118
INFORMANT 205
INFORMER 205
INGENIOUS 206
INGENUOUS 206
INHUMAN 207
INJURE 208
INJUSTICE 210
INQUIRE 293
INSIST 263
INSPECT 211
INSTRUCT 365
INTELLECTUAL 213
INTELLIGENT 213
INTENSE 215
INTENSIVE 215
INTERROGATE 293
INTIMATE 216
INTRODUCTION 278
INVESTIGATE 211
ISOLATION 333

JEALOUS 137
JOB 218
JOURNAL 234, 369
JOURNEY 218

JUMP 220
JUST 307

KEEN 320
KIND 224
KNAVE 387

LABOR 402
LARGE 56
LAST 225
LAWN 385
LAWYER 226
LAZY 200
LEAN 372
LEAP 220
LEASE 227
LEAVE 20, 174
LEGAL 228
LEGITIMATE 228
LENIENT 229
LIBERATE 164
LINEAL 230
LINEAR 230
LISTEN 191
LITTLE 331
LOAD 230
LOCAL 232
LOOK 233
LUCKY 184
LUMBER 377

MAGAZINE 234
MALADY 118
MALE 237
MANLY 237
MANNISH 237
MARGIN 235
MARRIAGE 236
MASCULINE 237
MASS 392
MAUSOLEUM 180

MAXIM 286
MEDIA 369
MEDIOCRE 46
MELT 240
MENACE 373
MEND 241
METAPHOR 243
MIND 67, 244
MISTAKE 245
MIX 247
MOCK 335
MORALITY 142
MORALS 143
MOROSE 355
MOTION PICTURE 73
MOVIES 73
MURKY 386
MUTUAL 249
MYSTIQUE 250
MYTH 250

NAKED 48
NATION 342
NEAT 253
NEWSPAPER 369
NUDE 48

OBJECT 285, 289
OBJECTIVE 175
OBTAIN 172
OPPONENT 255
OPPOSITE 255
OPTION 255
OVERWORKED 257
OVERWROUGHT 257
OWN 187

PAIN 25
PANTS 382
PEAK 259
PEEK 260

PEEL 322
PEEP 260
PERILOUS 101
PERIOD 139
PERIODICAL 234
PERMIT 261
PERSIST 263
PERSONALITY 265
PHASE 266
PHONY 335
PICTURES 73
PINNACLE 259
PLACID 65
PLAN 267
PLEDGE 394
PLIGHT 279
PLOT 267
POLITE 269
POSSESS 187
POSTPONE 271
POSTURE 273
POWER 276
PRAISE 381
PREAMBLE 278
PREDICAMENT 279
PREFACE 278
PREJUDICE 55
PRESENT 280
PRESERVE 282
PRESS 369
PRESSURE 349
PROCURE 63
PROFIT 52
PROFITABLE 168
PROHIBIT 158
PROJECT 267
PROTECT 283
PROTEST 285
PROVERB 286
PROVIDE 356
PULL 288

PUNK 62
PURCHASE 63
PURPOSE 289
PURSUE 157
PUSH 291

QUERY 293
QUESTION 293
QUICK 151

RACIAL 143
RAPID 151
RASCAL 387
RATIONAL 296
REAL 383
REASONABLE 296
RECALL 301
RECIPROCAL 249
RECOLLECT 301
REGARD 297
REGIONAL 232
REGRET 299
REIGN 300
RELY 105
REMEDY 241
REMEMBER 301
RENT 227
REPAIR 241
REPENT 299
REPLY 32
REPRESS 304
REPRIMAND 314
REPROACH 314
RESTRAIN 93
RESTRAINT 93
RESULT 305
RETALIATE 43
REVEAL 116
REVENGE 43
RIGHT 307
RIGHTEOUS 307

RIP 366
RIVAL 309
ROBBER 371
ROGUE 387
RULE 179, 300

SATISFIED 311
SAVAGE 312
SAY 362
SAYING 286
SCHEME 267
SCOLD 314
SCORN 315
SCOUNDREL 387
SECLUSION 333
SEE 233
SELECT 71
SEPULCHER 180
SERENE 65
SERIOUS 316
SERVE 319
SERVICE 319
SHAM 335
SHARP 320
SHIELD 283
SHUCK 322
SICK 324
SIMILE 243
SIN 326
SKIN 328
SLACKS 382
SLENDER 329
SLIM 329
SLY 99
SMALL 331
SOLACE 84
SOLICITOR 226
SOLID 155
SOLITUDE 333
SORROW 182
SORT 224

SOUND 189
SPEAK 362
SPIRIT 244
SPURIOUS 335
STAIN 338
STANCE 273
STANDARD 340
START 50
STATE 92, 342
STICK 344
STOP 345
STRATEGIC 347
STRENGTH 276
STRESS 349
STRIKE 350
SUBSTANTIAL 353
SUBSTANTIVE 353
SUFFICIENT 135
SULKY 355
SULLEN 355
SUMMIT 259
SUPPLY 356
SUPPOSE 183
SUPPRESS 304
SURE 357
SURRENDER 360
SUSPECT 361
SUSPICIOUS 122
SWEAR 394
SWIFT 151

TACTICAL 347
TAINT 338
TALK 362
TARGET 175
TEACH 365
TEAR 366
TELL 362
TENDENCY 368
TERMINAL 225
THAW 240

THIEF 371	UNHUMAN 207
THIN 372	UNINTERESTED 120
THREAT 373	UPBRAID 314
THRIFTY 165	
THROW 374	VACANT 131
THRUST 291	VACUOUS 131
THWART 167	VAGUE 386
TIDY 253	VIE 309
TIE 376	VILLAIN 387
TIMBER 377	VITAL 390
TIRED 378	VOGUE 391
TOIL 402	VOID 131
TOLERANT 229	VOLUME 392
TOMB 180	VOW 394
TOUR 218	
TRADE 86	WANT 399
TRAINING 379	WAR 396
TRAMP 62	WARE 149, 177
TRANQUIL 65	WEDDING 236
TRAVEL 218	WHOLE 29
TREND 368	WIDE 397
TRIBUTE 381	WISH 399
TRIP 218	WOMANISH 153
TRITE 46	WOMANLY 153
TROUSERS 382	WORD 402
TRUE 383	WORDS 402
TUG 288	WORK 218, 402
TURF 385	WRONG(S) 210
TYRANT 111	
	YIELD 360
UNBELIEF 115	

索引　　405

解説　人間と言葉への鋭敏な感性　　加島祥造　　413

まえがき

　類義語（シノニム＝synonym）とは、同じ idea を根底に持つ別々の言葉である、というのが欧米の thesaurist（類義語研究家）が通常くだす定義である。だがわれわれ日本人が英語力をつけるための一つの方便として英語のシノニムを研究する場合、次の3種類に分けて考えると便利である。

　(1)　意味がまったく同じで、使い方も、口語調と文語調の違いか、わずかな力点の差ぐらいで、どちらを使っても大した違いのないもの。たとえば、"mistake" と "error"、"sick" と "ill"、"big" と "large" のようなもの。

　(2)　同じ idea から派生してはいるが、言葉の性格に著しい違いの見られるもの。したがって使い方をまちがえるとコミュニケーションに重大な齟齬(そご)を来たすもの。たとえば、"doubt" と "suspect"、"foreign" と "alien"、"substantial" と "substantive"。

　(3)　漠然とシノニムだと信じられてはいるがその実、異質な言葉。これは日本語訳の辞書を使って英語を学ぶ日本人の特に注意すべきグループである。"fortunate" と "happy"（仕合わせ）、"fault" と "flaw"（欠点）、"local" と "regional"（地方的）などがこの類いである。英語国ではシノニム扱いされないこの種の言葉も、本辞典

には入れてある。

　また特に日本の社会に限らず、英語国でも混同されがちな言葉、たとえば "journey" と "trip"、"intimate" と "close"、"disinterested" と "uninterested" もこの中に入る。しかし、この辞典は、見た目に混同しやすいもの、たとえば綴りが似ているといったいわゆる "confusibles" は扱わない。たとえば "flush" と "flash"、"blush" と "brush"、"verve" と "verb" など。ただ一つの例外として "ingenuous" と "ingenious" を入れたのは、これの区別ができない人が英米人にも多いばかりでなく、使用上に重大な違いがあるからである。

　こう見てくると、類義語は、同じ idea を共有する別々の言葉とばかり考えるのは、あまりにも狭く不便なので、本書では、意味に多少の関連があれば、類義語として扱い、言葉と言葉の関わり合いに焦点をあてることにした。この意味で反意語（アントニム＝antonym）もある程度入れることにした。

　日本人が英語の類義語を研究する場合、英語国民が自国語の中のシノニムを研究するのとはおのずから異なる利点がある。その１つは、英語の多面性に直接ふれる結果、多種類の言葉を広範囲にわたって憶えこむという点である。特に、日本語にない種類の言いまわし、その中に微妙に現われている英語国民の叡知といったようなものもその中に含まれる。

　だがこれは英語の理解力を深めれば自然に得られる結果であって、本辞典の直接の目的ではない。英語のシノニムに関心を持つような読者は、ただ漠然と外から与え

られた知識に満足する人間ではない。単なる辞書マニアでもない。多くの場合彼は、生きた社会に深く関わり合っていて、そのためにある必要に迫られている人である。たとえば彼は何かの idea を英語でコミュニケートせねばならぬ必要から、効果的な英語表現を探している。彼はその idea を表わすと思われる英語を漠然と心に持ってはいる。なぜなら人間が日常口にする大抵の言葉は和英の辞書に一応は載っているからである。だが彼は、辞書で見つけた言葉はあまりにも画一的で、自分の場合に当てはまらないように感じている。さりとて、そのものずばりの表現を考え出すところまではきていない。

　本辞典はこういう人のために word finding を手伝うことを主たる目的にしている。こういう人は自分の必要とする idea をはっきりと知っているので、判断の規準を持っている。レトリックの表面に容易にだまされない。たとえば、彼はあることについて「疑わしい」と思っていて、その気持を英語でコミュニケートしようとしているとする。「疑わしい」を和英の辞書でひくと、"doubtful"、"questionable"、"dubious" と出ている。"suspicious" も「疑わしそうな」の訳語として現われる。いったい彼はこの中からどれをえらべばよいのか？

　最も簡単な方法は、"doubtful"、"questionable"、"dubious"、"suspicious" をそれぞれ解体して元の動詞にしてみればよい。そうすれば、"doubtful" と "dubious" は還元されて "doubt" になり、"questionable" は "question" に、"suspicious" は "suspect" になる。"question" は積極的に異論を称えることで、"doubt" の

ように内心疑いを持つことを表現しない。それで問題は"doubt"と"suspect"にしぼられる。

例 (1) I *suspect* she led, on the whole, a happy life despite her physical handicaps.（彼女は、身体障害者というハンディキャップはあっても、全体としては、幸福な一生を送ったのではないかと思う）

例 (2) I *doubt* she led a happy life.（彼女が幸福な一生を送ったとは思えない）

"doubt"は一見あるように見えるが、実はないと思うこと、正直そうに見えても、そうではないと疑ってかかることである。だが、"suspect"は一見ないように見えているが実は何かがあると思う心である。つまりこの2つは正反対の感覚なのである。自分の考えているポイントを表わすのにどちらをえらぶかは、かくてそのideaの持主である当人以外にはわからないのである。

類義語の判定は色彩感覚とよく似ている。同じブルー系統の色でも、くすんだブルー、緑がかったブルー、灰色じみたブルー、きらきらした群青色などいろいろある。その違いは対比で明確になる。

またものによっては反対色をあてがうと、色の性格が正確に引き出せることもある。これと同じく言葉によってはアントニムをあてがうと本性が出てくる場合もある。"bland"などもその例である。この言葉は日本語では「柔和」とか、「おだやかな」とか訳されているが、賞め言葉なのか、何なのかはっきりしない。だが"bland"のアントニムは人間について使えば、"pungent"（ピリリとした、生き生きした）であり、味覚で言えば"spicy"

(香料のきいたいい味)である。これから見て、"bland"は必ずしも「柔和」とか「やさしい」という手放しの賞め言葉ではなく、むしろ"dull"で平凡で、面白味に欠けるという overtone がある言葉だということがわかってくる。

本辞典の特徴と使い方： 本辞典の取り上げた類義語のグループは、現在の時点で最も日常的、常識的な範囲内で多用される言葉を中心としている。憶え易いように、よく知られているシノニムをペアでセットにした、"benefit"と"profit"、"wish"と"want"、"stress"と"pressure"といった具合に。また2つ以上のグループにした場合でも、なるべくペアに砕いて説明を入れるようにした。

この辞典のもう一つの特徴は、用例を単語やフレーズだけで示さずに、complete sentence の形にして示した点である。利用者が、そのまま、名前やテンスを変えればすぐ使えるようになっている。出典を特記したもの以外は、どれもごく日常的な表現だから、いつどこで使っても差支えない。

本書の使い方は普通の辞書と別に変わらない。各セットの最初の言葉の頭文字のアルファベット順に配列されている。ただ、自分の知りたい語句を探す人のために、目次にして、別掲してある。これもアルファベット順になっているから、自分が考えている idea に当たるとおぼしい言葉（辞書などで見つけたもので、内心あまり満足していないが、とにかく手持ちの）が出ているかどうかま

ず当たってみる。あるいは単に好奇心から特定の言葉の類義語を知ろうと思い立った場合でもよい。とにかくこの目次には本辞典に取り上げた言葉は全部出ているから、思う言葉の所在ページを開けば、その類義語と用例が出てくる仕組みになっている。

　だが不幸にして目次の中に思う言葉が出ていない場合はどうするか？　その場合は、まず、索引を見ていただきたい。それでもなければ、この目次全部に目を通してみる。そして自分の考えている idea に少しでも関係のありそうな言葉を見つけてそれを引いてみる。それの類義語なり、用例の中に何らかの連想をもたらすものがあるかもしれないのである。

　おわりに：　私は先に、実際に英文を書こうとしている人の手助けが本書の主な目的であるように言ったが、これは私の関心がそれに尽きるという意味ではない。私の真の目的は、英語力の増進以外の何ものでもない。読者がこの小辞典から何らかのヒントを得られ、英語に対する意欲を増されるならば、私にとってこれ以上の喜びはない。

　　1979 年 6 月

　　　　　　　　　　　　　　　　F. S.

今回の増補版を前にして

　『英語類義語活用辞典』を世に送ってから、いつのまにか5年の月日が流れている。この小著も幸い読者を得てすでに6版を重ねた。ときおり読みかえしているうちに、あと知恵で、あれもこれもどうして入れておかなかったかと思うケースがますます増えてきた。これを裏付けるような読者からの声も多く、英語に対する世間の関心がますます深まりつつある現在、ここらで増補版を出してはということになったのである。

　もともと本書は、私が個人的な必要にかられて作成したプライベートなメモから出発したものである。私はある時期、かなり長い間ひとつのチャレンジングな（私にとって）仕事にたずさわっていた。是が非でも人の記憶に残るような英文を、週1回プリント・メディアに書かなければならなかったのである。つまり私は英文コラムニストだったのである。終戦後、最初の日本人の英語コラムニストだったのである。この仕事は私にとってはチャンスであり、チャレンジだった。ある英字紙のeditorが私を名指しで映画（主として洋画）の評論を依頼してきたのである。1948年といえば、敗戦1945年の8月から3年と経ってはいないころである。映画の英文コラムはそれ以前にはなかったのである。占領下の日本で出る英字紙の読者は、まずマッカーサー将軍の率いる占領軍、

それから日本の知識層、英語を勉強中の学生などである。映画欄は何といっても最も人の目に付きやすいコラムである。

メジャーのアメリカの大学で "English major"（英文学専攻）としていくつかの学位を持っていたとはいえ、帰国した当時の私には適当な outlets がなかった。日本で英文でものを書いて生活することは不可能だったのである。もっともこれは今も大して変わってはいないが、とにかく私がたまたまありついた英字紙のための映画コラムニストの仕事は、私にとっては千載一遇の意味を持っていた。私はそれまでに貯えたすべての力をこのコラムに投入しようと決心した。

1本の映画からの視覚経験を言語化して、しかも自分の意思の入った英文を作り出すという仕事は、やってみた人でなければわからない危険な賭けである。このことは、アメリカのジャーナリストで元映画コラムニストだった人たちの手記を見ても、ぴんとくるものがある。だが私の場合、映画の内容とは関係なく、もっぱらいかにして魅力的な英文を綴るかということが、唯一の関心事だった。虎視眈々なんとかして私をやりこめてやろうと窺っている、いわゆる "native speakers" の群に、少しでも隙を見せたが最期、1か月ともたない商売なのである。それを足かけ26年間つづけることが出来、アメリカをはじめ多くの国に知己を得たことは、私にとって幸運であったと同時に、貴重な勉強になった。

頭の中に着想が浮かぶことと、それを文字にして衆目にさらすこととは決して地続きではないのである。この

緊張感が私の語感をある程度シャープにし、言葉のニュアンスに敏感ならしめたのだと思う。一見同じように見えていても、全く同じ言葉というものはない。その微妙な差違を知っていなければ、効果的な表現はできない。

それで私は、これはと思う言葉のリストを作って、ひとつひとつの言葉の使用例とその言葉の現在のイメージを記して、自分の仕事に役立てはじめた。言葉のリストはだんだん増えていった。これを見ながら私は、次第に自分のような英語研修者の便宜のために辞典を作ってはと思いはじめたのである。

シノニムの辞典はアメリカにはかなりいいものがいくつかある。*Roget* の Thesaurus は広い英語の語彙をカバーするが、日本語のあいまいさからくる独得の問題まで処理するようには出来ていない。この意味からいって、日本で仕事をする英文ジャーナリストはむろんのこと、英語の核心にふれることを目指す人々が気やすく使えるような、日本語で解説した類義語辞典が1つくらいはあってもいいのではないかと。

本書を英語による表現力の強化・研究を志すあらゆる分野の個人に捧げます。

1984年4月

F. S.

A

abandon / desert / leave

　この3つは何かを途中で放棄することだが、"leave" はこの中では感情的含みがもっとも少ない一般的な用語。他の2つはそれぞれの感情的プレッシャーの強い言葉である。"abandon" は、それまで深く関わってきた人間関係や物事を何かの事情で捨てなければならない羽目になったことを意味している。難破して沈んでゆく船の船長は "Abandon Ship!" と全員に司令して、救命ボートに乗り移らせる。

　"desert" は abandon と同じく、感情的または義務的に深く関与したものを捨てるのみならず、法律的な義務を放棄し去ることにウェイトがある。"desert" は元来軍隊用語で、"deserter" は「敵前逃亡兵」のことで厳罰（しばしば死刑）に処せられた。"desertion" は夫が扶養の義務を放棄して家族を捨てて逃亡することの法律用語で、昔はアメリカでも、離婚が認められる唯一の理由だった。

　家族関係に abandon、desert、leave を使った場合、意味の違いが次のようになる。

(1) A man who *deserted* his wife and children has

abandoned all his moral and legal obligations to his family.（妻子を捨てて逃げた男は、自分の家族に対する道徳的、法的義務を放棄したことになる）

(2) A man who *leaves* his wife and children can still be legally honorable if he continues to support his family.（妻子のもとを去った男でも、扶養の義務を怠らなければ、法的に何ら非難されるところはない）

able / *capable*

表面的にはこの2つはともに有能であることを示す形容詞である。だが実際の用法は意図する事柄によって違ってくる。そしてその差違は微妙な含みがあるところから、自分ではほめるつもりで言ったことが、ほめたことにならぬばかりか思わぬ誤解を招くことさえあり得る。

"able" は五官の身体的能力も含めて、常識的に能力として認められている場合に使う。

(1) The baby is now *able* to walk [speak].（その赤ちゃんは、もう歩ける〔しゃべれる〕）

(2) All *able-bodied men* in the village were taken by the army.（村の五体満足の男子はみな軍にとられた）

(1)の場合も(2)の場合も "able" を "capable" に置き換えることはできない。なぜか？　まず "capable" は五官の機能のような、単純な、現実の能力ではなく、もっと複雑な、時には潜在能力を含んだ言葉である。"able" は "adequate"（任に耐えるだけの能力）と同じ意味にも使える。

(3) She is an *able* stenographer.（彼女は優秀な速記者だ）

と言えば、速記者としての十分な能力をそなえていることである。

だが、

(4) She is a *capable* stenographer.

と言えば、彼女は速記者としての技術ばかりでなく、なかなか resourceful（臨機応変）の才覚を持ったうで利きの速記者だ、ということである。これはむろんほめ言葉だが、

(5) Besides being a talented stenographer, she is also *capable of* forging official documents.（有能な速記者である以外に、彼女は公文書を偽造することだってやりかねない女だ）

といった悪い意味にも使えるのである。これを She is *able to forge*. とは言えない。なぜなら公文書を偽造することは、持っているのが望ましい能力ではなく、犯罪行為だからである。

(6) Why were you *able* to go to America and study in a university?（あなたはどうしてアメリカに行って、大学で勉強できたのか？）これは明らかに "capable" と置き換えるわけにはいかない。

"able" と "capable" の違いは、名詞形にしてみると一層はっきりする。

(7) He has the *ability* to draw from his pupils their latent *capabilities*.（彼は生徒から、外から見たのではわからない潜在能力を引き出すことが出来る人だ）

accomplish / *achieve*

　どちらも目的を達成することだが、重点が多少違うために使う時の心理にも違いが出てくる。

　"accomplish" は万難を排して自分でやろうと決めたことをやりとげることで、重点は困難の克服にある。反対は "fail" で途中で投げ出すことである。自分で決めた目的だから外から見れば大したことでないかもしれないが、とにかくそれと取り組んで出来上がらせることである。

　(1)　She *accomplished* the mailing of 1,000 Christmas cards in a day.（彼女は1日でクリスマスカードを1000通書いて郵送にまでこぎつけた）

　(2)　He got his driver's license and *accomplished* his purpose.（彼は運転免許証を手にして目的を果たした）

　(3)　She has lots of wishes but *accomplishes* nothing.（彼女はやりたいことはたくさん持っているが、実際には何一つやってはいない）

　(4)　He has a finger in every pie but *accomplishes* very little.（彼は何でもやりたがって手をつけてみるが、ものにしたものはほとんどない）

　"accomplish" という言葉の性格は "achieve" に比べて、達成するものの価値の範囲が、常識的な話でわかるものに限られている。"accomplishment" と名詞にすると、古き時代の女性の「たしなみ」の意になる。音楽、ダンス、社交の会話（"small talk"）などを一定の規準

で身につけることを言う。

(5) She is a well-bred and *accomplished* young lady. と言えば、エレガントな芸事、作法を身につけた、育ちのよい娘さんだ、ということである。"accomplished" は男性にも使えないことはないが、これは特殊な能力の時で、"an accomplished man" とは言わない。

(6) Lord Heath was an *accomplished* pianist and used to entertain his Cabinet Ministers at his home. (ヒース卿はピアノをよくし、自分の部下の閣僚を家庭でもてなしたものだ) つまり、この人は本職は政治家だがピアノにも長じていた、の意である。

"achieve" はそうした世間的な価値であろうとなかろうと、価値としてオーソドックスなものを射止めたことを誇示する言葉である。

He *achieved* greatness. これなどはその極端な例で、直訳してもぴんとこないが、「彼は何よりも偉大であった」の意である。目的として偉大さを狙ったわけではないが、彼の業績は何よりも偉大の一語に尽きるということである。したがってこの "achieve" を "accomplish" にするわけにはいかない。なぜなら後者は意図的なものだからである。

しかし、"achieve" "achievement" は教育用語としてアメリカの学校教師によってよく使われる。pupils who failed to *achieve* という表現をよくするが、これは、一定の学年に合わせた技能 (skills) や知識の規準に到達できなかった生徒のことで、つまり "achievement test" に落ちた生徒である。このテストは学年によって問題が

きまっているのである。しかし "achieve" は、一般用の言葉でもあり、どんな大きなことにも使う。

(7) Our objective is to *achieve* a lasting peace. (われわれの目的は永遠の平和を獲得することである)

(8) The heights she has since *achieved* in her fields is simply staggering. (彼女がその後その専門分野で達成した高度の業績は驚くばかりだ)

accomplishment / achievement　この2つはある実績に到達することという点では前述のように同じだが "accomplish" と "achieve" は動詞の性格が少々違うので名詞になるとその差がはっきりしてくる。

"accomplishment" が個人的達成であることを示す好例としてアメリカのノーベル賞作家 Saul Bellow の言葉に次のようなものがある。これは彼の処女作 *Dangling Man*（『宙ぶらりんの男』）からの引用である。

(9) He was very busy that first year keeping up all his *accomplishments*, his music, his politics, his class work. (最初の年、彼は自分の才芸を大切にして質をおとさないようにするのに懸命だった。楽器をひくことだの、仕入れた政治学の知識だの、学業だのといったことに)

ache / pain

両者とも感覚的な痛みを表わすが、同じ不快感ではない。"ache" は "pain" より痛みの種類もしくは幅が広い。激しい痛みもあれば、鈍痛もあり、かつ、かなり持続的である。headache、toothache、backache、stomach-ache、bellyache などがある。

(1) I woke up with *a splitting headache*.（目がさめたら、頭が割れそうに痛んだ）

(2) I suffer from *a chronic backache*.（慢性の腰痛に悩んでいる）

"pain" は通常ふいに襲ってくる鋭い痛みである。

(3) Her *pain*, which had been merely a dull *ache* at first, got suddenly like a blade being driven into her wound.（彼女は、初めのうちはただ鈍い痛みを感じていたが、急に刃物を傷口に突き刺されるような激痛になった）

身体的な痛みを比喩化して、心の痛みなどに用いることが多いが、その場合 "pain" を主に複数形で使うことが多く、"ache" は使わない。唯一つの例外は heartache である。

いわゆる辛い経験はすべて "painful" である。"a pain in the neck" はスラングでいやな奴のことで、"He is *a pain in the neck*."（あいつにはうんざりさせられる）などという。

(4) pains の例:

She *took pains* to find a stray dog's owner and got only his resentment *for her pains*.（彼女は迷い犬の持ち主を苦労して探してやったのに、感謝されるどころか恨まれてしまった）

act / action

"act" は事実となって外に現われた行動であり、"action" は "inaction" の反対で行動をおこすことである。人間の場合は何らかの動機で動き行動する。物質の場合、そのものの action とは他の物質に変化をもたらす作用を言う。

(1) *The action* of acid on metal is well known.（酸が金属におよぼす作用はよく知られている）

(2) *The action* of the drug will start in half an hour.（この薬は 30 分ほどで利きはじめる）

"act" の例

(3) It was *an act* of folly.（それは愚行だった）

(4) The pickpocket was caught *in the act*.（そのスリは現行犯でつかまった）

(3)(4)はともに、のっぴきならぬ事実となって現われてしまった行動という意味での "act" である。

"act" にはまたこのように、かくしておきたくとも外に現われる行動ではなく、意図的に、外に現われる効果をねらったものもある。つまり芝居をすることである。

(5) She put on *an act* that deceived no one.（彼女は心にもないことをしてみせたが、だれもごまかされなかった）

(6) He wrote the play and *acted* in it.（彼はその芝居を書き、また出演もした）

実際に行動している状態を "in action" と言う。

(7) I saw a pickpocket *in action*.（わたしはスリが実際に人のものを盗んでいるところを目撃した）

これを They caught a pickpocket *in the act*. とはっ

act 027

きり区別する必要がある。"catch someone *in the act*" は "catch someone *red-handed*" とも言い、悪いことをしている現場をおさえることで、この "act" には初めから、いかがわしい行為という含みがある。だが "action" にはそういう含みはなく、道徳的見地からでなく単に行動、実動という無色透明な言葉である。

"action" 独特の用法に、次の数種類の慣用がある。

「前線で兵士として戦う」ことを **"see action"** と言う。これは絶対に戦争以外のことには使わない。

(8) I *saw action* in the World War II. (自分は第二次大戦で実戦に参加した)

(9) Did you *see* much *action* in the last war? (この前の戦争では実戦に参加しましたか?) No. I didn't. I wasn't drafted, I was a minor then. (いや、当時わたしは未成年者だったので軍にとられませんでした)

また "action" はスラングで、"excitements" とか "thrills" の意味に使う。

(10) Where's *the action*? (面白いことって何なんだ?)

(11) I want *some action* around here. (何か面白いことして遊ぼう)

(12) What's *your idea of action*? (あなたはどんなことがエキサイティングなの?)

また「告訴する」ことを **"take action"** と言う。

(13) He feels he was wronged by his last employer and decided to *take action* against the whole company. (彼は以前の雇用主に不当な待遇を受けたと感じている、それで会社全体を告訴することに踏みきった)

⑭ For some reason, the cuckolded man *took no action* against his wife's lover.（女房を寝取られた男は、相手の男をなぜか告訴しなかった）

"action" が単に "behavior" の意味に用いられる時。

⑮ His *action* was suspicious, to come to think of it. （そう言えば、彼の行動には腑におちないところがあった）

演劇や小説の筋、活劇（映画）のことも "action" と言う。

⑯ It was an *action-packed* drama.（それはおもしろい筋のドラマだった）

⑰ John Wayne usually plays a moral hero in *action films*, never a villain.（ジョン・ウェインは大抵アクション映画で正義の主人公を演じる。決して悪役は演らない）

all | whole

この2つは、すべてが含まれているという意味では同じだが、ほんのわずかの例を除いて、入れ替えが全くきかない。

入れ替えられる場合：

(1) The *whole* city was jubilant.（全都市が喜びに湧いた）

(2) *All* the city was jubilant.

入れ替えのきかない例：

(3) Your faith hath made you *whole*. ―*Bible*.（汝の信仰汝を癒やせり）

(4)　*All* men are created equal.（人間は平等たるべく創られしものなり）

この all men は every man と同じである。

(5)　I'm disgusted with the *whole* thing.（こんなことすっかりいやになった）

"whole" のシノニムは entire、"all" のシノニムは every である。

animal | beast | creature

この3つは形容詞にして使ってみると相違がはっきりする。

"animal" の例：His *animal* agility and grace is a pleasure to watch.（彼の動物的なすばやい動きと優雅な身のこなしは見ていて快い）

"beast" の例：The weather is *beastly* damp and cold.（じめじめして寒くて、ひどい天気だ）

"creature" の例：Money can buy *creature-comfort* but not satisfaction.（金があれば、衣食住の快適さは得られるが、満足感は買えない）

これらの例でもわかるように、"animal" は動物的と言っても必ずしも貶(けな)す意味ではない。"animal lust"（動物的欲望）でさえも、事実の描写で本質的には中立の言葉である。もともと animal はラテン語やフランス語の anima からきたもので、breath（息）とか soul（魂）の意である。"animate" は物に生命を与えて生き生きとさせることで、"animation"（動画）もこれからくる。

(1) She was engaged in *animated* conversation with him.（彼女は彼と何やら弾んだ会話中だった）

(2) the mysterious vital force that *animates* the cells of the body（人体の細胞に生命を与えるふしぎな活力）

"animal" は中立だが、"beast" は常に「けだもの」としていやしめる言葉である。ただし、

(3) The shepherd is a fine *beast*.（シェパードはなかなかすばらしい動物だ）

といった動物の描写は別である。一般的には、

(4) He is a despicable *beast*.（あの男は人間じゃない）

といったよくないことに使う。人間にばかりでなく、"a *beastly* weather" のように天候のことにも使う。

(5) What *a beast of a day* this is, cold and rainy.（寒くて雨降りで、何たるいやな日だ）

"creature" は造物主の手になる生物すべてを指す。むろん人間のことにも使う。

(6) She is a lovely *creature*.（彼女はまったく美しい生き物だ）

(7) He is a dumb *creature*.（彼はまったくのおバカさんだ）

"creature" は "animal" とは交換できる場合があるが、"beast" とは入れ替えがきかない。大体 "creature" は造物主が作ったもので、自分の意志がないか、またあっても非常に単細胞的なものをいう。金をもうけること以外に関心のない人間は、"an economic *creature* (animal)" といって、かつて日本人にこの仇名が使われた。

政治だけが関心事である人は "a political *creature*" だ。

(8) The gypsies are a dancing *creature*. (ジプシーは踊りが好きな人種だ)

(9) He is a *creature* of the dictator. (彼は専制君主に仕える生き物だ)

などといった言い方がある。

answer / *reply*

この2つは言葉による問いばかりでなく他の形の働きかけに対する返答を意味している点では共通しているが、本来の語感に違いがあり、それが場合によっては大きな違いにもなり得る。まず "answer" は "reply" よりずっと一般的、包括的で、"reply" の意味を兼ねることはできるが、"reply" は "answer" を兼ねるわけにはいかない。交換が利かないのは、次のような場合である。

(1) "answer" が条件や願いを充たす意味に使われる場合。「神よわが祈りにこたえたまえ」の「こたえ」にあたるのが answer である。My prayer was *answered*. は別の言葉を使えば、My prayer was *fulfilled*. である。"fulfilled" の代わりに "satisfied" を使えばなおはっきりする。例をもう1つあげよう。

(2) This writing paper *answers* my purpose. (この原稿用紙は私の目的にぴったりだ)

"reply" にはこのような条件を充たすとか満足させるという底意はまるっきりない。本来の意味は相手が自分に働きかけたと同じようなやり方でお返しをすることで、

反響 (repercussion) がその心なのである。

(3) The enemy poured broadside after broadside into the forts, which *replied* continuously. (敵は次から次へと砲弾を要塞に打ちこんできた。そして要塞のほうも絶え間なく報復射撃をした)

だが "answer" のほうは相手と同じやり方で報復するとはかぎらない。

(4) His *answer* to the company's terms was to quit. (会社の出した条件に対する彼の返答は辞職してしまうことだった)

算数などの問題に対する解答は常に "answer" で "reply" ではない。

(5) The *answer* to today's crossword puzzle appears in tomorrow's paper. (今日のクロスワード・パズルの答は明日の新聞に出る)

"reply" が "answer" と最も違う点は、通常は言葉による返答に限定されているという点である。

(6) He *replied* to my letter promptly. (私の手紙に彼はすぐ返事をくれた)

(7) She *replied* easily to the interviewer's probing questions. (彼女はインタヴューアーの鋭い質問にいともやすやすと答えた)

しかし、これは "reply" が "answer" に比して用途が限定されているということで、"answer" の用法が "reply" にオーバーラップしないというわけではない。上記の(6)(7)は2つとも "reply" の代わりに "answer" を使っても誤りではないのである。

一方 "reply" が "answer" の領域に絶対に踏みこめない例は前記の satisfaction や fulfillment の意に使う以外にもまだある。それは answer が "answer for" の形で使われる場合である。

(8) You may think you can get away with what you're doing, but I tell you you'll have to *answer for* it some day.（君はそんなことはやりおおせると思ってるかもしれんが、いつか必ずつけがまわってくるよ）つまりこの "answer for" は "pay for" と同じ意味なのである。

(9) Don't worry. I'll *answer for* the child.（あの子はわたしが責任を持つのだから心配無用だ）

(10) You cannot *answer for* others' mistakes.（他人の誤りの責任を取ることは出来ない相談だ）

antagonistic / *hostile*

この2つは対象が自分に対して敵意を示している状態を言うのだが、その違いは、それぞれのアントニム（反意語）を調べてみるとはっきりする。

"antagonistic" のアントニムは2種類ある。1つは "favorable" または "agreeable" で、もう1つは "compatible" である。つまり "antagonistic" は (1) disagreeable なことと、(2) incompatible であることの2つの意味に使えるのである。

(1)の例：Don't be so *antagonistic*, we have to work this out together.（そう何にでも反対するな。これは一緒に考えて解決すべき問題だ）

(2)の例：Those two are natural *antagonists*. That couple will never get along.（あの２人は合性が悪い。絶対にうまくいきっこない）

"hostile" は、合性が悪いなどというのんきなものではない。初めから強い敵性をもっている状態である。アントニムは "friend" または "friendly" である。一口に言うと、"antagonistic" が相手の友好的でない「姿勢」を問題にするのに対し、"hostile" は相手の心の中に住む「敵意」を問題にしているので、表面に表わすかどうかはどうでもよいのである。

(3) The intentions of the enemy are always *hostile*, never friendly.（敵の意図は常にこちらを打倒することにある。友好的などでは絶対にない）

(4) After the media-gossip about his extramarital love affairs, he had to face *a hostile crowd* in his election campaign.（女のことでメディアにゴシップを書き立てられたあとで、彼は選挙のキャンペーンで敵意にみちた群衆を相手にせねばならなかった）

"hostile" が名詞になると、複数の形で "war" の別名になる。

(5) The Arabs and the Israelis have agreed to *suspend hostilities* for the time being.（アラブとイスラエルはしばらく休戦することに決めた）

"suspend hostilities" に対し、「開戦する」は "open hostilities" で、常に複数形で冠詞も所有格も使わない。

apprehension / *anxiety*

　この２つは共に何かが気にかかっている状態だが、"apprehension" は、結果的にうまくいくかも知れないという望みを持ちながらも、心配で落着かない気持をいう。たとえば崇拝している人とか恋人などに対している場合、いつ相手の機嫌を損じるかもしれないという不安感がついてまわる。そうした気がかりをいうのである。

(1) The way he looks at her with such *apprehension*, he must be head over heels in love with her. (彼女を見る心配そうな目付きから見て、彼は彼女にひどくまいっているらしい)

　"anxiety" は "apprehension" に比べて、結果については決して楽観的ではない。むしろ悪い結果を予想した不安感と tension が強い。"The Age of Anxiety" の "anxiety" は "insecurity" とほぼ同義で、落着かない不安感のみなぎる時代の意である。

　だが "anxious to" というフレーズは、結果を何とかして自分の力で左右したいという積極面も持っている。「是が非でも」とか「躍起となっている」といった日本語が近い。

(2) He is *anxious to* show his intelligence. (彼は、自分の頭のよさを見せたがる)

(3) I'm *anxious about* the results of the exams. (試験の結果が心配だ)

argue / *debate*

　この2つも辞書の上では、「議論する」「討議する」となっているが、議論の性質までは明らかでない。

　"argue" は議論に携わっている人の心の中で結論がはじめから決まっていて、自分の意見の正しいことを例をあげて証明しようとして熱弁をふるうのである。したがって、"argue" は論争になっている問題点を支持するか反対するかのどちらかであって、支持する場合は "argue" のあとに for、反論する場合は against を伴うのがふつうである。また伴わない場合でも、反対を押し切って自説を主張することに変わりはない。

(1) He powerfully *argued his position* about the system of retirement. (彼は定年の施行法について自説を強く主張した)

(2) He *argued for* the abolition of retirement. (彼は定年制の撤廃を支持した)

(3) He *argued against* early retirement of office workers. (彼は勤め人の早期定年制に反対した)

　"argue" が自説に情熱をもち、あくまで相手を説き伏せようとする心的態度であるのに反し、"debate" のほうは、問題にある疑念をもち、debatable point（議論の余地のある部分）を取り上げることに重点のおかれた言葉で、悪く言えば、議論のための議論をする意も多少含まれている。

(4) They *debated on* the subject of office workers' retirement age. (彼らは勤め人の定年の問題についてあれ

これ討議した)

この "debate" を "argue" と置き換えてみると、

(5) They *argued over* the retirement age of the office workers.（彼らは勤め人の定年の問題で言い合いをした）

となる。つまり "debate" のほうは、議論の仲間入りをすればよいので、結論はたいして問題ではないのである。"debate" にはさらに、自分の心の中で、どちらとも決しかねた状態のことも言う。

(6) She *debated in her mind* whether she should go partying with her office mates or stay home and watch her favorite soap opera on television.（彼女はオフィスの仲間とパーティに出かけたものか、それとも家にいてテレビのホームドラマを見ようか、どちらにしようかと考えをめぐらしていた）

arrogant / *haughty*

一口に言ってこの2つは「威張りくさる」ことである。だが両者は優越意識を他人に示す方法を異にするのである。"arrogant" はいわゆる「人を人とも思わぬ」態度で、"rude" の代名詞のようなものである。「人を人とも思わぬ」理由はいろいろある。ある者は能力の点で、ある者は教育・教養の点で、また経験的に自分が他に優っていると信じるがゆえに、傍若無人な挙に出る。

(1) He *arrogantly* took over the meeting when the chairman was absent.（会長がいなかったら、彼は図々し

くも会長面で会を取りしきった)

(2) As a host, he was embarrassingly rude and *arrogant*, took everyone's time talking about himself. (ホストとして彼はこちらが恥ずかしくなるほどマナーがなってなかった。自分のことばかりしゃべって人の時間をとった)

"haughty" は他人を軽侮する理由が地位や階級の優越意識からきている。日本語でいう「お高くとまる」に似ていなくもない。ただ日本語の「お高くとまる」のように、相手の優越性をてんから認めない言葉ではない。つまり高い地位は本ものでも、それを鼻にかけることをいうのである。

(3) The *haughty* girl refused to mingle with her social inferiors at a party where she was invited. (その傲慢な若い女は、パーティで、自分より地位の低い人たちに口をきこうとは絶対にしなかった)

一口に言って "haughty" は "arrogant" に比べて非行動的で、優越意識は顔付やマナーで示す程度であるのに対し、"arrogant" は行動的で、出しゃばって自分の権力を示そうとすることで、またそれだけの価値もないのにあるように見せかけるものと受け取られる言葉である。シノニムは "presumptuous"（出すぎた)、"rude"（無礼な）などに当たる。

assent | agree | consent

この３つは日本語ではみな「同意する」と訳され、ど

れを使ってもよさそうな印象を受けるが、各語の本質的な違いを知っていないと、場違いの使い方をしたり、言外の意を取りそこなったりする。

"assent" は「そうですね」と相手の発言に反対しないことで、この３つの中で最も受身で、漠然とした言葉である。

(1) She *assented to* the doctor's remark that she was very ill but she refused to be hospitalized.（彼女は医者が、あなたはひどく健康を損ねていると言ったことは肯定したが、入院は断わった）

(2) They all *assented to* the beauty of Mt. Fuji when they saw it.（富士山はきれいでしょうと言われて、彼らは富士山を見た時そのとおりだと言った）

(3) He *assented to* his wife's plans for vacation but he did not do anything about it.（彼は妻が休暇をとりましょうといっていろいろ計画を述べたことに対し、ああ、いいよとは言ったが、それについて具体的なことは何一つしなかった）

"agree" は "assent" より具体性と積極性をもった言葉で、assent のように形式ばらず、口語にも用いられる。何かのことについて、どうしようということに誰と同意したかを明らかにする。agree のあとに行動がくる場合は infinitive、人がくる場合は with、一般的な方針の場合は on［upon］をつける。

(4) They *agreed to abide by* the interpretation of the court.（法廷で裁判官の採った解釈に従うことに双方同意した）

(5) I *agree with you* there.（その点あなたと同感です）

(6) They *agreed on* an equal division of profits.（利益は等分するという方針をとることに話合いできまった）

"agree" は上記のような具体的な契約以外に、漠然とした「和」とか「調和」の意に使うこともあるのが "assent" や "consent" にはない特徴である。

(7) The climate must *agree with you*. You look very well.（ここの気候があなたに合うらしいですね。とてもお元気そうです）

(8) His breakfast must have *disagreed with him*. He's awfully grouchy today.（朝ごはんの食べ合わせがわるかったのか、彼は今日はたいへん虫の居所が悪そうだ）

"consent" には "assent" にも "agree" にもない意味がある。それは "give permission" の含みをもった「同意」だという点である。つまり上から下に対するものである。

(9) My boss *consented to give me* a three-day leave.（ボスが3日間の休みをとっていいと言ってくれた）

しかし "consent" の一大特質は、女性が男性にプロポーズされた場合、承諾する時にこの動詞だけが使われることである。

(10) She *consented to his proposal* of marriage.（彼女は結婚の申込みを承諾した）

(11) *The age of consent* varies according to countries. In Japan, it is 16 years of age.（女性が親の同意なくして自由意志で結婚できる年齢は国によって異なる。日本では16歳だ）

attack / *assault* / *assail*

　この３つは軍隊用語で敵に攻撃をかけることからきているが、日常的には比喩的使い方が多く、それぞれ違った含みを持っている。

　"attack" はこちらから攻撃的態度に出ることで、何もしないのに攻撃されたと相手を非難したい時は、I don't want to be *attacked*. と言えばよい。

　「アタック」という言葉は日本語にほとんどなっていて、食事だの仕事だのに精力的にとりかかることで、これはそのまま英語にもなる。

(1) She *attacked the dinner* the moment she sat down. (彼女は坐るや否や、夕食をがつがつ食べはじめた)

　"attack" は言葉で攻撃することにも使う。

(2) He was *attacked* by his critics for his failure to live up to his own proposal. (彼は自分で申し出たことを実行しないといって批難された)

　"attack" と "assault" には "assail" にはない共通の使い方が１つある。それは rape を婉曲に表現する時で、この場合 "attack" のほうが上品とされている。

　"assault" は口語では、上記の sexual attack の意に使うことが多いが、また他人を暴力をもって襲うことにも使う。元来 "assault" は戦闘の最後の場面、"the final *assault* on the enemy"（白兵戦）の意味で兵士が直接敵兵と戦うことである。この意味から、相手を急襲する（またはされる）ことに使う。

(3) He was *assaulted* by a gang of hoodlums and robbed. (彼は暴漢の集団に襲われ金品を盗られた)

(4) My ear used to be *assaulted* by a din of noise downstairs at this time of the day when the pub opened. (毎日この時間にパブが開くので、私の耳は階下の騒音に悩まされるのだった)

"assail" が "attack" や "assault" と違う点は、攻撃の仕方が間断なくつづくことである。これは比喩的にも使われる。

(5) He was *assailed* with blows. (彼にげんこつの雨が降った)

(6) He was *assailed* by a cloud of doubt. (疑心がしつこく彼を悩ました)

なお、"assailant" は「襲撃者」の意味だけでなく「論敵」の意にも使う。

(7) They were attacked by *a gang of assailants* on their way home and in the scuffle one of the workers was killed. (彼らは帰宅の途中襲撃にあい、もみ争ううちに、勤め人が1人死んだ)

(8) He was the *assailant* in the day's debate. (彼はその日の論議の中で反論の立役者だった)

avenge / *revenge* / *retaliate*

この3つはみな「復讐する」ことである。

"avenge" と "revenge" はよく似ていて、同じように使われているのを見るが、誤りとは言えない場合が多い。

なぜならそれはしばしば解釈の違いによるからである。この2つの違いを一言で言えば、"avenge" は公的で "revenge" は私的感情に裏付けされたものだということが言える。

"avenge" は正義感による不正に対する action で、自分に対する不正ばかりでなく、他人に加えられた不正をもこらしめることを言う。だから "avenge" のほうは、悪の報いを受けるという意味が強く、報復される人間には同情の余地が残されない。これに対し "revenge" は、自分をひどいめに合わせた相手を、ひどいめに合わせ返すことによって満足感を得る行為を言う。この場合でも、他人になりかわって報復してやることにも使う。

(1) Hamlet *revenged* his dead father. (ハムレットは亡父の仇をとった) これは "avenge" を使ってもかまわないが、revenge のほうが普通使われる。なぜなら、ハムレットの主観的な憎悪が先行した行為だからである。

"avenge" には晴れて悪人を討伐するの含みがある。

(2) He *avenged* himself on his former associate who gave a false evidence against him in the trial. (彼は裁判の時、自分を陥れる偽証をした以前の仲間に復讐した)

(3) He *avenged* his dead brother. (彼は弟を殺した下手人を自分の手で殺して弟の仇を討った)

(4) The powerful film turns the audience into *avenges.—Newsweek*, Oct. 16, '78. これは、"Midnight Express" という映画評の中に出てくる文句で、この映画の主人公の受けた迫害があまりにむごたらしく描かれ

ているので、観客はみな彼をひどいめに合わせた奴らが亡びることを願う仇討心理になっていた、の意である。

"retaliate"は具体的な報復手段のほうにウェイトがある。

(5) Susan slapped Mary. Mary bit her in *retaliation* (*or* Mary *retaliated* by biting her).（スーザンがメリーに平手打ちをくわせた。それでメリーはスーザンにかみついて報復した）

つまり"retaliate"は復讐に何をしたか、またはするかがポイントで、"revenge"や"avenge"は復讐した、またはすることに焦点があたっている。

avoid / evade

この2つはどちらも「避ける」と訳せるが、実は異質の言葉なのである。"avoid"は意志的にものを避けようと計る場合と、ある行動の結果、偶然なにかの災害などを避け得た場合と両方がある。

(1) On that day, he stayed away from school *to avoid the math class*.（その日彼は数学の授業を避けるために学校に行かなかった）

(2) By staying away from school on that day, he unknowingly *avoided the fire* that broke out in the school lab that killed a number of students and members of the faculty.（学校を休んだので、彼は偶然その日学校のラボから出た火事の被害を免れた。その火事で、多くの学生と教師が死んだ）

"evade" には "avoid" のような無意識的な分子は少しもない。すべて意図的で意識的な行動なのである。しかも、この言葉の中には、不正直なずるがしこいやり方による避け方だという意が含まれている。この点が "avoid" と違うところである。

(3) He *evaded taxes* by falsifying his accounts.（彼は勘定を偽ることによって税金を逃れた）

B

banal / trite / mediocre

この3つはそれぞれ、パッとしない、平々凡々の意だが、それぞれ性格を持っている。"banal" は味が水っぽく、刺激にもうま味にも乏しいことをいう。"trite" は似ているが、この方は味の比喩ではなく、猫も杓子も使うために新鮮味がなくなったこと。"banal" と比べると否定的要素が少ない。"banal" は感覚的にいただけないという含みがなぜかある。別の言葉では "dreary" が近いのである。

(1) In fact, the Soviet state's efforts to contain cinema within the *banal* patterns of social realism and propaganda have been something of an unsuspecting "military help" to bold young directors, if only by

supplying a dreary background against which their movies can shine more brightly.—Serge Schmemann in *New York Times*, Oct. 24, 1982. (事実、映画をすべて社会写実主義手法と宣伝というありきたりのパターンの枠内におさえこもうとするソ連の国策が、大胆で若い映画監督たちにとっては思わぬ「実力援助」となっている。彼らの作品をパッと光らせるような暗く魅力のない背景を提供したというだけでも)

(2) Here's another season of *banal* television programs.—S. I. Hayakawa. (またくだらないテレビの番組の栄える季節になった)

"trite" の例

(3) At the commencement, the college president gave a standard congratulatory speech, *trite* in tone and contents. (卒業式で、学長は標準的な平凡極まる祝詞を述べた)

(4) The answer is to some extent disappointingly *trite*.—Emma Rothschild in *New York Review of Books*, April 14, 1983. (答はある程度期待外れに月並みなものだった)

"mediocre" この言葉も平凡の意を表わすが、上記の2つと異なる点は、単なる批判でなく、"mediocre" は比較の問題だという点である。何かすぐれたものを期待していたのに、実際には標準以下のものを見せられた失望感をふくんだ言葉なのである。

(5) Considering her reputation as a gourmet, the dinner she served was only *mediocre*.—S. I. Haya-

kawa.(グルメという評判の人にしては、彼女の出したディナーは大したものではなかった)

bare / *naked* / *nude*

一切の覆いや、常識としての装飾をとり去った状態を示すこの3語は、それぞれ別々の感覚と使い方を持っている。

まず "bare" は、この中で最も感情的でない、中立的な言葉で、人にも物にも使う。物や物事に使った場合、当然それに伴う最低限の装飾性を廃した状態をいう。

(1) The room was *bare*, not a stick of furniture in evidence. The walls were *bare of* any kind of ornaments, the floor *bare of* carpets. (その部屋はガランとして、家具のひとかけらもなかった。壁にはどんな意味でも装飾物はなく、床はカーペットもなくむき出しだった)

(2) She was walking about *barefooted*. (彼女は裸足で歩きまわっていた)

(3) Grim-faced men stood *bareheaded* around the grave. (深刻な顔をした男たちは、帽子をとって墓のまわりに立っていた)

"naked" は、いわゆる「全裸」とか「一糸もまとわぬ」というジャーナリスティックな挑発的な言葉とされ、英語では日常やたらに使えない言葉である。大体としては比喩か、比喩じみた言い方(「何々のような」など)の場合以外は使わないで、他の言い方をした方がいい。わ

ずかに次のようなものがある。

(4) Exposed to the stares of those people, I felt terribly *naked*.（あの人たちの凝視にあって、わたしは自分が裸のままのような、ひどくいやな気がした）

(5) That sweater is disgraceful, you're *naked* in it!（あのセーターはひどい、あれを着るとあなたは裸同然に見える）

これはアメリカのピューリタン的な年輩の女の人がよく口にする言い方である。つまり "naked" は "indecent" の代名詞なのである。しかしこれは対象が女性の場合にかぎるのであって、子供に使うのは無害である。

(6) Children were running around *naked*.（子供たちは、ハダカでとびまわっていた）

"naked" は "the naked truth" とか "naked power" などのフレーズで強めるために使うことがある。

(7) This is *the naked truth*.（これが掛け値なしの事実だ）

(8) That grand-prix party was simply a display of *naked power* on the part of the studios, designed to impress the innocents.（あのグランプリ発表のパーティは、映画会社の権力を素人に誇示するためのものにすぎない）

"nude" は元来絵画、彫刻の中の裸像のことである。

(9) The sculptor sent in two *nudes* for the autumn exhibition.（あの彫刻家は秋の美術展に裸像を2題出品した）

しかし "nude" が美術語であるために、"naked" より

は上品だとして、"naked" と言いたいところに "nude" が盛んに使われるので、"nude" も sex 感情をふくむようになった。"in the nude" がこの場合のイディオムである。

(10) She appeared *in the nude* 3 times in one show. (彼女は1つのショーの中で3度ヌードになった)

(11) She sleeps *in the nude*. (彼女はハダカで寝る)

begin / start / commence

この3つは何かを始めることで、どれを使っても意味はまったく同じである。ただ使う時の気分が違うだけである。この3つの動詞のそれぞれのアントニムを念頭においてかかると、少しは参考になるだろう。

まず "begin" のアントニムは "end" で、"start" のは "stop"、"commence" のは "conclude" である。

"begin" は最も日常的な言葉で、ある方向に向かって第一歩を踏み出すことである。そしてその第一歩を印せられた事態はその瞬間から、ある一定のコースを辿ることを暗示している。そして "begin" は往々にしてこの一定のコースがはじめからわかっていることを暗示する。

(1) I bear ill feelings towards none, she *began*. (わたしは誰にも悪意など持ってはいない、と彼女は始めた)

この she began のあとには her usual nagging (彼女のいつものいやみな愚痴) という文句がかくされていると考えてよいのである。つまりこの she began は、彼女のこういう言い草を常に聞かされている人にとって、「あ

あまた彼女のあれが始まったな」と思わせるのだということを第三者にそれとなく示しているのである。この "begin" は "start" と入れ替えることはできない。ましてや "commence" などは使えない。なぜか？

"start" は今まで休止状態にあったものが急にスタートをきって走り出すイメージを持った言葉である。

(2) She *started to write* in earnest, breaking out of a long inertia.（彼女は長いスランプ状態を脱して本格的に書きはじめた）

(3) The atmosphere was strained. No one spoke. They were reluctant to *start* a conversation for the fear of attracting attention.（そこの雰囲気は固かった。誰もしゃべらなかった。自分から会話を始めると目立つのでいやだったのだ）

"begin" に近い言葉はむしろ "commence" である。この2つはいつでも入れ替えがきく。"commence" が使われていても、"begin" ですませられない場合はほとんどないのである。ただ begin はあまりにも平板で、えらそうに聞こえないため、ラテン系の、日本語で言えば漢語調の、"commence" を使うまでなのである。

(4) They *commenced* a law suit.（彼らは訴訟の手を打ちはじめた）

(5) The jury *commenced to file into* the court.（陪審員たちは法廷にくりこんできた）

このように "begin" を使ってすむところをわざわざ "commence" を使う目的は、格式ばりたいからばかりではない。時としておどけて見せる場合もあるのである。

たとえば、Let's *begin* to have a drink. と言うところを Let us *commence* to drink. と言ったりする。

benefit / *profit*

この2つについては通念があって、"benefit" は無形の恩恵で、"profit" は金銭的な利益だと区別するようだが、これは単純化が過ぎて事実と違うことがよくある。"benefit" も金銭的な利益の意味に使うこともあるし、"profit" も物質以外の利益のことを言う時もある。だが、英語の慣習的な用法から見て、次のように大別することはできる。

"benefit" は "profit" より一般的な、幅広い意味での利益で、金銭的な利益も包含する。

(1) Medicines *benefit* mankind. (医学は人類を益する) これを "profit" と入れ替えるわけにはいかない。

(2) This book has been written *for the benefit of* language students in general, and students of English in particular. (本書は広く語学生のため、特に、英語の学習者のために書かれた)

(3) The workers of that firm are well taken care of : they get a fair amount of *fringe benefits* to go with their regular wages. (あの会社は社員によくしている。彼らは固定給に加えて相当額の手当をもらっている)

この "fringe benefits" は医療手当、家族手当などそれぞれやむを得ない出費を助けるため、つまり help とか aid の目的で与えられるものだから、もらうほうから見

ても "profit" とは言えない。

"profit" は "benefit" に比べてずっと狭い範囲の利益である。それだけはっきりした具体性があるとも言える。利潤、つまり投資額に照らして、もうかった額というのが原意で、そのもうけとは必ずしも金銭だけでなくともよい。ただ漠然としたものでなくはっきり何らかの形で、得をすることである。

(4) It (the government) has no incentive for efficiency, because it doesn't have to *make a profit*.—*Fortune*, July 31, '78. (政府は能率をあげる意欲をもたない。なぜなら利益をあげる必要がないから)

(5) The company *profited from* the new project in a number of ways including the phenomenal sales of its product. (会社は製品の上々の売行きをも含めて、新企画から益するところがあった)

"profit" は "benefit" のように特定のものに内在する善きものの恩恵を受けることではなく、外から作為的に取り付けるものである。

(6) He is *profiting from* his English studies. (彼は英語を勉強して実益をあげている)

(7) He is *benefiting from* the good location of his office. これは会社の所在地がいいために、たとえば風光明媚な場所にあるなどのため、健康その他の点で恩恵をこうむっている、の意で受動的な「得」のしかたである。

benign / benevolent

めぐみ深い、慈悲深い、やさしい、親切などの共通の意味を持つこの2つの言葉は、どちらを使っても、誤りとは言えない場合が多いが、1つだけ似ていないところがある。

　それは "benign" に "harmless"（無害）という第2の意があることである。"a benign tumor" は "a malignant tumor"（悪性しゅよう）に対するもので、「良質の」つまり「無害のしゅよう」であってガンでないことをいうのである。これを "benevolent tumor" とは言わない。これは慣用と言ってしまえばそれまでだが、一応の理屈はある。すなわち "benevolent" は、"benign" が現象的であるのに比し、積極的な動機を見せた言葉だからである。"benign" のアントニムは malignant、"benevolent" のアントニムは malevolent である。"malevolent" は人に恨みを持つとなかなか忘れない vindictive な性格を言うに対し、"malignant" は医学用語の「悪性」に当たり、これから「悪質な」という比喩にも使うが、常識的には "malignant tumor" をイメージに持った言葉である。

　"benevolent" は "benign" よりも上から下に物を言う感じの少ない言葉で、多少の優越意識めいたところもあるが、大体として意地悪でない、好意的に人を扱う態度を示す言葉である。

　"benign" は、バカな人間に対して寛容な態度をとることに示される、ある優越感を含んでいる。サンタクロースのスマイルは "benign smile" というので、"benevolent smile" ではないのである。「えびす顔」は benign

の方でいかにもやさしそうな顔で、単なるその場の絵としてである。だがこれを "benevolent smile" というと微笑する当人の意図を見る人が読みとった感じで、いかにも情深そうな顔、やや上から下を見る含みがあり、"benign" よりも表面的でなくなる。

Atlantic 誌の 1983 年 5 月号は "Benign Violence" という cover story をのせている。外科医について論じたものである。この "benign" は "benign tumor" と同じ意味、つまり harmless または good と同じである。Violence は harmful と思う常識を破って、外科医は人命を救うための良質の violence を駆使するのだという考え方である。つまりガンのレトリックをそのまま使っているのである。だからこの場合 "benevolent violence" とは言わないので、理屈抜きなのである。

bias / prejudice

「偏見」を意味するこの 2 つの言葉は往々にして同じように使われるが、交換のきかない場合を知っておいたほうがいい。

"bias" は文字通りには「斜線」のことで、"cut the cloth *on the bias*"（布地をバイアスに裁断する）はドレスメーキングの言葉だが、一般的には、"bias" は心の傾斜（inclinations）のことで、"one's preferences" とも言う。"preference" は 1 つのものを他のものより好むことである。これは必然的に、あるものは好まないことである。このえり好みを総称して "preferences" と複数に

する。だから、Everyone has *his preferences.* は "Everyone has *his bias.*" と同じことである。人間なら誰しも好き嫌いがある、の意である。"bias" は偏見には違いないが、許さるべき偏見なのである。

(1) I should state *my bias* in this particular case.
(この問題につき、私見を述べさせて頂きます)

これは裁判などに対する意見を述べる時によく使われる文句である。だが、これは公平を象徴する裁判官の言うべきことではない。あくまで庶民の言い草である。だが裁判官のことを批判して、

(2) He is clearly *biased*.（彼は明らかに一方に偏している）

とは言う。

"an unbiased view"（公平な考え方）は公職にある者に求められる徳義だが、これを "an unprejudiced view" とは言わない。なぜか？ それは "prejudice" が "hate" の代用で、"bias" のように人間ならもっていると目される "preferences" の域を超えたもので、公に許容されるべき性質の言葉ではないからである。

(1)の例文の "bias" も同じ理由で "prejudice" とは言い換えられない。「人種偏見」は "racial　prejudice" で "racial bias" ではない。なぜなら、racial prejudice は racial hatred と同義であって、"bias" のように肯定感情の表現には使われないからである。

big / *large*

どちらも並みはずれた大きさを表わす形容詞で、どちらを使ってもよい場合がある。

(1) We were living in a *big* [*large*] house in those days.（私たちは当時大きな家に住んでいた）しかしこの場合でも気持の上では、"big" のほうが口語的で、"large" のほうにはやや改まった響きがある。

基本的にいって "large" と "big" の間には次のような相違がある。

まず "large" は、内容的に量が多いことである。そしてその多量な内容を受け入れる態勢にあることでもある。同時に、その受け入れる内容も1種類に限らず、広いことを暗示する。たとえば He is a *large importer*. と言えば、As an importer he deals with a wide range of items. つまり、輸入商として彼は非常に広範囲な物品を取り扱っている、ということである。ところが He is a *big importer*. と言えば、He is a prominent importer. つまり、彼は名の知れた輸入商とか、輸入商として重きをなしている、とかいった意味になる。また、

(2) The *big issue* of the campaign was inflation.（選挙戦の一大論点はインフレだった）

(3) *Large issues* are confronting us.（多くの問題がわれわれの解決を待っている）

といった言い方がある。前者の "the big issue" は the "*most crucial* [*important*] *issue of the campaign*"（キャンペーンの要になる論点）のことで、これを "the large issue of the campaign" というと意味がずれてくる。「大体のところ」とか、「大まかに言ってキャンペーンで

取り上げる問題は」ということになる。ところが (3) の文は、幾多の大問題がわれわれに解決を迫っているという "large" 本来の意味を強調することになる。

"large" が "big" と絶対に交換できない例は "writ large" というフレーズである。writ は普通、「令状、公文書」のことだが、この場合はそうではなくて written を短くしたもので、それに large を補語として付けると「大書した重要なこと」といったほどの意になる。

(4) It's the Domino principle *writ large*. (それは、黒々と大書したドミノ法則だということをユメユメ忘るるなかれ)

重要性をうたうと言っても、そこには多分にユーモアが含まれている。

(5) The whole thing is antihegemonism *writ large*. (要するに反覇権主義万能だよ)

といった具合である。この "writ large" を非英語国民はよくまちがえて "writ big" と言っては笑われる。"writ large" は辞書にはあまり見かけないが、よく出てくる言い方である。

boast / *brag*

どちらも自慢することだが、"boast" は "brag" より改まった言葉で口語だけでなく、書き言葉でもある。だがもう一つの相違は、よい意味にも使う点である。つまり根拠のある自慢のことで、こうなるともはや自慢をホラとして批判するのでなく事実として許容することで、

事実そのものを言うこともある。

(1) The City of Tokyo *boasts* the largest population in the world.（東京は世界最大の人口を擁している）

(2) My college *boasts* an unusual number of distinguished alumni.（私の学校は有名人を非常に多く出している）

だが "boast" は大口をたたく意味にもむろん使い、この点は "brag" とよく似ている。

(3) He is always *boasting* and blowing his own horn.（彼はいつも自己宣伝のラッパを吹いている）

(4) He is always *bragging* about his every little success.（彼は自分のちょっとした成功についていちいち自慢の鼻をうごめかす）

しかし "brag" の場合は、内容よりもマナーの大げさな騒々しさに重点があるので、これは自慢することがちゃんとした事実である場合も含んでいる。

(5) She *brags about* her love life all the time.（彼女は私生活のおのろけばかりやっている）

"braggart" は名詞（大口をたたく人）であると同時に「傍若無人」(arrogant and self-assertive) という形容詞としても使う。

(6) He was a large man with a *braggart voice*.（彼は大男で、威嚇的な大声でしゃべった）

"boast" の名詞は "boaster" で形容詞は "boastful" である。常に自慢して歩く人間の意で、ほめた意味には使わない。

bring / *fetch*

　この2つは、どちらも "carry"（運ぶ）を意味しているが、本質的な違いは、"bring" は action の発生点——それは発言者、つまり自分、でもよいし、または話の中のナレーターでもよいが——の方向に向かって運ばれてくることを言う。

(1) He *brought home* a lot of souvenirs from Europe.（彼はヨーロッパから旅行みやげをたくさん持ち帰った）

(2) She *brought* only worries to her mother.（彼女は母親に心配の種しかもたらさなかった）

(3) The trial *brought* a large crowd to the courthouse.（その裁判を見ようと大勢の人が法廷に集まった）この "bring" は "attract" の意である。

(4) Some people still believe a black cat *brings* bad luck.（黒猫は不運をもたらすと信じている人が今でもある）この "bring" はもたらすことである。

　これらの例の "bring" は例文(1)を除いては "fetch" と入れ替えるわけにはいかない。なぜなら "fetch" は、単にどこかから物をこちらに持ってくるだけでなく、その物を持ち帰る目的でこちらからまず出向いて行くという含みがあるからである。したがって不運といった抽象的な物をとりに行って持ち帰るということは理屈に合わないから "fetch" ではなく "bring" である。自分のほうから出かけていって持ち帰ろうというようなものは、必然的にある魅力のあるものか、必需品の類いである。

(5) A thief broke into the building while the guard was out to *fetch his lunch*.（ガードマンが弁当をとりに行った隙にビルの中に泥棒が入りこんだ）

(6) She had to leave her sick child alone while she *fetched the doctor* from town. これは田舎に住んでいる親子が、子供が病気になったので母親が町へ医者を呼びに行っている間、病気の子供を家の中に1人放置しておかなければならなかった、の意である。

つまり "fetch" は preference の行為で、とりに出かけるというアクションにウェイトがある。とりに出かける価値があることは魅力があるという含みから "a fetching girl"（かわいい娘）といった形容詞もある。それから "fetch" は持ち帰ってくるものが当然わかっていることを示すが、"bring" はもたらした何かのほうにウェイトがあり、自然の成行きの含みがある。

以上は入れ替えの利かない例だが、この両者がまったく同じ意味に使われる場合がある。それは、物が何らかの金銭的価値を呼ぶ、つまり売れる度合を示す時に使われる時である。

(7) Clerical skill *fetches* [*brings*] very little money in Japan.（オフィスの技能〔タイプや事務の仕事〕は日本ではあまり金にならない）

(8) How much does coal *bring* [*fetch*] per ton on the open market?（石炭は時価いくらぐらいで売れるか？）

bum | hobo | tramp | punk

のらくら者とか浮浪者とか、あまりハッキリしない、男性向け蔑称とされているこの4つの米語は、内容的にはそれぞれ別個の存在なのである。

"bum" はこの中で最も多用され、怠け者の愛称のように思われているが、実は人格的に見下げた、腐った性根の男という底意がある。必ずしも怠惰でなく、一見ちゃんとしていても "bum" は "bum" なのである。つまり人間としてあてにならない、道義心のない「くだらぬ奴」の意なのである。"He acts plausible, but *he is a bum*." (一見もっともらしいが、あれはくだらぬ男だ) といった見方をするのである。

"hobo" は1920年代から1930年代にかけての不況時代に、鉄道作業員などをしながら土地をわたり歩き、最低限の生活費を稼いでいる渡り人足のことである。今の "hobo" はしばしば大学からの dropouts だという。この連中は決して物乞いをしないのが特色である。

"tramp" だけは男性の場合と女性の場合があり、それぞれ意味が違う。男性の場合は旅をしながら、主として田舎町を放浪するいわゆる流れ者で、"vagabond" はその詩的名称である。

しかし女性の "tramp" は prostitute と同義で、それ以外の意味はない。これは身持のわるい女性の蔑称でもあるが、アメリカでは、"She is a *tramp*." などと言うとたちまち訴えられ、libel で大金をとられる恐れがある。

"punk" は若いならず者、つまりチンピラのことで最低の蔑称で、罵言である。

I'll pull it and blast some young *punk* or some pro, he'll blast me, which will be that g'bye.—Robert Twohy, *Ellery Queen Mystery Magazine*.（俺はピストルの引き金をひき、どこかのチンピラかプロかをふっとばす。もしくは先方が俺をふっとばす。それでこの世とおさらばさ）

buy / *purchase* / *procure*

物を買って手に入れるということではこの3つは共通している。その違いは、トーンの問題であることと、もっと意味が深い場合とがある。"purchase" は "buy" に格式を与えたにすぎない使い方が多く、"purchase" と書かずとも "buy" で間に合わない場合はほとんどない。だが法律や経済用語としての "purchase" の存在にはやはり意味はある。

(1) This property is my *purchase*.（この物件は私が買ったもので、親から相続したものではありません）

"buy" にあって "purchase" にない意味は米語でいう "buy" で、これは、believe、accept の意味に使われる。

(2) If you say so, I'll *buy* it.（あなたがそう言われるなら、私は喜んで受け入れます）

(3) He advanced a fairly convincing argument for the profitability in the early land *purchase*, and a few innocents *bought it*."（彼は早い機会に土地を買っておく

ことが得策だというかなり説得性のある議論をしてみせた。2、3の人がその論理を信用して、彼のすすめに従ってだまされた）

"buy"は金の力を暗示する露骨な感覚があり、これは"purchase"にはなくはないが"buy"ほど慣用化していない。"procure"に至ってはその意味は全くない。

(4) Her father provided her every luxury and comfort *money could buy*.（彼女の父親は金で買えるあらゆるぜいたくと快適さを彼女に与えた）

(5) *Bought privileges* protected him from harsh realities around him.（金で買った特権のおかげで彼は現実のきびしさを直接感じないですんだ）

これらの文中の"buy"は"purchase"と入れ替えて差し支えないが、習慣的に"buy"を多く使うだけである。

"purchase"は大きな犠牲を払って得られたものに使い、その場合は"buy"は使わない。

(6) Much blood was shed to *purchase liberty* for some nations.（自由を得るために多くの民族は血を流した）

"procure"は"purchase"に近く、"buy"とは余り共通点はない。原意は第三者（会社など）の内命を受けて物資を調達することである。個人間でも、必要品をいろいろ工夫してどこかから仕入れてくることをいう。会社の中でも普通社員の1人かグループが"procurement agent"（購買係）になって、会社の必需品を買付ける役をする。これとは別に"procure"は"purchase"にない意味に用いられることがある。それは"procure prostitutes" という一種の周旋屋としての行為である。"procurer" は "pimp" の別名で、客に娼婦やそれに類する男性などを斡旋するのである。

　このため "procure" は "purchase" より一段品格が劣った言葉のように思っている人がいるが、そういうことはない。ただ "procure" は真正面からでなく秘策をめぐらして品物を調達する底意があるだけである。海軍の「主計」は "procurement officer" で、兵の食糧などの調達の任にある。

C

calm | tranquil | serene | placid

　これらはみな心の動揺が少しもないこと、あるいはないように見えることである。

　"calm" はこの中で最も一般的、日常的に用いられ、平静を保つことが困難な場合に、冷静な態度に出るという含みがある。

　(1) A cry of fire in the building plunged the whole place into a state of confusion. But he seemed *calm and collected* at his desk, working on his report.（火事だ、という声がビルの中ですると、ビルはたちまち混乱状態となったが、彼はまったく落ち着いたもので、自分の机でリ

ポートを書いていた)

(2) He is a *calm* liar. (彼はしらじらしいうそを平気でつける男だ)

(3) He is a *calm* scoundrel. (彼は図太い悪党だ)

(2)の "calm" は現代語の "cool" と完全に入れ替えられる。つまり "brazen"(鉄面皮の)と同じ意味なのである。

"tranquil" は "calm" のように周囲の事情に抗した意味での平静さというよりは、理由を問わず一切の動揺からまったく解放された静穏さそのものに焦点がある。また "calm" が一時的なものであるに対し、"tranquil" はある程度長続きのする平和、平穏であることを暗示する。

(4) He led *a tranquil life*. (彼は平穏な一生を送った)

"tranquil" を名詞にすると "tranquility" だが、この言葉を英語史の中で最も有名な言葉の1つにしたのは19世紀の自然詩人 William Wordsworth で、"Preface to *Lyrical Ballads*" の一節にあるこの言葉は、静かな心の状態を意味している。RECOLLECT (p. 302) 参照。

"serene" は単に静かな心的状態を報告するだけでなく、一点の曇りもないといったこの世ならぬ晴朗な感覚が加味されている。

(5) He looked strangely *serene* when he announced his resignation. (彼は辞職を正式に表明した時、どういうわけか澄んだ顔付きをしていた)

"serenity" は "tranquility" より精神的な清澄を意味し、俗念から解放された高僧の心境といったものに近い。

(6) We achieve *serenity* when glare of passion

fades.（情念のほてりが薄れるとき、人間は清澄の域に達し得る）と言ったのはたしか Matthew Arnold だったと思う。

同じ静かな穏やかさでも "placid" の場合は刺激に対する反応がやや鈍いことに起因するらしい。たとえば a plump and *placid woman*, as *placid* as a cow という表現があるが「雌牛のように鈍重な女」ということは、感受性が鈍いために感情の起伏がなく平穏だとも言えるのである。しかし "placid" は人間ばかりでなく自然の事物にも使う。その場合は単に peaceful でのどかであることの形容になる。

(7)　the *placid* surface of the lake（静かな湖面）
(8)　He has a *placid* temper.（彼はおだやかな性格だ）

(8)と同じことを、He is *even-tempered*.（彼はむらのない性格だ）とも言う。

care / *mind*

動詞としての "care" と "mind" はともに「気にかける」ことだが、その気にかけ方が正反対なのである。たとえば会合の席などで、話相手に第三者を「ご紹介しましょうか」と言う場合、Do you *care to* meet him? と言う。これに対して紹介してほしければ、Yes, please. と言う。もし紹介してほしくない場合は、No, thanks.　I don't think so. と言う。

同じ意味のことを今度は "mind" を使って Do you *mind* sitting next to him?「あの人の隣にお席をとって

かまいませんか？」と主人役が聞く。No, I don't *mind*.「ええ、かまいません」と言う。この場合 Yes. と言うと、Yes, I do mind.「いやです」ということになる。

"care" を使う質問は相手の関心の度合を聞くのである。"care" は何事によらず大切に思う気持の表現である。She writes *with care*.（彼女は心をこめた文章を書く）などと言う。"care for someone" はだれかを大事に思う、つまりだれかに好意をもつことで、愛することにもなる。Do you *care to* meet him? は Do you *like to* meet him? とあまり違わない。

"mind" はその反対に "dislike" の意味で、「いやがる、気にする」ことである。Do you *mind* sitting next to him? は「あの人の隣ではおいやですか？」の意である。だからいやでなければ No. とか Not at all. と言う。I don't *mind* him. は I don't dislike him.（彼はいやでない）さらに進んで、I *care for* him. の底意にもなる。

catch / *capture*

この２つは対象をとらえることだが、「とらえる」という言葉によって表わし得るものは必ずしも同じではない。

"catch" は一般語で使い方も広い。原則的には空中を飛んでいるものを捕える、また逃げかくれしているもの、知られたくないものの不意をつく意味もある。

(1) A dog *caught* a ball in his mouth.（犬はボールを口にくわえた）

(2)　They *caught* the convict who ran away.（脱獄した囚人を彼らはつかまえた）

(2)の"caught"は"arrested"の意で、"capture"と入れ替えられないこともないが、厳密に言うと"catch"は捕縛で"capture"は捕獲にあたる。

"capture"はつまり、「捕獲」の延長線にある言葉で、ものの姿をカメラやペンなどによって「とらえ」、永久に変わらないそのままの形で保存する意味に使うのが特色である。

(3)　The film beautifully *captures* the way the Indian people lived during the English colonial days.（この映画は英国植民地時代のインドの庶民の生活をみごとに捉えている）

(4)　In her novel, she vividly *captures* the atmosphere of the 19th century European resorts.（彼女はその小説の中で19世紀のヨーロッパの遊山地の空気を生々と捉えている）

また単に physical な面でも"capture"は"catch"より強い言葉で相手の強い抵抗に打ち克って相手を捕虜にする、の意がある。

(5)　We *captured* 500 enemy soldiers.（500人の敵兵を生捕りにした）

この"capture"は"catch"では代用できない。

"catch"は相手の動きを止めた瞬間にウェイトがある。

(6)　There was something about her that *caught his interest*.（彼女の何かが彼の興味をひいた）

(7)　The police *caught him red-handed*.（彼は現行犯

でつかまった)

(8) I hate work of any kind. It's something I won't *be caught dead doing.* (仕事と名のつくものはみな嫌いだ。ぼくが仕事なんかしているところは、見たくとも絶対に見られやしないから)

change / *alter*

外観的にも、内容的、本質的にも今までのものとすっかり変えてしまうのが "change" である。

"alter" は手直し程度の minor changes で、原物にいくぶんの修正をほどこすことがこの言葉の建て前になっている。つまり "revise" とか "modify" と同義である。"alter" の最もよく知られた使い方は、服のサイズを長くしたり、短くしたり、幅をつめたり、広げたりする場合である。

(1) I had the hemline of the dress *altered*. (ドレスの丈を長く〔または短く〕させた)。

また、原稿に手を入れることにも使う。

(2) The editor *altered* my story almost out of recognition. (編集者は私の書いた記事にひどく手を入れて、これが自分の書いたものかと疑うほど変えてしまった)

ただしこれは記事を書いた当人が言うことであって、誇張しているかもしれないのである。編集者に言わせれば、

(3) We've only slightly *altered* your story. (ほんのちょっと手を入れました)

と言うかもしれないのである。

"change" はいままでのものとまったく別のものにしてしまうか、なってしまうことである。つまり自動詞にも他動詞にも使えるのである。

(4)　When she married him she had been confident that she could *change* her husband's homosexual habits and make him over, but she learned it was something beyond her power.（彼女は彼と結婚した時、夫のホモを変えて、人間を作り変えてやれると自負していたが、結局それは不可能なことがわかった）

(5)　The situation has *changed* from what it was 30 years ago.（30年前とは状況がまるで変わった）

(6)　Don't *change* the subject.（話題を変えないでください）

choose | elect | select

これら3つの動詞は、いずれも2つ以上ある中の1つを選ぶことである。

"choose" は2つの中から1つを選ぶ場合にも、2つ以上の中からの場合にも、両方使う。

(1)　You have to *choose* either of the two courses.（2つの課程のどれかを選ばなければならない）

(2)　He *chose* the largest apple in the basket and bit into it.（彼はバスケットの中の一番大きなリンゴを選んでかぶりついた）

"elect" は常に「役職者」を直接目的として選ぶ。

(3) The American people *elect their president* every four years. (アメリカ国民は4年ごとに彼らの大統領を選挙する)

(4) We are to *elect the chairman* of the board next Tuesday. (来たる火曜に筆頭重役を選ばなければならない)

"elect" は役職を選ぶのであって、「誰かに投票する」のは "**vote for** someone" である。I *voted for* Carter. であって I elected Carter. ではない。

"choose" のほうは役職名でなく、人間を直接目的にする。

(5) He *chose her* for his assistant. (彼は彼女を助手に選んだ) "choose" も "elect" もともに、人や事物の選択ばかりでなく、行動を選ぶ場合にも使う。その場合、常に infinitive をあとに伴う。

たとえば「彼は辞職の道を選んだ」と言いたい時は、He *elected to* resign. と言ってもよく、He *chose to* resign. と言ってもよい。ただ微妙な違いはある。前者 (elect) のほうは、辞職せずともそのままオフィスに留まることもできたし、休暇や休職の道も開けていたのに辞職の道を選んだ、の意。後者のほうは、He *chose* to resign (of all things).「こともあろうに辞職の道を選んでしまった」とやや運命的にひびかせたという違いがある。

"select" は選択範囲が3つ以上の場合。

(6) The problem always is *to select* a textbook for your English class *out of* hundreds of famous classics. (たくさんの有名な古典の中から、英語のクラス用のテキス

トを選ぶのはなかなかたいへんだ)

　初めにも言ったように、選択するものが2つしかない時には、"choose" を使う。ただし、このことは choose が2つの選択の場合に限られているというわけではない。

　(7)　You can *choose* either one of these green and red balls. (緑と赤のボールのうちどちらかを選ぶことができる)

　この場合 "choose" の代わりに "select" を使うことは絶対にできない。"select" は、数ある中から一番よいものを選ぶこと。

cinema | movies | motion picture | pictures | film | flicks

　映画のことを言う場合、これらの言葉がごちゃまぜに使われるのが現状だが、実際にはそれぞれ少しずつ違う意味を持っている。どれを選ぶかは、その人が映画というものをどう考えるかによって変わってくる。

　"motion picture" は米語で、"the motion picture industry" というように映画産業、つまり娯楽映画を主体とする金もうけの事業のことを意味する場合と、コミュニケーションの媒体 (a medium of communication) として論じる場合と2通りある。この言葉は常に単数で、複数の意に使う。

　"cinema" は本来はイギリス英語なのだが、今では区別なく映画の総称として使われる。しかし「映画劇場」も "cinema" と言い、複数にもなる。それから「エンタ

ーテインメントの媒体としての映画」のことも "cinema" でよい。この場合は複数形はとらず、普通 the を付けるが、付けなくとも誤りではない。次の文は cinema が「劇場」と「媒体」の両方に使われている例である。

(1) *Cinema* is the mass medium in danger of losing its mass audience…They are closing down a third of the nation's *cinemas*.—Penelope Houston.（映画は大衆娯楽の媒体であるにもかかわらず、大衆の客を失いつつある。この国〔イギリス〕の映画劇場の3分の1は廃業の憂き目を見つつある）

ペネローペ・ヒューストンはイギリスの著名な映画評論家で、過去4分の1世紀にわたり、世界的に有名な映画評論誌 *Sight and Sound* の編集長を務めてきた。現職でもある。引用文は名著といわれる彼女の *The Contemporary Cinema* からとったものである。

(2) About half the population of this country never actually enter *a cinema*; yet they accept *film* in one form or another, as an unquestioned part of their lives. —Penelope Houston.（この国の人口の半分は映画館に足を踏み入れたことがない人たちだ。それでも彼らは映画というものをなんらかの形で自分たちの生活の一部として当然のことのように受け入れている）

"film" はこの例文でも分かるように、媒体として論じるときは冠詞をつけない。この言葉は映画を指す近代語で、個々の映画のことも言い、テレビや劇場での芝居などと区別して、"*film coverage* of a sports event"（スポ

ーツの試合の映画ドキュメント）のようにフィルムによるリポートの意味にも使う。だが "film" という言葉は近代的なインテリ語で、ジャーナリストや映画関係の人たちの間では多用されるが、一般の会話の中でこれを使うとやや気取った感じを与えるきらいがある。最も庶民的なのはアメリカでは "movies"、イギリスでは "the pictures" とか "picture show" を使う。"the flicks" はさらにくだけた形である。

(3) We *go to the movies* quite often.（わたしたちは映画をよく見る）

(4) 'Ben-Hur' is the first *flick* I saw.（「ベン・ハー」が私の最初に見た映画だ）

"flick" は戦後に出来た言葉で "the flicks" と複数で使うことが多い。

(5) He took his girl *to the flicks*.（彼は女友達を映画に連れていった）

claim / *demand*

この 2 つは相手に対して押しの強い態度を示す点で共通している。当然の権利として何かを主張することでは同じだが、"claim" の方は何かについて所有権を主張する行為そのものを指す。そしてそれには常に、「真偽のほどはわからぬが」という含みを伴う。"demand" は所有権を主張したあとで、相手がそれを認めてこちらの要求を満たすことを強く求めることである。従って "claim" が常に先行して "demand" がそのあとに続くの

である。

(1) "Do you *claim* you know enough English to carry out conversation in this court without an interpreter?"（この法廷で、通訳なしに英語で話が出来ると言われますか？）"Yes I do"（はい、そう主張します）

(2) If the bearer of this letter *demands* payment, release the money.（この手紙をもって来た者が支払を要求したら、金を払うこと）

(3) Those of you who have lost these articles come and *claim* them.（これらの品を紛失した方は、遺失物をとりにおいでなさい）

"demand" が "claim" と違う点は、実行を強く要求する底意がある点である。これは "demanding" という形容詞の形にするとよくわかる。

(4) I have a *demanding* job as a writing editor. I have to write three columns a week on top of my editing work.（コラムニスト兼編集者なので、私の仕事はなかなかきつい。何しろ編集の仕事に加えて週3回コラムを書くのだから）

classic / classical

この2つの言葉の元になる名詞はむろん "classic" である。だが形容詞の形になると、"classic" は "classical" と混同できないある意味を持ってくる。その違いをハッキリさせる手近な方法はシノニムをあてがってみることである。"classic" の直接のシノニムは standard、 typical、vintage などである。つまり定着して標準化されたもの、典型的、代表的なものをいうのである。古典とか masterpiece とは少なくとも第一義的には無関係である。

(1) That's the *classic* reply to the question.（そう質問されると、誰でもきまってそう答える）

(2) This piece is a *classic* Fujita.（これはフジタ画伯の代表作品の1つだ）

一方 "classical" は名詞の "classic" と直接関係を持つ形容詞で、大体2通りの意味に用いられる。①古典に関するもの。または問題の時点より以前（earlier）を指す場合、つまり時間的感覚で物を言うのである。②ギリシア・ローマの歴史的研究作品を意味する場合。

① の例：

The significance of Keynesianism is most apparent when it is compared with pre-Keynesian views; Keynes himself spoke of the '*classical*' theory.—J. Pen from *Modern Economics*.（ケインズの経済理論の意義は、ケインズ以前の経済理論と比較すると最も明瞭になる。ケインズ自身、'classical' 理論という言葉を使っている）

つまりケインズの言った 'classical' とは自分より以前の経済理論（pre-Keynesian views）に当たるのだ。

② の例：

Ulysses is supposed to be Tennyson's best known *classical* poem.（ユリシーズはギリシア・ローマの古典を題材にしたテニソンの一連の詩の中で最も有名なものである）

このセンテンスを次の文と比較して見ると：

Ulysses is supposed to be the best of the Tennyson *classics*. (ユリシーズはテニソンの傑作中でも最高のものと言われている) ということになって、先の "classical" が漠然とした masterpiece の意でなく、特殊の文学的なオリエンテーションを指していることがわかる。

もう1つ例をあげておく。

(3) That's a *classic* theory you'll find among the Victorians. (ヴィクトリア王朝時代の人々の間によく見られる典型的な理論がそれだ)

(4) That's a *classical* theory attributed to the Victorians. (それは、ヴィクトリア王朝時代の人々が建てたとされている、ギリシア・ローマ古典学理論の一形式だ)

client / *customer*

この2つは、全く同じ意味に使う場合と、全然反対の意味になる場合がある。前者つまり "customer"（顧客）の意に "client" が用いられるのは、もともと、弁護士を金で雇って弁護を依頼する人を "client" ということから来ている。弁護士にとっては依頼人は職業上の顧客だからである。これから商売の顧客つまり "patron" とか "customer" というべきところを "client" ともいうのである。

(1) She has very rich *clients* for her boutique. (彼女は自分の経営しているブティークのお客にお金持をたくさん持っている)

しかし "client" には、こちらに金をくれる顧客とは反対に、こちらから金を出して面倒を見なければならない人々のことをいう場合がある。つまり dependent（被保護者）の一種である。この意味の "client" には通常2種類ある。① welfare client と ② political client である。① は国から生活保護を受けている人のことで、この方は簡単に見分けがつく。簡単でないのは ② の political client の場合である。

　終戦直後の日本はアメリカの "client state" だった。その後講和条約により独立国として出発し、現在は経済大国として名実ともにアメリカの同盟国（an ally）である。1981年の初め頃次のような記事が2つ Japan Times に出た。いずれも client の意味をハッキリさせるので掲げておく。

(2)　He urges as well that the United States stop "preaching and bullying" and begin to deal with the Japanese as allies rather than *clients*.（アメリカは日本に「お説教をしたり、ごうまんな態度に出る」ことをやめて、日本をアメリカの保護国としてでなく、同盟国として扱うべきだと、彼は重ねて提言した）

(3)　Another moral is that the Soviet Union for all its expansionism, cannot keep its *client states* in permanent bondage.（もう1つの教訓は、ソ連はその領土拡張政策にもかかわらず、隷属国をいつまでも自分に縛りつけておく力はない、ということである）

　"client state" のまたの名は、かつてのカナダのような英国の "dominion" がそれである。

"a client culture" は "a client state" と同義に用いられることがある。独立国の文化でなく、かつてのインドがそうであったように、英国の保護下に生きる文化の意である。

(4) A New Zealand writer, reviewing another book of mine, said that I was writing about the problems of *a client culture* and *a client economy*. I wish those precise words had occurred to me when I was writing The Middle Passage. They would have had many things more clear. The book might have had more shape; and it might have been less romantic about the healing power, in such a culture, of political or racial assertions.— V. S. Naipaul. (かつてわたしの著書の1つを書評したニュージーランドのライターが、わたしは、属国文化と属国経済の持つ悩みごとについて書いている、と言ったことがある。わたしがあの小説 The Middle Passage を書いていた時に、その的確な言葉がわたしの頭に浮かんでいたらどんなによかったろうにと、今にして思う。その言葉であの小説の内容はずっと明瞭になっていただろう。それに、そういう依存文化国家の場合、政治的、民族的な主張をすることによる魂の浄化作用や治癒力は、さほどロマンティックなものではあり得なかっただろうという思いがする)

文中の "client culture" も "client economy" も "client state" (属国) の代名詞としても用いられる。西インド諸島の Trinidad 生まれの異色作家として有名な V. S. Naipaul のペンになるこの文章は、英領の小属国生

まれの作家でなければ表現できないであろう皮肉と自嘲に満ちている。

clothes / dress

　この２つの違いは動詞にしてみると意外にはっきりする。"clothing" は文字通り裸身を蔽うことで "clothes" はその coverings が集まったもので布（cloth）で作った別々の部分——スカート、ズボン、シャツ、上着など——から成る。そして暑さ寒さをはじめ、周囲の状況に応じて適当な蔽いを身につけるという実用的観念が clothing つまり clothes の根底なのである。

　(1)　He had only *the clothes on his back* when he fled his country.（彼は亡命した時は着のみ着のままだった）

　sports clothes、*maternity clothes*、*children's clothes* などはそれぞれの目的に合わせてデザインされた衣服（clothes）である。このように "clothing" が実用観念からきているのに対し、"dressing" の底意は身を飾って外観をととのえることにある。これは個人のみならず民族の装飾意識を含むものでもある。身を飾るといっても伝統的な目的のために、それぞれの "dressing" の形式があるのである。

　(2)　a soldier in *full battle dress*（完全軍装をした兵隊）

　(3)　It was a *fulldress* dinner.（それは、正装して出る夕食会だった）

　(4)　He was conservatively *dressed*.（彼は地味で上品な服装をしていた）

"dress" はまた婦人服や子供服のワンピースのことを言うこともある。

cold / cool

これは「冷たい」とか「涼しい」といったストレートの意味ではなく、いま広く使われているスラングとして見た場合だが、この2つは対照的な言葉である。一口に言えば "cold" は悪い意味合いに、"cool" はよい意味に使われる場合が多い。

(1) Her performance *left me cold*. (彼女の舞台を見て何の感興もわかなかった)

つまり Her performance was extremely *dull*. と同じである。なぜかと言うと cold は生気が抜けた死人を暗示するからである。

それに引きかえ "cool" は快適な状態を意味する。どうしてそうなるかと言うと、cool は overheat (過熱) の反対だからである。機械でも人間の頭でも過熱することは故障につながるという思想なのである。このため、"cool" は okay、all right などの代わりに用いられるばかりでなく、進んで Very nice, I like it very much. の意に使う。

(2) "How did you like the show?" (ショーはどうだった) と聞かれた場合、"It was *cool*." (とてもよかった) というのがナウな英語とされている。

color / *hue*

　"color" は赤、青、黄など単色を言うが、"hue" は同じ色でも明るさ、または暗さの度合を言う時に使う。

　"color" の例　(1)　*What color* is your car?（あなたの車は何色ですか？）

　(2)　*What color* did you paint your house?（あなたの家は何色に塗ったのか？）

　"hue" の例　(3)　The work of a great painter can reveal to us *the hues and shades* of Nature at any given hour.（偉大な画家の作品は1日のどの時間に見る自然でも、その微妙なあらゆる色合いを見せてくれる）

　(4)　The diamond shone with *every hue* under the sun.（ダイヤはプリズムのあらゆる色の光彩を放った）

　(5)　The green color of foliage turns *rainbow-hued* in autumn.（樹々の緑は秋には七色の虹に変化する）

　"color" と "hue" のこの相違は比喩にも延長されるが、"color" のほうが多義に用いられ、全体として、いきいきとした、精彩に富むなどよい意味にたとえられるが、"hue" は外から識別できる流派の意に使う。

　(6)　The new governor attracts crowds because he has *a great deal of color*.（新知事は大衆受けがする。人の想像をかきたてる何かを持っているためだ）

　(7)　Politicians *of all hues* got together in the international convention.（国際会議にはあらゆるタイプの政治家が一堂に集まった）

　(8)　He was livid with *the hue of death*.（彼は土気色

の憤怒の形相をしていた)

(9) You look a bit *off color*. Are you feeling all right？(顔色がすぐれないが、お加減が悪いのではありませんか？)

(10) I like it here. I enjoy *the local color*. (わたしはここが好きだ。ローカルカラーがたのしい)

comfort | console | solace

これらはみな心痛や重荷を感じている人に元気をつけ、痛みを和らげる意味に使われる言葉である。

"comfort" はこの3つの中で最も一般的で、他の2つより親しい気持によるなぐさめである。そして使用するのにも最も無難な言葉と言ってよい。なぜならこの言葉の焦点は、こちら側の善意そのものにあるので、相手が苦しんでいることを意識的に前提としないからである。

(1) We *comforted her* the best we could when her mother died. (彼女の母親が死んだ時、われわれは彼女を懸命になぐさめた)

(2) To give *aid and comfort* to the enemy is considered an act of betrayal in any community. (どういう社会においても敵を援助したり、元気づけたりすることは裏切り行為とされる)

(3) He is *no comfort to* his parents. (彼は親不孝な息子だ)

"comfort" はまた他の2つが精神的いたわりであるに対し、肉体的痛みを和らげることにも使う。

(4) She *comforted her aching feet* in a tub of hot water.（彼女は痛む足をお湯につけて痛みを和らげた）

"console" は心痛を感じている人の苦痛を和らげようと計ることで、"comfort" のように元気をつけようという漠然とした行為ではない。苦痛を和らげる対象はむろん自分自身でもよい。

(5) The morning her lover walked out on her, she *consoled herself with* a shopping spree.（恋人に捨てられた朝、彼女はやたらに買物をすることで苦しみをまぎらした）

(6) It was *some consolation* that the thief who broke into our house in our absence was later arrested though the money stolen was never returned.（わが家に入った空巣が捕まったのはせめてものなぐさめだった。盗まれた金は返らなかったが）

"solace" は悲しみや苦痛をなぐさめるというよりは、一般的な苦労やたいくつさを忘れさせる意味に多く使う。

(7) To people living in the remote island, television and radio entertainments are a great *solace*. No doubt about that.（あの孤島に住む人たちにとって、テレビやラジオの娯楽番組は大きななぐさめであることは確かだ）

(8) She *solaced her cares with* studies of art history. By now, she has become quite a historian.（彼女は苦労を美術史の研究でまぎらせた。それで今ではいっぱしの歴史家になった）

commerce / trade / business / industry

　この中で最も広い一般語は "commerce" で、"trade" と "business" の総称だが、格調が高く抽象的であることも手伝って、実際には国家レベルの通商の意味に用いられるくらいで、あまり使わない。

(1) French *commerce* is somewhat improving lately.（フランスとの通商はやや上向きになってきた）

　"trade" と "business" は一応入れ替えはきく（米語として）が、"trade" は交易の具体的な内容にウェイトがある。

(2) "What *trade* are you in?"（ご商売は何で？）"I'm in construction."（土木建築です）

　"trade" という言葉は英国と米国ではニュアンスが違う。英国では最近まで "He is *in trade*." と言えば、やや下目に見る表現だった。アメリカでは "trade" の代りに "in business" というフレーズを使う。He is *in business*. は英国人のいう "in trade" とは全く違った、立派な社会的な地位を意味するのである。英国人は businessman といわずに "tradesman" と言い、これも昔から低い感覚の言葉だった。なお "roaring trade" は英国英語で商売繁盛の意で、アメリカでは rushing business に当たる。

(3) They are having *rushing business* in raw furs.（毛皮の商売がひどく盛んだ）

　"industry" は商取引でなく、品物の生産を意味し、製造・加工を含み、全体を総称する言葉である。だが単に

大きな言葉ではなく、中小企業からいわゆる知的産業まで、何にでも使う。

(4) The motion picture *industry*, once on decline, is coming back strong again.（一時は不振だった映画産業も再び盛り返してきた）

(5) The increasing automation of *industry* is the primary cause of unemployment problem.（オートメの増加が失業問題のもっとも大きな原因だ）

communicative / *communicable*

字義の上ではこの2つは伝達が可能なことだが、使い方が違う。

"communicative" は easy to communicate（交流しやすい）ことで主として人物の性質、またはそれを示す顔付きやふんいきの形容に使う言葉である。She has a *communicative* face. と言えば、話しかけやすい顔（an open, sociable face）で、その反対はむろん an *incommunicative* face だが、自分だけの殻に閉じこもった顔（a closed face）のことである。

(1) My boss was *incommunicative* all morning but he was a bit relaxed in the afternoon.（今朝、部長はむっつりしていたが、午後には多少ほぐれてきた）

"communicative" は単に sociable だけでなく talkative（おしゃべり）の異名にもなる。

(2) Don't tell her this, she is far too *communicative*.（彼女にこの話をするな。おしゃべりだから）

"communicable" の用法は "communicable diseases"（伝染病）のことにほとんど限られている。つまり "infectious"、"contagious" の同義語なのである。

(3) The control of *communicable diseases* by penicillin has saved millions of lives which would have been lost before the war.（ペニシリンのおかげで戦前なら伝染病で死んだはずの幾百万の人命がたすかった）

company / corporation / firm

"firm" は使い方が 2 つある。1 つは個人商店や商会で比較的規模の小さなもの。だが同時に会社のあらゆる組織の総称にもなる。つまり "corporation" も "company" も "firm" の一種とみなすのである。

"a printing firm"（印刷会社）といった場合、ふつう中小企業を指すが、また大会社であるかもしれないのである。つまり "firm" は一般的に会社のことをいうレトリックである。

"corporation" はアメリカで最も多く用いられる会社の正式な総称。いわゆる株式会社のことで、唯 1 人でも多数の株主によっても法の下に組織された社団法人。法の眼からいえば個人としての意志を持つものとして扱われる。

"company" は文字通りに共通の利益追求のために参加した人々のグループで、"firm" も、"corporation" も "partnership" も含む会社の総称。アメリカでは社名としてたとえば Williams, Kellog & Company, Inc.（ウ

ィリアムズ・ケロッグ株式会社）という形をとるものが多い。ただ "firm" と違うところはその一般性で、company town、company union という言い方をするが、"firm" は使わない。"company union" は全国組合の一環ではなく、会社のマネージによって従業員との交渉の目的で作られている従業員組合である。

comparative / comparable

この両者はともに comparison が中心になっている言葉だが、意味が違う。

"comparative" はある標準を頭に描き、それに比較すると、の意で、「どちらかと言うと」といったふうに言葉を濁し、あけすけの比較を和らげようとする言葉づかいである。

(1) In those days, we were living in *comparative poverty*.（当時われわれは、比較的貧乏な暮らしをしていた）

この "comparative" は "relative" と取り替えてもよい。つまり極端な貧乏ではないが、まあ大方の標準から言えば貧乏と言える、の意である。

(2) *Comparatively speaking*, women are better linguists than men.（比較的、女性は男性よりは語学にすぐれている）

"comparable" の性格は類語を当てはめてみると、はっきりする。最も近いのは "parallel" と "equivalent" である。つまり「匹敵するもの」のことである。

(3) General office workers in America get paid for better than *their comparable numbers* in any other part of the world. (アメリカの一般事務員は、世界のどの国の事務員よりも給料がよい)

"their comparable numbers" は彼らに相当する職業の人たち、つまり their counterparts のことである。

(4) As one engaged in labor researches, I look forward to meeting, at the coming international labor convention, a number of specialists working *in the comparable field*. (労働問題のリサーチをやっているので、来たる国際労働会議で、同種の仕事をしている専門家たちに会えるのを楽しみにしている)

compete / contest / contend

この3つはみな他人と競争することだが、それぞれ別々のこ・こ・ろを持っている。

まず、"compete" は1対1で覇を争うという意識が強い言葉で、競争相手をライバルとして捉える。ライバルを倒して目的物を手に入れようとするのがアクションの本質で、"compete for" という形をとる。目的はあくまで具体的なもので、事物ばかりでなく人間でもよい。

(1) Those two men are *competing for* the affection of one girl. (あの2人の男は1人の娘の愛情を得ようと競争している)

"contest" は "compete" のようにエゴをむき出しにした言葉ではない。論理で相手の説をくつがえして自分が

正しいことを主張しようというのがそのこころである。

(2) He *contested* the company's claim that he had resigned voluntarily.（彼は自発的に辞任したのだという会社の言い分を否定して法廷で争った）

(3) The attempt to reconcile the *contesting parties* failed.（権利を主張しあって譲らない両者を和解させようとする試みは失敗に終わった）

これらの例からもわかるように、"contest" は "oppose"、"fight" などと入れ替えがきくが、"compete" とは入れ替えることはできない。"compete" と "contest" の性格の差は、名詞の形にしてみると一層はっきりする。

"competition" とは "rivalry" のことであり、"contest" は "struggle"、"dispute" と同義語となって現われる。"competition" は個人的なライバル意識をもった陰性の言葉だが "contest" のほうは堂々と名のりをあげて相手の非を鳴らし、自分の地盤を確保しようという、どちらかといえば陽性の言葉である。

"contest" が相手の説に反対をとなえ、反証をあげることによって自分を守ることであるのに対し、"contend" は相手の説の如何にかかわらず自分の説を全面的に主張するという積極性をもつ。

(4) He *contended* that his in-laws' claim to the property was entirely unfounded.（彼は、彼の義理の親や兄弟がその財産の分配にあずかる権利は少しもない、と主張した）

"contend" も "contention" と名詞にしてみると "contest" との違いがはっきりする。"contest" は自分の特技で競技に参加することであり、"contention" は単に意見の主張である。また **"contender"** はスポーツなどでチャンピオンの座を狙って立つチャレンジャーのことである。ボクシングでよく使うが、比喩的には他の分野のことにも使う。contender（挑戦者）になるためには、その世界で認められた実力がなければならない。それで、He wants to *compete* but he is not a *contender*. という言い方がなされるわけである。つまり、彼はチャンピオンシップの試合に出場したがっているが、挑戦者にはなれないというのである。　　　　　（⇒ rival / vie / compete）

condition / state

この2つは共に状態・情況を表わす言葉だが、性格的に大きな違いがある。"state" は "condition" よりも、精神面に関わりを持った言葉である。

(1) Happiness is a *state of mind*, not related to material *conditions*.（幸福とは心的状態で、物的事情とは関係ない）

同じく情況とか状態といっても "state" は "condition" よりもスケールの大きな言葉、抽象度の高い言葉だということが出来る。なぜならこの言葉はある一定の時期と場所における存在（人間でも物事でも）の内容を示す言葉だからである。たとえば **"state of the art"** というイディオムがある。これは現代の学術・産業の最高水準のことで、しばしばハイフンを入れて形容詞にして

使う。"State-of-the-art optical technology"（メガネの最新テクノロジー）などという。

　"state" も "condition" も、悪い状態、落ちこんだ、ひどい情況の意に使うことがあるが、"state"の方は苦境（predicament）、窮境（plight）といった精神的な含みを表わすのに対し、"condition" は physical、material に落ち込んだ状態を表わすのである。

(2) She is *in a state*.（彼女はカンカンに怒っている）

(3) She has a heart *condition*.（彼女は心臓がわるい）

(4) In her *condition*, you can't expect her to make many public appearances.（妊娠中の彼女が公的な場所にあまり出るとは思えない）

(5) This, in short, is *the state of affairs* in which our company finds itself.（結局、これがわが社の現状です）

constraint / restraint ; constrain / restrain

　この２つは、見かけは異なっているが、強制される点ではほとんど同じように使われる。ただ "constraint" は、何かを強制的にさせられることであるのに反し、"restraint" は、何かをしないように強いられるという違いがあると言えば言える。"restraint" は自己抑制の場合も含まれるが、それも何かの外的事情によるものである。他人の自由を奪うことには "restraint" を使う。

(1) He was placed *under arrest and restraint*.（彼は逮捕され拘束された）

"constraint" は、"restraint" が場合によっては自己抑制（I *restrained myself* from rushing out.——とび出したい衝動を抑えた）にも使うのに反し、常に外部から課せられる強制（健康も外部事情のうち）を意味する。そして通常この外圧は、否定的な内容の心理的、道徳的その他の拘束力である。

(2) He was *constrained* by his heart condition *to give up* all forms of strenuous activities.—S. I. Hayakawa.（彼は心臓病のため激しい仕事は一切やめざるを得なかった）

(3) Though time *constraints* on the evening news are serious, I get annoyed when I hear the old saw, 'All the news in a broadcast could be put into less than a column of type in the New York Times.'—AV Westin in Newswatch as quoted in the *Reader's Digest,* Feb., 1983, p. 132.（イブニング・ニュース番組の時間的制約はたしかに大きいが、「テレビ・ラジオのニュースを全部集めても、ニューヨークタイムズの活字によるワンコラムにも満たない」という月並みな言い草を聞くと腹が立つ）

"time constraints on the evening news" は、放送の時間は制約される度合が大きいので、ニュースの時間はプリント・メディアに比べて短くなるの意。

consult / *confer*

この2つはどちらも特定の問題について相談すること

だが、性格的にはかなりはっきりした違いがあるので、厳密には入れ替えるわけにはいかない。

"consult" は相手の意見を聞くのが目的で相談するので、比重は当然相手の意見にある。言わば「お伺いを立てる」ことである。"consult" は、つまり上下の区別が意識される言葉なのである。"*consult* a dictionary"（辞書を引く）という言い方にしても、辞書には何と出ているかを知りたくて引くのである。つまり辞書にお伺いを立てるわけである。また "*consult* a doctor" にしても同じことで、医者の意見のほうが自分の意見より大事なのである。

(1) One has to *consult his pocketbook* before buying.（財布の中味と相談した上でないと買物はできない）

一見、上下の区別がないように見えても、"consult" を使う場合は力点のあり場所が、"confer" とは違うのである。

(2) The doctors *consulted together about* the nature of the disease in question.（医師同士が集まって問題の病気の性質について協議した）

(3) The three powers will *consult on* how to ameliorate the political conflict in their countries.（三国は自国内の政治的内紛を緩和するために協議するはずだ）

この２つの例の "consult" は協議の目的に重点が置かれているのであって、親睦が目的で寄り合うわけではない。

だが、"confer"（"conference"）になると、寄り合うという行動自体に意味があるので親睦の感覚が常に伴う。

また "consult" と違って上下の感覚はない。先方の意見のほうが自分のより大事だなどとは思わない。あくまで討議事項についてコンセンサスを求める。またコンセンサスとまではいかなくとも、それに一歩でも近づこうとする作業なのである。Camp David の The Summit Conference がそれを物語る。

(4) He called *a press conference*. (彼は記者会見を申し入れた)

(5) We have *an editorial conference* every Tuesday. (毎週火曜日に編集会議をする)

contain / *include*

この2つはものを含有するという点では共通しているように見えるし、事実どちらを使ってもよい場合もある。

(1) The bill *contains* [*includes*] several new clauses. (その法案は新条項をいくつか含んでいる)

(2) The nutshell *includes* [*contains*] the kernel. (くるみの殻はたねも含んでいる)

しかし、この2つの言葉の共通点はこれだけで、"contain" は "include" とは重要な性格の相違を持つ言葉であって、これを単に「含む」とか「含まれる」とだけ憶えておくことは危険でさえある。なぜなら "contain" は外交問題などにもしばしば登場し、その他にも種々の場合に "include" と同義では説明のつかない使い方がされるからである。しかし、どの場合もある一貫した原意がこの言葉にはある。それは何かと言うと、「対

象をあるわく内にとどめておく力」(capability) を意味するのである。「一定のわく内にとどめる対象」は場合によって異なる。自分自身である場合も、他人である場合も、ものごとの時も、単に物質であることもある。

(3) This bottle *contains* 25 glasses of whisky.（このボトルにはグラス 25 杯分のウィスキーが入っている）

(4) Try to *contain* your anger.（腹が立っても抑制せよ）

(5) The cholera outbreak *has been contained*.（コレラの蔓延はいちおう防ぐことができた）この "contained" の代わりに "(be) **put under control**" の形を使ってもよいのである。

(6) The runaway inflation has so far been *contained*.（急激なインフレは今までのところはいちおう抑えられた）

(7) We need to *contain* the advancing flood at all cost.（そこまで迫っている洪水をどんなことをしても阻止せねばならぬ）

"contain" の名詞形は "**containment**" で、意味は敵性国が勢力圏の拡大を図った場合、これをけん制して現状以上に進出しないようにすることで、日本語ではオフィシャルには「封じ込め政策」と訳すことにしているらしい。英語では常に "a policy of containment" の形で現われるからである。

(8) The demand for equal pay for equal job for the sexes can no longer *be contained*.（同じ仕事の報酬は男女平等でという主張は、もはや押えつけてしまうわけにはい

contain 097

かないところまできている）

"include" は全体の中の一部としての存在を主張する言葉で、相手がうっかり見過ごさないように注意を喚起するために "including..." という phrase を使う。

(9) Don't forget to itemize your expense report, *including tips*. （出費の報告は、チップも含めて、箇条書にして書き出して下さい）

(10) The secretary's duty *includes* making copies of every report that comes in. （入ってくるリポートのコピーを作るのも秘書の仕事のうちである）

credible / creditable

同じく信用に値いすることでも、この2つは別々の用途をもっている。

"credible" は主として法律用語に使われ、"credible person" または、"credible witness" という熟語の形をとる。法廷で証人として信頼性のある、の意である。この場合、「信頼性のある」とは、正直でうそを言わないだけでなく、頭の点でも情況把握の能力があると見てよい、という意味である。

(1) What he has said is completely *credible*. （彼の言は信じてよい）

この "credible" を名詞にすると "credibility" で、

(2) The prosecutor doggedly cross-examined the defense witness trying to *destroy his credibility*. （検察官は弁護側の証人をしつこく反対尋問して、彼の信頼性を破

壊しようとつとめた)

といった言い方をする。しかし credible の反対 "incredible" は一般語で「驚くべき」という感嘆詞として使う。

(3) He has an *incredible talent*. (驚くべき才能をもっている)

"creditable" のほうは法律用語にはならない世間的な言葉で「ちゃんとした」(respectable) の意である。

(4) He gave a *creditable performance*. (彼はなかなかよい成績だった)

(5) She was born of *creditable parents*. (彼女はちゃんとした両親の間に生まれた)

cunning / *sly*

この2つの形容詞は日本語ではともに「ずるい」ことだと思われている。"cunning" は「カンニング」という日本語にもなっている。だが、「ずるい」という言葉はあまりにも漠然としていて、その原意がはっきりつかめないきらいがある。たとえば次のような場合はどうなのか？

(1) That hat you have on is very *cunning*. Where did you get it?

このセンテンスの意味は前後の関係でたいてい想像できようが「その帽子とてもいいわね。どこで買ったの？」である。この「いいわね」は、もとより説明の必要な言葉だが、要するにこういう場合の "cunning" は "clever" とか "ingenious" と言い替えて差支えない言葉

なのである。だがこれを "sly" と入れ替えるわけにはいかない。"That hat you have on is very sly." と言ったらお笑い草になる。なぜか？ それは "cunning" という言葉の本質が "sly" とは違うからである。"cunning" の原意は相手の巧妙さに内心舌を巻くことで、"sly" のようにただ「ずるい」ことではない。試験でのカンニングはふつう "cheating" と訳されるが、その心はむしろ "sly" のほうで、"to peek at the notes *on the sly*"（そっとノートを見る）に当たる。"sly" の本質は人に気付かれないようにしてうまいことをするという、やや非難めいた感覚である。"cunning" が相手の巧妙さにスポットをあてるのに反し、"sly" は、いわゆる「ずるさ」をとりあげるものである。つまり「だますのがうまい」の意である。

(2) He gives a *sly* answer. と言えば、まっすぐな返答をしないで人をたぶらかすことで、この sly は "slippery"（ぬらりくらりした）と入れ替えられる。

(3) He is in a *sly* trade. これは闇商売（an illegal trade）のことで、"cunning" とは入れ替えがきかない。

また、"cunning" の代わりに sly が使えないケースに次のようなものがある。

What a *cunning little* baby. とか、What a *cunning little* kitten! この「なんてかわいい……」の意味に使う "cunning" は必ずそのあとに little を伴うので、それが目安になる。

D

dangerous / *perilous*

　この2つの形容詞は、むろん危険という名詞 "danger" と "peril" という2種類の言葉を見分ければ足りる。"danger" は一般語で、リーチの範囲が "peril" より広い。そして直接性がそれほど強くない。一口に言って、要注意の警告を必要とする事態に使う言葉で、いますぐ死ぬおそれがあるわけではない。

　人間に使って "He (*or* she) is *dangerous*." といえば、その人物は何をするかしれないから気をつけよ、の意で、これは通常その人物が策謀家である場合が多い。また "dangerous weapon"、"dangerous drug" などの法的表示物がある。

（1） The man was arrested for possession of *dangerous drug*. (その男は危険な薬物所持でつかまった)

　これらの "dangerous" を "perilous" と取り替えるわけにはいかない。なぜなら "peril" は、直接に迫った、往々にして個人の存亡に関わる危険を意味するからである。"peril" の場合、"perilous" よりも、"at one's peril" と "in peril" というフレーズを多く使う。

（2） Any presidential candidate will ignore it *at his*

peril.—Max Lerner.（そのことを無視してかかる大統領候補は、落選のうきめを見ること必定だ）

(3) When a mine caves in, the miners are *in peril*. (落盤があれば、鉱夫には致命的だ)

decay / decompose / deteriorate

　これらはものが腐敗、衰退していくことを表わす動詞だが、それぞれ本質的な相違がある。

　"decay" は比喩よりも文字通りの意味に使うことが多く、元は健全だったものがしだいに時の流れとともに腐蝕していくことである。

(1) The house is *in decay*.（家は老朽化しつつある）
これは必ずしも全面的にでなくともよい。

(2) I have a few *decayed* teeth. I have to see my dentist.（2、3本虫歯がある。歯医者に行かなきゃならない）

　"decompose" も腐敗することだが、"decay" よりもさらに具体的にその過程を暗示した言葉である。物質を構成する化合物の要素がバラバラに分解していくことを表わすからである。

(3) The foul odor of *decomposing food* pervaded the dump.（ゴミ捨場には食物の腐敗する悪臭がみなぎっていた）

　"deteriorate" は品質が悪くなっていくという抽象的な指摘語である。たとえば "decay" は *Webster* の辞書にはこう定義されている。

(4)　Decay suggests a *gradual deterioration* from a prior state of soundness or perfection.（decay とはもとの健全、完璧な状態から段階的に質が低下すること）

"deteriorate" という言葉はむずかしそうに聞こえるが、英語では日常使われている。

(5)　We were all very glad to meet again after 10 years or more, and talked our heads off for the first few hours, but as time wore on our *conversation deteriorated* and boredom set in.（10年以上も会わなかったのでわれわれはみんな大喜びで最初の何時間かは夢中でしゃべったが、だんだん時間がたつうちに話も面白くなくなり、たいくつになってきた）

　　　　　　　　（⇨ deteriorate / degenerate / degrade）

decide / *determine*

これは両者とも決定をくだすことだが、問題は決定に至るまでの姿である。

"decide" は問答無用の断固たる決定を暗示した言葉で、決定に至るまでの議論やためらいを、打ち切るためになされたものか、もしくはもうすでに打ち切られたあとの状態である。

(1)　He *decided* to move next Monday.（彼は来週の月曜に引っ越すことに決めた）

(2)　As the chairman of the Board he *decided* that his company cannot pass up the opportunity to benefit from the current currency value.（彼は会長として、彼の

会社が現在の貨幣価値から利益を得るこの絶好の機会を見過ごすことはできないと考えた）この "decide" は "conclude"（結論に達する）の意である。

(3) By the end of this week we'll have to *decide* the best way to solve the problem.（今週の終わりまでに問題解決のためにどういう方法をとるか決定しなければなるまい）

(4) It was his obvious devotion that *decided* her.（彼の献身ぶりが彼女をして彼との結婚に踏みきらせた）この "decide" は、人物を目的格にとっているのが特徴で、"induce"（誘引）の意である。

この4つの例のどれをとってみても、"decide" は決定的な action のほうに重点がある。つまり外から見える行動そのものに焦点がある。だが **"determine"** のほうは外から見える行動よりも、それに至る確信に焦点が当たっているのである。

(5) The coroner's jury tried to *determine* the time of his death.（検死立会いの陪審官は男の死亡時刻を判定しようと試みた）この "determine" は種々の資料から確証を得ようとする努力を暗示しているのである。

(6) The court heard and *determined* the plea.（法廷は被告人側の言い分を聞いた上で決定を下した）

これは法の権威による決定を下すまでにとる準備行動を踏まえた上での "determine" である。これと同じことを言うのに "decide" は使えない。"decide" を使うのなら、次のような場合である。

(7) The court's attitude *decided him*; he gave up

his plan to sue. (法廷のやり方を見たことで彼の心はきまった。彼は裁判に訴えるのをやめた)

なお次の例は同じ決心をするのでも、"decide" と "determine" はおのずから感覚が違うことを示している。

(8) When did you *decide* to be a painter?
(9) When did you *determine* to be a painter?

(8)(9)とも「あなたはいつ画家になる決心をしたのですか?」と聞いたことだと言ってしまえばそれでも通るが、(8)の "decide" は、単に、画家になることにきめたのはいつのことか? と決定したという action に重点がある。(9)の "determine" は、本人の心的確信、つまり決心に到達したのはいつだったのかと聞くのである。

depend / *rely*

この2つはともに自分以外のものに頼ることだが、頼りかたが異なるのである。一口に言うと "depend" は "rely" よりも依存の度が強く切実なものがある。本人の好むと好まざるとにかかわらず、頼らざるを得ない事情があるという含みがある。そしてまた依存する当事者が人間でなく物事であってもよいのである。

"rely" のほうは当事者は人間に限定されている。

(1) He *relies upon* his wits too much as a writer. (彼は作家としてあまりにも自分の才気に頼りすぎる)

つまり "rely" は頼ろうと思って頼るのであって、そこには意志の選択がある。これと対照的に "depend" は、次の例のように頼らざるを得ない立場、もしくは先方次

第の状況にあるのである。

(2) Small children necessarily *depend on* parents. (幼い子供は必然、親に依存する)

(3) I'm not in a position to decide. It all *depends on* how the company's management feels about it. (自分は決定する立場にない。会社の経営の考え方次第なんだから)

(4) Prices *depend upon* supply and demand. (物価は需要供給の関係で上がったり下がったりする)

(5) I couldn't have killed any one if my life had *depended on* it. (たとえそうしなければ命がないぞと言われても、私には人を殺すことは出来なかったろう)

"rely" に一番近い英語は "count on" で大抵の場合、これと入れ替えて考えるとはっきりする。

(6) He is one man you can *rely on* in an emergency. (危急の場合、彼だけはたしかに頼れる人だ)

(7) Don't *rely on* friends you make when you are in power. They won't know you when you are out of it. (あなたが権力の座にある時に出来た友人を頼ってはならぬ、あなたがその権力の座をはなれた途端に他人さまだ)

depressed / *distressed*

両者とも心のたのしまない状態だが、どちらを使ってもよいわけではない。

"depressed" は気分が滅入ることである。"cheerful" の反対で何となしに気が晴れない。"feeling low" など

ともいう。日本語の「落ちこむ」に当たる。いわゆる鬱の状態で、原因は外部にあるというよりも当人にある場合が多い。気分の問題である。"distressed" は苦悩する状態のことで、"agonized"、"deeply troubled" が類義語である。これにはちゃんとした trouble の原因があり、"depressed" のように主観的な気分の問題ではない。

(1) She was *distressed* over the decision she had to make, since there was no getting away from it.（彼女は、のっぴきならぬ立場で、何とか決断しなければならないことを思うと心が痛んだ）

Ship in distress は「難破した船」で、distress call (signal) は SOS のことである。

"distressed" はまた困窮の状態も表わし、They were in *distressed* (reduced) circumstances.（彼らは極度に困窮していた）などという。また "distress" には feel pain（心の痛みを覚える）の意がある。これは儀礼の形式であることと、本当に感じる場合とがある。

(2) I'm deeply *distressed* to learn the passage of your mother.（母上のご逝去を知り、痛恨の限りです）

(3) The sight of animals being abused used to *distress* her to the point she would dash out of her house, shouting abuse to the abusers.（彼女は動物が虐待されているのを見るのが堪えられず、家からとび出していって、動物をいじめているものに悪口雑言するのが常だった）

describe / depict / delineate

　３つとも描写することだが、それぞれ入れ替えのきかない特徴がある。

　"describe" はこの中で最もふつうで日常的、かつ広範囲にわたって使われる言葉で、主として聞くものの心にあるイメージを浮かびあがらせようとすることである。つまり相手に伝えたいと思うものが１つあって、その最も著しい特徴をあげてみせる努力である。

(1) Words cannot *describe* what I went through. (わたしがどんな辛い思いをしたか筆舌には尽し難い)

　しかし "describe" は対象がどういうものだったかを示すことを言うので、常に原物に忠実な模写である必要はない。ただ identify (そのものの確認) するだけの意に使われることもある。

(2) Can you *describe* the purse you have lost? (あなたが失くしたハンドバッグはどんなハンドバッグでしたか？おっしゃってみて下さい)

(3) How do you want us to *describe* you? (あなたをどう紹介しましょうか？) *Describe* me simply as a writer. (ただライターだと言ってくだされば結構です)

(4) The sportscaster *described* for his radio audience the opening ceremony of the world tournament in vivid detail. (スポーツキャスターは、ワールド・トーナメントの開幕式をいきいきと描写した)

　"describe" はまた、コメントや批評と区別して「事実」の描写なのだという場合にも使う。

(5) I am merely *describing* the situation, not criticizing about it. (私はただ情況を描写してるだけで、批判するつもりはない)

"depict" と "delineate" は "describe" より芸術臭のある言葉で、"describe" ほど一般語ではなく、絵画的技術を比喩化して使うことが多い。むろん絵を描くことにも使うが、絵以外のことにも使う。

"depict" は1つの光景を芸術的な描き方をすることで、それを描く人の独創性に重点をおいた言葉である。この場合、実物そっくりに描くという意味では必ずしもない。

(6) His picture *depicts* the landscape at the moment of its greatest autumnal splendor. (彼の絵は秋のまっさかりの景色を描いている)

この "depict" は題材の「選択」を特徴としてあげている。

(7) Some historians object to Shakespeare's *depiction* of King Richard 3rd as a cold-blooded schemer. (シェイクスピアがリチャード三世を冷血な策士として描いていることに反対の意を表明している歴史家もある)

"delineate" は線描することで、絵以外のものでも、複雑な対象を線描のように、微妙なところまで描き了せていることを言う。

(8) Laurence Olivier *delineates* the many-faceted character of Hamlet. (ローレンス・オリヴィエは多面的なハムレットを見事な演技でとらえている)

"delineate" が "depict" と違うところは、描きかたそのものの微妙さの評価にある。

despise / *detest* / *disdain*

軽蔑のしかたにもいろいろある。

"despise" は日本語で言う「見下げ果てた奴だ」にあたる。つまり対象が道徳的になってないことを嘲る姿勢をとるものである。だが "despise" の本音は対象に対する嫌悪感で、単に I hate him. とか I loathe him. と言いたいのである。しかし嫌悪感が本当に道徳的な理由から生まれてくる場合もむろんある。

(1) He *despised* his rich industrialist father for his typical, capitalist attitude to labor. (彼は彼の金持の事業主の父親をその典型的な資本家根性の故に軽蔑した)

(2) I *despise* that movie 'Star Wars.' (あの「スターウォーズ」という映画は大きらいだ)

この (2) のような "despise" の使い方は会話などによく使う誇張形で、「あまり好きでない」と言うところをわざと "despise" と言ったり、食物などで単に「好もしい」ことを I love it! と言ったりする種類のもので、たいして強い感情ではない。だが "detest" となると話はまったく違ってくる。まったく個人的な感情の主張であって、「虫ずが走る」に当たる。だから I *despise* him. は相手の男性が大嫌いだと言っただけで、本当の理由も、嫌いなのかどうかさえわからないが、I *detest* him. と言った場合は完全な嫌悪の表現である。

"disdain" は相手に対する嘲りを人の前に誇示する言葉である。対象が人間ならば、その人物は劣悪な存在と

して自分は歯牙にもかけたくないといった態度をひけらかすことである。同義語は "scorn" である。

"scorn" も "disdain" も一人称で使用する言葉ではない。She *scorned* him.（彼女は彼をバカにして交際を断った）と同じ言い方で、She *disdains* him.（彼女は彼に優越感を持っていて相手にしない）とは言っても I *disdain* him. とは言わない。あくまで第三者の行為として見る言葉である。Her manners are *disdainful*. と言えば、お高くとまって見せることである。

しかし "disdain" が目的格として人間以外のものを取る場合は一人称にでも二人称にでも三人称にでも使う。

(3) I *disdain* to have any part in that affair.（その件に関わりあいを持つことは一切ことわる）

(4) He *disdained* shooting the unarmed fleeting man.（彼は、武器も持たず逃げていく男を撃つことを潔しとしなかった）

(5) As a professional, he does not *disdain* money.（プロとして、彼は金のために働くことをバカにしない）

despot / *tyrant*

ギリシア語の原義によると "despot" は Lord of the House（王家の首長）だった。それで古代ギリシア・ローマでは "despot" は "lord" と同じ尊称にすぎなかった。だが後世になって absolute ruler（専制君主）即 "tyrant"（暴君）を意味することが多くなった。しかし "despot" を単に制度上の専制君主として、暴政とは別

のものと見る場合もあったことは、"benevolent despotism"というフレーズが存在していることでもわかる。

だが同じ理由で、どんなにいい人でも、一国の君主はすべて"despot"と呼ぶことも出来る。その地位の持つ絶対的コントロール・パワーのゆえに。"despot"はまた比喩的に人間以外の事物にも使う。"The machine is the *despot* of our age."（機械こそ現代の絶対支配者だ）などという。

"tyrant"はあくまで個人で権力を濫用する人をいうので、事物には使わない。

ただし、"despotic"、"tyrannical"のように形容詞化されると"autocratic"、"domineering"（圧倒的勢力の）の意になる。

"I had *despotic parents*." は "I had domineering (*or* autocratic) parents." と言ってもよく、子供に有無を言わせぬ、こわい両親だったということである。また "Democracy can deteriorate into the *tyranny* of the masses."（デモクラシーは大衆の暴政化にもなり得る）などとも言う。

deteriorate | degenerate | degrade

これらはみな現在の状態より質がわるくなることだが、あるものは堕落すると訳され、あるものは悪化するとか衰退するとか訳される。本当はどう違うのか？

"deteriorate"はこの3つの中で最も包括的な言葉で、単に以前の状態より質が低下したことを言う。それが

decay や decompose のように化学的な老朽や変質であろうと、または人間関係が以前に比べて悪化したことだろうと、何でもカバーするのである。

(1) His health is clearly *deteriorating*. (彼の健康状態は明らかに悪くなっている)

(2) They have to share a considerable part of the blame for the *deterioration* of the relationship. (両国の関係が悪化したのは相当程度、彼らの責任だ)

"degenerate" は genus（品種）の本来の性質が他の劣ったものに変質することで、道徳的に堕落する意を含むことが多いが、単に貧弱になることにも使う。

(3) Liberty often *degenerates* into a mere indulgence in egotism. (自由をはきちがえると往々にしてエゴをほしいままにすることに堕してしまう)

(4) The road *degenerated* to little more than a mountain trail. (その道路はだんだん先細りになり、山道のようなものになっていった)

"degrade" は人間でも物でもねうちが下がることを言う。軍隊などで懲罰として位階を下げることを「降等」と言い、英語では "degrade" と言う。民間語では "demote" である。だが "degrade" はもっと一般的にも使い、世間の目から見て格が下がること、自分の目から見て自分が卑しくなったように思う、つまり「成り下がる」という感覚に当たる。ただ "degrade" は本来他動詞で、「成り下がらせる」「見下げたものにする」という使い方をする。

(5) He had *degraded* his office by shameless

involvement with briberies. (彼はわいろ事件に関与することによって職責を汚した)

(5)の "one's office" は「その人の（神聖なるべき）職責」のことで日本語のオフィス（事務所）のことではない。

(6) It's *degrading* for you to answer such charges. (そんな言いがかりに応えると品が下がるからよしたほうがいい)　　　　　(⇒ decay / decompose / deteriorate)

devil / demon / fiend

この3つはともに悪魔の名が付せられているが性格の違いははっきりしている。したがって用法も同じでない。

"devil" は道徳から見た悪の権化で、キリストの魂を現世の栄華で誘惑しようとしたサタンのことである。他人のことを He is a devil. と言うと、最も悪質な悪口になる。だから devil のほうには問題はない。あるのは "demon" のほうである。

"demon" はラテン語の daemon で本来 spirit（霊）のことである。人間離れした精力と、技能に秀でていること、つまり神技の象徴として使う言葉である。

(1) He is *a demon* at golf. (彼はゴルフの神様だ)

(2) She is *a demon* at business. (彼女は商売の鬼だ)

この(2)の「鬼」という日本語は精力的で巧妙なことを言うのに使う。同じことを近ごろの英語では "demon" の代わりに "cannibal" を使用したりして感じを出す。She is *a cannibal* at business. (彼女は商売にか

けては人間バナレしている）などと言う。

　日本語で「護国の鬼」という言い方がある。この「鬼」は "guardian spirit" のことで、ギリシア語の daimon からきている。daimon から英語の demon にもなっている。ギリシア語の daimon はオリンピアの神々と人間との中間の "secondary divinities"（第二級の神霊）と言われている。悪魔などとはほど遠い、人間の内面に精気を与える神なのである。

　"fiend" は "devil" や "demon" のようにラテン語やギリシア語からきてはいない。中世の英語に根をおいた言葉で本来は「憎悪の精神」(the spirit of hate) のことで悪い心のことだったらしい。だが英語の慣行では、addiction（中毒）になった人のことを言う。

(3)　He is a dope *fiend*.（やくの中毒だ）

(4)　She is a fresh-air *fiend*.（彼女は新鮮な空気狂だ〔何でも空気が悪いといってさわぐ〕）

disbelief / unbelief

　この2つはともに信じることを拒否することだが、意味はまったく異なるのである。

　"disbelief" は実際に起こったことがあまりにも自分の考えと違っているので、しばらく呆然として事実を信じかねている状態を言う。別の英語をあてると "incredulity" である。つまり「信ずること能わず」である。

(1)　I had no hope to win the race, and when someone told me I came out first, I just stood there *in utter disbelief*.（私はあのレースに勝てるとは少しも思っていなかった。それで誰かが私に1着だったと言った時、私はまったく信じられない気持でその場に立ちつくした）

こういう場合、ふつうまず No! という言葉が当人の口をついて出るのである。この No! は「まさか!」の意で、No! I don't believe it. とも言う。すなわち "disbelief" である。固苦しい言葉を使えば "incredible" である。

"unbelief" は宗教に関する言葉で、神を信仰しないことである。つまり無神論者の信念である。神学（theology）では "unbelief" は大きな罪悪と見なされる。しかし一般社会では "unbelief" も "unbeliever"（無宗教の人）も別に悪い意味合いはない。これを比喩的に何か特定の学派や芸術の派閥に属さないことをその分野の "unbeliever" と言ったりする。無神論者の定義は、An atheist is a person who *disbelieves in* the existence of God. と言うが、"disbelieve in" というこの形はこの場合以外には使わない。神以外のものについて I disbelieve you. とも言わない。I don't believe you. と言うのである。ただ disbelief という名詞を incredulity の意に、日常的に使うだけである。

(2) A look of *disbelief* slowly replaced the smile on his face.（彼の顔の笑いが消えて、信じられないといった驚愕の色がとってかわった）

disclose | *reveal* | *divulge*

これらの動詞はいままで秘密にしていたものを人に知らせることだが、それぞれ違った含みがある。

まず考えられる問題は、いままで隠したことを解放するのは本人の意志によるものか、または意志でないにもかかわらず現われるに至ったものかという問題がひとつ。次に、秘密事項とはどういう性質のものか？　である。

(1) Some banks take the policy of *disclosing* a certain aspect of their inner workings.（銀行によっては内部機能のある面を公開する政策をとっている）

(2) He refused to *disclose* his name.（彼は名前をどうしても言わなかった）

(3) Obligatory *disclosure* of news sources has a chilling effect on reporters.（ニュース・ソースを強制発表させられると探訪記事をひどく書きにくくなる）

これは *The New York Times* の Faber という記者が自分の犯罪記事の提供者の名を裁判で発表することを拒否した、アメリカでは有名な事件について書かれた記事からの引用である。

"reveal" は "disclose" と違って秘密を発表する気がないのに、自然に隠し事が現われてしまうことを言う〔例(4)〕。ただし "disclose" と同じく、本人の意志で発表する場合もある〔例(5)〕。

(4) His crude manners *revealed* his lack of education.（彼の粗野なマナーで教養のないのがわかった）

(5) At the board meeting, the firm's president *revealed* his scheme for expansion.（重役会議で社長は、会社拡張のために彼が作った計画を発表した）

(6) *Revealing* costumes are again back in fashion. (露出的なドレスがまた戻ってきた)

"divulge" はホット・ニュースの類をそっと公表すること。「人の信用を裏切った行為」という含みもある。

(7) He *divulged* the inside story of the bribery scandal. (彼は贈賄事件の内幕をバクロした)

(8) He put on the secretive air of an informer about to *divulge* the company secrets. (彼は会社の秘密をバクロしようとする密告者然とした様子をしてみせた)

disease / *malady* / *infirmity*

　この3語は人体の患う疾患のことだが、日本語にも「病い」というのと「病気」というのと意味に隔たりがあるように、英語でもいろいろ意味の違いがある。この3語に共通しているところは、それぞれ病気の総称である点である。問題はどういう意味での総称なのかである。

　"disease" はあらゆる種類の病気で伝染病もむろん含まれる。しかし "He died of a *heart disease*."（彼は心臓病で死んだ）といった具合に "disease" は何らかの形で具体化する言葉を伴わなければ、ただ "disease" だけでは、その内容がわからないのがこの言葉の特徴なのである。"He died of *a disease*." と言うこともあるが、これは、彼は病気で死んだので、他の原因、たとえば自殺とか他殺などではない、の含みを持つことが多い。

　"malady" は "disease" と入れ替えて差支えない場合が多い。"Cancer and malaria are serious *maladies*."

とも "...serious diseases" ともいう。しかし "malady" は "disease" より一段と格式張った、抽象性、比喩性に傾いた言葉、つまり大きな言葉使いなのである。だから "He is suffering from a heart *disease*." を "He is suffering from a heart *malady*." と言って言えなくはないが、少し仰々しく、おかしいのである。"Poverty is a serious *social malady*."（貧困は重大な社会の疾病だ）と言えば無理なく納まる。これを "disease" と置きかえてもかまわないが、"malady" の方がより総体的なのである。the English *disease*（「英国病」）とは言うが "a nation's disease" とはあまり言わない。常に "a nation's malady" である。「病める国家」という意味での "malady" で、Milton 以来の詩的伝統を持った病いのレトリックなのである。最近の例をあげておく。

(1) The arguments are clearly put and nicely documented and should prove of value to the lay reader. But Thurow believes they won't cure economics of its *malady*.— John McDermott in *Nation*, July 2, 1983, p. 18.（論は明確で整然と述べられていて、一般読者に大いに役立つと思われる。だが Thurow はこの論だけでは現在のアメリカ経済の宿痾は直せないとも言っている）

"infirmity" は他の2つとは全く質を異にした虚弱性の機能障害で、infirmities of old age（老衰に伴う故障）がよく知られている。"infirmity" は病気の総称だが、"malady" よりもさらに漠然としている。むしろ比喩的に使うことが多く、"That's the *infirmity* of human nature."(それが人間であることの弱さなのだ)などという。これは the frailty of human nature ともいう。

disinterested | *uninterested*

　この2つの違いはアメリカなどで最も基本的な英語教育のポイントに数えられていて、作文などで厳しく見張られている。にもかかわらず、長じてのちも間違う人が最も多い言葉なのである。この両者はともに "interested"(関心がある)の否定形である。しかし、片方は *dis*interested、片方は *un*interested で、絶対に混同すべきでない言葉なのである。辞書には両者とも「無関心」と出ている。だがこの訳語は大きな誤解を生む。なぜかと言うと、"disinterested" は利害関係をもたない故の「無関心」なのであって、そのため問題について感情的になる必要のない立場にあることに重点がある。だからむしろ「公平」と訳したほうが近い。公平は "impartial" である。これを同義語で解明すれば、"unprejudiced" でも "unbiased" でもよい。つまり偏見のないことである。もっと簡単に言えば "fair play" の "fair" である。だから "disinterested" はよいこと、ほめたことなのである。一方、"uninterested" は対象にまったく関心がないこと。あくびが出るほど退屈感をもよおすことである。"disinterested" が "impartial" なら、"uninterested" は対照的に "bored" もしくは "apathetic"(無感動)であることを言う。

dizzy | *giddy* | *dazed*

　最初の2つは、目がまわってフラフラすることである。ただ"giddy"の方は医学用語のvertigo（高所恐怖症）に通じるセンセイションを含んでいる。その他の点では両者はほとんど同じように使われるが、"giddy"の方がどぎつい。"dizzy"は「気の遠くなるような成功とか出世」(He was at the top of a *dizzy success*.) といった言い方をする。これは"giddy"と入れ替えてもかまわないが、後者はあまり同情的ではないニュアンスになる。

(1) They are just *giddy*, giggling girls. (あれはただのバカなゲラゲラ笑いばかりする娘たちだ)

(2) My wife is still a bit *dizzy* from our daughter's recent success at the international piano concours. (私の妻は、うちの娘の最近の国際ピアノコンクールでの成功で、まだ少しのぼせてるんです)

　(2)の"dizzy"は頭を冷やす必要があるような、バカくさいことを言ったりするの意。

(3) Suddenly finding himself at the *giddy* heights of fame, he evidently has trouble behaving with his usual detachment. (急に有名になって、彼はいつもの冷静な態度を持続しきれないらしい)

　(3)は(2)に比して、あきらかに皮肉である。"dazed"は上記の2つに似ているが、この方は高所からくる混乱ではなく、強い光線の直射にあって目がくらむことである。雪めくらのような状態。シノニムは"stunned"である。

(4) It was a terrible experience to him—his son kidnapped. He is *still dazed*. (息子を誘拐されて、彼はひどい経験をした。まだそのショックから立ち直っていない)

doubtful / dubious / suspicious

　この３つは、疑わしいことを表わす言葉だが、それぞれ絶対に入れ替えが出来ない性質を持っているので、使い方に注意を要する。
　"doubtful" は単純明白な疑念の表明である。

(1) It is *doubtful if* we can get it done by tomorrow. (明日までに仕上がるかどうか疑わしい)

(2) I'm *doubtful about* the future of the company. (会社の将来に危惧を感じる)

　"dubious" は "arguable"（議論の余地あり）とほぼ同義だと思ってよい。主として価値判断に使う言葉で、「よいということも出来るが、悪いとも言えないことはない。どちらとも断じがたい」というのがこの言葉が表向きに示すポーズである。だがこのポーズの裏には、実は否定的判断が優先しているのである。あたまから「これはだめだ」とか「価値がない」とか決めつける代わりに、「どうだかあやしいものだ」とはぐらかす調子なのである。

(3) A long vacation is *a dubious blessing* to low-income office workers. (低収入のサラリーマンには長い休暇はありがためいわくだ)

(4) He is *a dubious character*. (あの男はどうかと思う〔感心できない〕)

(5) She won *the dubious distinction* of being the worst-dressed woman in Hollywood. (彼女はハリウッドきっての悪趣味のドレッサーだというあまり有難くない栄誉にかがやいた)

"suspicious" は "doubtful" や "dubious" とはまったく性質を異にした言葉である。後者はともに自分の判断力に疑いをさしはさむことで、自信はあってもなくても、少なくともそういうポーズをとる言葉である。しかし "suspicious" のほうは、自分自身の判断に対する疑念などは少しもなく、対象の動機をはじめから疑ってかかる言葉である。

(6) His action is *suspicious*. (彼の行動にはあやしいふしがある)

(7) A *suspicious* looking stranger is hanging about the house. (うさんくさい見知らぬ人が家のまわりをうろついている)

(8) He is a man who treats all innovation as *suspect*. (彼はすべての新しい試みをいかがわしいものとして取り扱う人だ)

(9) He is *a suspicious nature*. (彼は疑ぐりぶかい性質の人間だ)

(10) He became *suspiciously* sweet to me all of a sudden. (彼はとつぜん妙に私に優しくなった)

この "suspiciously" は何かの下心があるのだろうという疑いを表わしたものでよくユーモラスに使う。

(11) He is usually late for work and the first one to quit after five. But he shows up *suspiciously* early everyday this week, and works late, I wonder what he is up to.（彼はいつも会社におくれて来て、5時になるとまっさきに仕事をやめている。だが今週は毎日いやに早く来ておそくまでやっている。いったい何を考えてるんだろう）

dress | frock | gown | garment | apparel

衣服を表わす用語は多数あるが、代表的なのは clothes の外にはこの5つである。"**dress**" は通常ドレスと呼ばれる、女性用のもので、bodice と skirt が組み合わさったものであるが、男性の礼装も "dress" と呼ぶことがある。ex. *dress* uniform（軍服の礼装）; morning *dress*（モーニング）; full *dress* or evening *dress*（タキシード）。"**frock**" も女性の服をいうことが多いが、この場合用法が限定される。

(1) That's a *pretty frock* you have on.（きれいな服ですこと）

(2) She put on a party *frock*.（彼女はパーティに行くために服を着た）

"frock" と "gown" は僧服を指す場合がある。"He is a *defrocked* (or *unfrocked*) priest." と言えば「彼は破戒僧として僧衣を剝奪された」の意である。"**gown**" は judge's *gown*（法服）、cap and *gown*（西欧の学生の正装。卒業式や、古い大学では講義や食事に出席する時に着たりする）などと使う。

woman's *apparel* (*or* woman's wear) industry（女性服産業）、*garment* union などという用語がある。"garment" は undergarment（下着）と outergarment に分かれ、後者がドレスの抽象的総称になっている。

(⇨ clothes / dress)

E

eager / *enthusiastic*

これは両者とも経験に対して熱心な反応をすることだが "eager" のほうは、経験以前に感じる渇望の念を表わす。

(1) He is *eager* to meet her.（彼は彼女に非常に会いたがっている）

つまり He is *anxious* to meet her. と言っても同じである。"eager" はしかし常に経験以前の情熱を表わすとはかぎらない。経験に参与してからも依然、熱を失わない状態を言うこともある。*eager* lover、*eager* explorer などと言う。

"enthusiastic" が "eager" と違うところは、すでに経験したものに対する approval を示すことである。

(2) He is *enthusiastic* about all health-foods.（彼は健康食の熱心な提唱家だ）

(3) She is an *enthusiastic* supporter of the tax-cut bill. (彼女は減税案の熱心な支持者だ)

effective / *effectual*

この2つは実効を奏する力のあることを言うのだが、意味に微妙な差がある。なかでも "effective" と言うべきところを "effectual" に言い換えることはまず出来ない。なぜなら "effective" は "effectual" より具体性が強く、目的効果のみに視点が注がれているからである。

(1) The new law becomes *effective* next April. (新法規は来年の4月に効力を発する)

(2) The color combination is very *effective*. (色の組合わせがなかなか効果的だ)

(3) He is an *effective* teacher. (彼は教師として有能だ〔教えるのがうまい〕)

(4) The boxer's arm was too badly injured to deliver an *effective* blow to his opponent. (そのボクサーは腕をいためていたので、敵を参らせるだけの打力はなかった)

"effectual" が上記の "effective" と違うところは、能力そのものに焦点があり、実力があるといったやや抽象的な一般論であることだ。元来 "effectual" は "effectful" と同義で、「効果にみちた」、つまり「有用な、役に立つ」の意である。

(5) His proposition was attractive in itself, but it was a bit out of the office context to be *effectual*. (彼の提案はそれ自体は魅力があるものだったが、会社の実状と

は少しかけ離れすぎていて実際にはあまり役に立たなかった)

(6) The traditional verbal approach is not likely to be too *effectual* a teaching method with the cartoon-addicted new generation. (従来の文字による教育法は、まんが世代に対してはあまり実績が上がりそうもない)

embellish | *adorn* | *decorate*

これらはみな装飾を施すことを意味する動詞だが心理的な違いがある。

"embellish" は美しくするために何かを付け足すこと。この言葉は装飾したあとの出来のよしあしよりも、飾ろうとする意図と行動のほうに重点がある。これは物理的な飾りばかりでなく、言葉についての批評語にもなる。

言葉についての例 (1) Just tell me the truth, don't *embellish* your story with some ideas of your own. (事実を話してほしい。君の考えをまぜないで)

(2) With a whole lot of detail he *embellished* his basically a simple plot. (彼はディテールをいっぱい付けて、基本的には単純なプロットを派手に見せた)

ただ視覚的に飾ることの例 (3) Her hat was *embellished* with a couple of flowers. (彼女は帽子に2つほど花飾りを付けていた)

"decorate" は3つのうち最も一般的な言葉で、場所や室内を装飾することに主として使う。"interior decoration" (室内装飾) という商売がある。壁紙を貼り、ペ

ンキを塗るのもその仕事の一部である。

(3) After the house is built, how much would it cost to *decorate* the house?（家が建ったあと、壁紙、ペンキその他の仕上げにどれだけかかるか?）

"decorate" も "embellish" も人間のことには使わない（勲章を授けることに使う "decorate" は例外）。人間を直接目的語に使うのは、"adorn" である。

adorn / decorate

この2つは、完全に交換できる場合が多いが、それは "decorate" の目的語に人間をおかない場合にかぎるのである。

(4) The streets were *decorated* [*adorned*] with flowers.（街は花で飾られた）

(5) The brilliant achievements of Japan's gymnasts *adorn* [*decorate*] the history of the world gymnastics.（日本の体操家の高い業績は世界の体操史を飾るものである）

しかし "decorate" が人間を目的語にすると "adorn" と重要な違いを生じてくる。それは、本来美的でない外観を飾り立ててきれいに見せようとする意味になる。

(6) Those determined old ladies *decorated themselves*, with layers of cosmetics, jewels and fancy modes.（自分を美しく見せようと雄々しくも決心した老婦人たちは、化粧品、宝石、流行服を何重にも塗りたて重ね合わせてわが身を飾り立てた）

"adorn" はこれと反対に、飾ろうとする本体がもとから相当の魅力があるものであること、を暗示している。それに何らかのタッチを加えることによって一層引き立

たせることを言う。

(7) the simplicity with which great composers *adorn* their works—Warwick Braithwaite.（偉大な作曲家が彼らの作品を引き立たせるために使う素朴なタッチ）

結論的に言えば、"adorn" が最もいい意味の飾りで、この言葉には "embellish" や "decorate" にある皮肉な感覚はない。

(8) She *adorned herself* in furs.（彼女は毛皮で身を飾った）

(9) His heroic deed *adorns* the nation's name forever.（彼の英雄的行動は国家の名を永遠に飾るものだ）

また少しでも内面的な意があるのは、"adorn" で、"decorate" と "embellish" はあくまで外部から付け足した装飾で、使いようによって、皮肉にも喜劇的にもなるのである。

emigrant / *immigrant*

この両者はともに「移民」で通る言葉だが、出身地の観点から見て正反対の立場を持った言葉なのである。すなわち "emigrant" は、他国に移住する人々を出す国の側から言う言葉であり、"immigrant" は受け入れ側の国から見る他国からの移住者つまり移民のことをいうのである。

現在の日本でいう「頭脳流出」は "emigrants" である。日本には他国からの移民という観念はあまりない。事実上移民の制度が無いからである。

(1) Britain, Japan and also West Germany have suffered the loss of good scientists as *emigrants* into the United States and the United States has gained much from these valuable immigrants.—derived in part from Merriam-Webster *Dictionary of Synonyms*. (日本、英国、それに西ドイツはアメリカへの頭脳流出で多くの優秀な科学者を失った。一方アメリカはそうした価値ある移民を得たことによって得をした)

(2) All Americans are *immigrants* for even the Indians came originally as *emigrants* from Asia.—Merriam-Webster. (アメリカ人はみな移民である。なぜかというとアメリカの原住民といわれるアメリカン・インディアンでさえも、元はといえばアジアからの移住者だったのだから)

"emigrant" はむろん "emigration"（海外移住）から来ている。この "emigration" という言葉は英語ではどういう歴史を持った言葉かというと、次の英国産の小百科辞典の一文がそれを示していて興味深い。

(3) In the early ages, *emigration* was carried on by whole nations, who, having exhausted the fertility of their own lands, sought to acquire fresh ones by conquest. Nowadays it is more of an individual process, and is determined by the greater prospects of material benefit offered by life in the destined country. *Emigration*, therefore usually takes place from the older countries.—*Everyman's Encyclopedia*. (要旨：昔は emigration は国家ぐるみで行なわれた。つまり自国の沃土を使

い果たした国が他国を征服することによって新沃土を獲得したのである。だが今では emigration は個人行為としての経過をたどる。つまり他国に行った方がよりよい生活とチャンスに恵まれる見込みがある場合、移住にふみ切るのだ。だから他国への移住は通常、古い国から新しい天地を求めるということになる）

empty / *vacant* / *vacuous* / *void*

はじめの２つは中味が無い状態をいうのだが、それにも実質的な相違がある。"empty" は一般語で使用範囲も広い。比喩性は "empty" に多く、"vacant" は文字通りの「空(から)」の状態にほとんど限定されている。次の２つを比較して見よう。

"The house is *empty*." といった場合、「家には誰もいなかった。人気(ひとけ)がなかった」ことだが、その話をしている人がそこへ行った時点で誰もいなかったのである。あとで家人は帰って来たのかもしれない、帰ってこなかったかもしれない。だが、人がいないときまった現象ではない。一方 "The house is *vacant*." という場合、その家には住んでいる人がない、つまり空き家なのである。借家人が来るまではオフィシャルに空いているのである。

もう１つ例をあげると、The theatre was *empty*. と言った場合、「ほとんど空だった」というので、俗にいうガラガラだったのである。だが、The theatre was (found) *vacant*. といえば、その劇場はガランとしていた、つまり使用されていなかったのである。

"Is this seat *vacant* (*or* free)?"（この席空いていますか？）と人に聞いて "Yes" といえば、そこに坐っていいのである。この "vacant" または "free" の代わりに "empty" は使わない。

"empty" は比喩的、主観的に、ものごとの実体がない、意味がない、空しいの意味に多く使う。

(1) He fed us *empty promises*.（彼は空手形の約束ばかりした）

(2) Don't waste your time on *empty* pleasures.（むなしい快楽を追って時をむだにするな）

(3) We are tired of *empty rituals*.（形式主義にはあきあきした）

"vacuous" は、"vacant" が物理的に中味がない状態であるに対し、頭が空っぽなことである。

(4) Those *vacuous* office girls were chattering their heads off during the tea breaks.（頭の空っぽな会社勤めの娘たちは、お茶の休み時間に夢中でおしゃべりをしていた）

(5) However, both teachers and students can make language study foolish if they study language for its own sake. This is indeed a *vacuous* activity which ESS clubs all over Japan demonstrate in their deeds and by their name.—Patrick Buckheister, *Japan Times*, July 10, 1983.（しかし、教師も生徒も、語学の勉強そのものを目的にするなら、バカげたことをしているのだ。日本中の English Speaking Society なるものが、その仕事とその名称によって天下に示している世にも空疎な活動こそ、

まさにこのバカげたことなのだ)

"void" はあるべき中味がないことではなく、初めから何もないこと。無そのものを強調する言葉である。

(6) The plane disappeared into the *void*. (飛行機は遥かなる虚空に消えて行った)

endeavor / *effort*

この2つは「努力」と訳されているが、文章を書く場合 "effort" の代わりに "endeavor" を使うと調子はずれの妙な感じになる。なぜか？

まず "effort" は多大の精力を使って何かをすることである。心的努力の場合も、身体的に精力を使う場合もどちらでもよい。するのがいやなのを無理に努力するのも "effort" である。

(1) She *made no effort* to meet people. (彼女は社交の努力をいっさいしなかった)

(2) You have to *make only a little effort* to come to the office on time since you live very near it. (あなたは会社の傍に住んでいるのだから、時間までに出勤するのに大した手間はかからぬはずだ)

(3) It took an *effort* to keep myself from losing my temper with that blabbering gossip of a woman. (あのうるさい金棒引きに癇癪を起こさずにいることだけで大変な努力だった)

このように "effort" は個人的な精力を何か具体的な事柄に費消することだが、これを "endeavor" と入れ替

えるわけにはいかない。

"endeavor" は、何か全体的な目的のために力を尽すといった、正面きった総論的な感覚をもった言葉だからである。

(4) We hope you will understand *our endeavor to maintain the high standards* of our country's school education.（わが国の学校教育の高水準を持続していこうとするわれわれの努力をおわかりいただけると存じます）

それに "endeavor" は Matthew Arnold の評論によく出てくる言葉で、どちらかと言うと大時代的な感じで、やたらに使うと pompous のそしりを免れない。大抵の場合 "attempt" で代用できる。しかし主観的に「つとめる」の意を大らかに表わすには "endeavor" のほうが好もしいこともある。また "effort" は

(5) That is *a pretty good effort*.（なかなかよく出来ている）といった具合に、作品の出来栄えを評価するのにも使う。この場合は "endeavor" は絶対に使えない。

enemy / *foe*

"enemy" は一般語で、自分に対して敵意を持つものや、自分のためにならない物事まで含まれる。ただし敵意といっても、単なる嫌悪感から、殺意に近いものまで種類はいろいろある。ためにならない物事については "inimical"（harmful と同じ）という "enemy" の形容詞の形を使う。

(1) Drinking is *inimical* to clear thinking.（飲酒は明

晰な考えの敵だ）

　"foe" は "enemy" のように守備範囲が広くない。またそれほど感情的な言葉でもない。感情表現でなく行為そのもので、こちらに敵対するものをいう。personal な敵ではない。"friends or foes"（敵も味方も）というフレーズは、詩にもプローズにもよく使われる文学的表現である。つまり "enemy" から感情を抜き去ったものが "foe" なのである。He is your arch *enemy*.（彼はお前さんの大敵だ）とは言うが "arch-foe" とは言わない。

　(2)　They are *foes of* your new plans.（彼らはあなたの新企画に絶対反対だ）

　この場合 "foe" はあなたに対する個人的感情は含まない。

enough / adequate / sufficient

　必要をみたすに十分ある、という意味ではこの３つはよく似ている。時には完全に入れ替えがきく場合もある。だがきかない場合も多い。"enough" の特徴はこの３つの中で最も肯定的であると同時に、最も漠然としていることである。この言葉が "adequate" と異なる点は、数量にかぎられることが多く、質の点にはほとんど拘わらないことである。

　(1)　There is *enough* food for all of us.（われわれ全部にいきわたるだけの食料がある）

　(2)　There is *adequate* fuel for us to last the winter.（冬の間もつだけの燃料がわれわれに確保されている）

と言えば量のことだと解するのが普通だろうが、同時に燃料の質が含まれているかもしれないのである。なぜなら "adequate" は次の例で示すように質にも関係するのである。

(3) The kind of food you're eating is not *adequate* for a balanced nutrition you need. (あなたの今の食生活はバランスのとれた栄養には〔質的に〕不足だ)

(4) This is a powerful poison, a smallest dose of which is *enough to* kill a horse. (これは強い毒物だ。ほんの一つまみでも馬1頭を殺してしまう)

(4)の "enough" は "sufficient" とは入れ替えられるが、"adequate" とは絶対に取り替えることはできない。かりに "adequate" を入れるとどうなるかというと、あたかも馬を殺す目的がすでにそこにあって、それに叶うだけあるように聞こえるからである。また "sufficient" と入れ替えが利くと言ったが、この場合はそうでも、"sufficient" が常に "enough" の代わりが務められるとはかぎらない。たとえば、例(1)の There is *enough* food for all of us. の代わりに There is *sufficient* food for all of us. とした場合、食料は十分あるから余計にほしがることはない、という意味にもとれるのである。だが enough にはそんな overtone はない。

"enough" にはまた "sufficient" や "adequate" にはない次のような用法がある。

(5) He is man *enough* to own up his mistake. (彼には自分の誤りを認めるだけの男らしさがある)

"sufficient" の精神は「たくさんは要らない、ほんの

少しでこと足りる」ということにある。

(6) It does not take much to please him. A mere look of approval from his peers is *sufficient* to enthrall him.（彼を喜ばせるのに多くは要らぬ。仲間からちょっとやさしくでもされれば有頂天になる）

"adequate" は目的が具体的でそれを達成するためにどうやら間に合う (barely sufficient) の意がある。これから延長して「まあまあ」(fairly good) といった小さな評価の表現にもなる。

(7) Those are *adequate* grounds for law suit.（それだけあれば訴訟にもちこめる）

(8) My knowledge of French is *adequate* for ordinary conversation but not for writing.（私のフランス語は日常会話には間に合うが、書くためには力が不足だ）

envious / jealous

この2つは、他人があるものを所有することについて反感・敵意を持つ点では共通しているが、両者は本質的に異なった言葉で、日本語の「ねたみ」の感覚で両者を見ると誤訳につながることがあるから注意を要する。

"jealous" はライバル感覚の強い言葉で、その人間さえいなければ当然自分のものになっていたものをとられる恐れがある時に起こる敵意である。

(1) He is *jealous of* his wife's childhood sweetheart George.（彼は自分の妻の子供の時のままごと相手だったジョージに嫉妬心を抱いている）

だが、"jealous" には別の意味もある。自分の所有物に深い価値をおき、それを失うまいと精魂を傾けることである。

(2) Japan's Samurai was extremely *jealous of* his honor.（日本のサムライは、名誉を非常に大切にした）

"envious" にはこの第2の "jealous" 感覚は存在しない。"envious" はむろん動詞の "envy" から来る形容詞で、"envy" とは、他人の所有物、主として富とか才能に対する羨望の念を言う。とくにそうしたものは絶対に自分は到達出来ないものだと自覚している場合にこれが強い。

(3) George had always been *envious of* the sweet pen Richard had, and pretended not to notice it.（ジョージはリチャードの文筆の才を常にねたんでいて、それに気が付かないふりをしていた）

(4) We all saw what *envy of* the masses does—in the assassination of President John F. Kennedy.—from a conversation overheard in America.（われわれは大衆の羨望感がどういう大事を引き起こすかの例を、ケネディ大統領の暗殺に見た——アメリカで立ち聞きしたある会話から）

だが "envious" の感情はいつもこれほど強いとはかぎらない。会話的にごく軽い表現である場合もある。

(5) We were all *envious of* your beautiful dress at the party.（パーティであなたの着てらしたきれいなドレスをみんな羨ましがったわ）

era / period / epoch / age

　過ぎ去った時の区分けの仕方を示すこれらの言葉のうち、"period" を除けばすべて歴史的時代の用語である。"era" と "age" は長い年代でほぼ同じように使うが、"era" の方はやや格式張った言葉である。

(1) We are talking about 200 years before the Christian *era*.（西暦になる200年前の話だ）

　"age" は最も一般的で、時代的特徴を総称する言葉。

(2) Those are the relics of the *Stone Age*.（それらは石器時代の遺物だ）

(3) Ours is the *age* of anxiety.（現代は不安定時代だ）

　この場合 "age" を "era" と入れ替えるわけにはいかない。"age" は "era" に比して時代の枠組がルースで自由感を持つからである。自分で勝手にそう名付けていることもある。

　"epoch" は期間的に最も短く、常にある event によって決定される歴史上の一時期である。これは個人の一生の中にも応用される。

(4) That was an *epock-making* event in my life.（それは、私の一生の中に一時期を画する大きな出来事だった）

(5) Cubism, Abstractionism, and Pop Art have all been *epochs* in post-realistic era.（キュービズム、アブストラクショニズムもポップ・アートなども、みなそれぞれポスト・リアリズム時代の中の一時期だったのだ）

"period" は長短、大小の期間のどれでも自由に、私的、公的のいずれにも使う。

(6) I did a few stints *for a period*. (私は一時期、サラリーマンとして、2、3の会社で働いたことがある)

(7) It was the *period* of a surge of feminism between the two world wars. (それは2つの世界大戦の中間にあって女権運動が台頭した時代だった)

estimate / *assess* / *appraise*

この3語はみな見積りを立てることだが、同じように使えない部分がある。

"estimate" は非専門語で、日常だれでも使う常識的な見積りの意である。極端な正確度は要求されない。

(1) We asked the carpenter to make a rough *estimate* of how long it will take to build a small additional room to the house. (われわれは大工に、小さな部屋を1つ建て増すのにどれくらいの時日がかかるか、ざっと見積ってほしいと頼んだ)

(2) The carpenter *estimated* that it would take him just about three days. (大工は3日ほどかかるとふんだ)

"assess" と "appraise" は、正式の担当役人か、その道のプロによる見積りを意味する点は同じだが、違うところは、"appraise" が抽象性の強い一まわり大きな言葉であるのに対し、"assess" は鑑定でなく、具体的な数字を算出する点である。なお、"assess" は課税のた

めに財産などの値ぶみをすることのみならず、実際に課税することでもある。

(3) This year's tax to be *assessed* on all retail sales was announced yesterday. (本年の小売課税の割合は昨日発表された)

(4) My house has been *assessed at* $50,000. (私の家は5万ドルと査定された)

(5) The *appraised value* of our property was presented as $100,000. (われわれの資産の査定額は10万ドルと書かれている)

(6) This year's *assessed tax* on our property was $1,000. (わが家の今年の資産税は1,000ドルだった)

"appraise" は appraiser (査定官) によって査定され、通常文書で示される。その査定額については、とやかく言えない。

"assess" にはまた "analyze" (分析する) の意がある。

(7) She soberly *assessed* her own work for elements of originality, if any. (彼女は自分の仕事にオリジナリティがあるかどうか、醒めた態度で分析してみた)

"appraise" には眼のきいた専門家による鑑定という雰囲気が強く、オフィシャル臭があるので、一般語としては "assess" の方が多用される。"analyze" の意があるのも近代的だからである。

(8) Yet, if the Reagan moves (in Central America) are to be *assessed* critically and fairly, it can only be by an analysis of Soviet strengths, vulnera-

bilities, strategies, designs.— Max Lerner（だがレーガンの（中南米）進出を、精密に、公平に値ぶみしようというのであれば、必然、ソ連の軍事力、脆弱なポイント、策戦および企画構想の分析によるものでなければならない）

ethic / morality

"ethic" は moral custom のことである。一定の社会内で伝統的に守られる道義を言う。法律もその1つである。"medical ethic" は医者の守るべき道義、"professional ethic" という言葉もある。学校で教える社会科も一種の "ethic" である。これは社会人として守らなければならないとされている道徳常識であって、形に制約されることが多い。

これに反し "morality" はもっと根本的な人間としての道、善悪正邪のセンスを言う。"ethic" との違いは両者を形容詞形にしてみるとはっきりする。

(1) The *moral values* of the Japanese people have changed since the war. Filial devotion, respect for age are all but forgotten virtues today. （戦後、日本人の道徳価値観が変わった。親への孝養、年長者への尊敬心などは今やほとんど忘れられた美点だ）

この "moral values" を "ethical values" と入れ替えるわけにはいかない。"ethic" は、

(2) His conduct is in flagrant violation of *professional ethic*. （彼のやり方は職業道徳をぬけぬけと無視するもの

だ)
といった使い方をする。

ethics / morals

慣行的な道徳は "ethic" と単数形だが、複数形 "ethics" となると moral philosophy（倫理）のことで学問の一部門である。"ethics" はまた先に言った professional ethic（職業道徳）の守られる度合のことも言う。

(1) Lax *municipal ethics* is to be called into question.（都の役人の道徳水準の低下を問題にすべきだ）

"ethics" が一定の社会内での道義であるのに対し、"morals" は一般化した道徳、とくに性道徳のことを言う。"a woman of *loose morals*"（ふしだらな女）を "a woman of loose ethics" とは絶対に言わない。"morals" はまた普遍的な教訓の意にも使う。

(2) A lot of *morals* are woven into this story.（この話にはいろんな教訓が織り込まれている）

(3) You can draw *morals* from it.（そのことから教訓が引き出せる）

例(2)でわかるように、"morals" はその複数形のとおり動詞も複数形をとる。だが "ethics" は常に動詞は単数で受ける。

ethnic / racial

この2つを同じことのように思っている人があるが、

少なくとも現代のアメリカン・イングリッシュでは "ethnic" は特種の意味に使われている。それもこの言葉が現在のような意味に使われだしたのは 1960 年代も後半からである。簡単に言うと、ethnic とはアメリカにおける "minority group"（少数派の人種グループ）に属している人を指すのである。これはアメリカ在住年数とは無関係で、ほとんどが憲法上はアメリカ市民なのだが、人種の点で、アメリカの主流民族たる英国系のいわゆる WASP (White Anglo-Saxon Protestant) でないヨーロッパや中東諸国その他からの出身者なのである。*Webster Third International* は "ethnics" を "Negroes, Irish, Italians, Germans and Poles and *other ethnic groups*" という言葉をどこからか引用して説明している。さしずめ日系米人はこの "other ethnic groups" の中に入るわけである。

"ethnics" は露骨な言い方をすれば、"second-class citizens" と暗々裡に見なされているのも事実である。アメリカでは彼らは外国人なみに見られていて、主流派と同格視されない。"ethnics" は exotica と名付けられる珍しいデザインの民族衣裳、民芸品などと結びつけて "ethnic culture" と連想される存在にすぎない。アメリカ人の言う "ethnic trait" とはこの minority group の民族的特性なのである。だから日本人が、「日本の特質」と言う時、なにも "Japanese ethnic traits" などと言う必要はないのである。それはアメリカにおける WASP 中心意識による区分を日本にまで引きずってくることになるからである。"Japanese national traits" とか "Japanese characteristics" と言っておけばよいのである。"racial" も現代英語ではおもしろくないひびきがあるので避けたほうがよい。次に "ethnics" なる人種がいまのアメリカにおける新聞・雑誌などプリント・メディアでどう扱われているか、参考のため1、2の例をあげておく。

(1) All sports are now saturated with *ethnics*.—*Harper's*, April, '70. (スポーツ界はいまやエスニックがいっぱいでまさに飽和状態に達している) これは黒人の選手をはじめ、ポーランド人その他が王座を占めるものがあるのを批判したものである。

(2) Just who are you any way? Catholics, Protestants, Jews? Are you all from Central and Southern Europe? Then Poles are *ethnics*? Would Scandinavians consider themselves *ethnics*?—*New York Times*, Oct. 16, '70. (いったいお前さん方は何者かね？ カトリックかプロテスタントかそれともユダヤ教徒か？ 君たちはみな中央ヨーロッパや南ヨーロッパの出か？ じゃあポーランド人もエスニックってわけだな。スカンディナヴィア人はどうだ、自分たちもやっぱりエスニックだと思ってるのか？)

"racial" は純然たる人種に関することでこのほうは用法に問題はない。アメリカでは戦後 "racism"（人種差別行為）という新語が出来、差別をするものに "racist" という社会的な烙印を押すようになり、正面きっての差別行為はだんだんなくなりつつある。しかし前述の "ethnic" なる言葉の含みといい、まだracism の絶滅にはほ

ど遠いらしい。おもしろいのは白人多数から黒人をしめ出す行為は "racial segregation"、または単に "segregation" と言い、"ethnic segregation" とはまちがっても言わないことである。だがほかの点では、アメリカでは "racial" というどぎつい言葉を毛嫌いして、"racial" と言うところを "ethnic" を使う傾向が見られる。人種意識を言葉で和らげようというのである。

explain | explicate | expound

この3つは物事の説明、解明を意味するが、それぞれ独自の意味を持っていて、入れ替えの出来ない場合がある。"explain" はこの中で最も普遍的、常識的な言葉で、他人に不明なことを説明するという意味が強い。つまり既に存在している他人の疑問に答えて自分を説明する、ないし、対応しようという含みが "explain" にはあって、他の2つにない意味合いである。

(1) We want you to *explain* your curious behavior at yesterday's board meeting.（昨日の重役会議でのあなたの妙な行動をご説明ねがいます）

(2) No one can *explain* life ; we have to take things as they come.（誰も人生を説明することは出来ない。毎日それぞれの出来事に対応していくしかない）

(3) I need no *explanation* from you. Your action speaks louder than your words.（言い訳はもうたくさんです。あなたの行動があなたの言葉よりハッキリしてますからね）

(1)と(3)の "explain" と "explanation" は self-justification と同じ。つまり "explain" は justify（正当化する）の意に使われることが多いのである。弁解がましいのである。

"explicate" は "explain" より狭く、テクニカルな解明を意味している。また、文学作品などのかくれた意味を解釈するといった学者的な用法をするのが特徴である。

(4) What she is doing is to *explicate* the experience out of which these works were written.（彼女は、これらの作品が書かれた根底にある経験を解明しようとしているのだ）

"expound" は他の2つの動詞より主張度が強い。つまり "advocate" の含みを持つ言葉で、主張の内容も、学問的、もしくは公的のものである。

(5) The professor *expounded on* the development of the ancient city state.（教授は古代の都市国家の出来た経過について解説した）

(6) The senator *expounded* the new tax bill to his constituency.（その上院議員は自分の選挙地区の人々に新税法案を力説解明した）

F

factor / *element*

　この2つは共にある複合物または物質の中の1つの分子または要素と言われるものだが、意味の違いがあり、使い方に微妙な差違がある。

　"factor" はある特定の結果を生むに至った要因をいう。つまり現象を相手にしてくだす個人の判断である場合が多く、"element" のように科学的に立証できる物質を形作る分子ではない。

(1) Other reasons for academic decline are weakened curricula, permissiveness and excessive TV viewing. But says Astin, "We should not discount drug abuse as a *factor*."—*Business Week*（学校における学力低下の他の原因として、科目の弱体化、生徒のわがままの放任、テレビの見過ぎなどが挙げられる。「だが」とアスティン氏は言う、「麻薬が重要な原因を作っていることも無視してはならない」）

(2) Her interest in people was a *factor* in her choice of journalism for career.（他人のことへの興味が、彼女がジャーナリズムを仕事に選んだ大きな要因だといえる）

　"element" は自然界の基本現象の一部といった意味合いが強い。"the four *elements*" は earth、water、air、fire を言うように、これ以上分析できない構成分子をいう。"the elements" は風雨のことである。

(3) Are you going to *brave the elements*?（この嵐に出かけるおつもり？）

"element" はむろん比喩的にも多用される。最も基本的な読み書き算数を教える学校という意味で小学校のことを the elementary school という。

"elements" と複数にすると、1つの物質を構成する小分子の集まりという意味で generalization（概論）によく使う。この場合、定冠詞はつけない。ただぼんやりと指すからである。

(4) A politician must know how to appeal to the general public including *discontended elements* of society. （政治家というものは、不平分子も交えた大衆にうまくアピールすることを知らねばならない）

(5) There is an *element of truth* in what he says. （彼の言うことには正しい点もある）

(6) He is *in his elements*. （彼は得意の領域にある）/ He is *out of his elements*. （彼は陸(おか)にあがったカッパのように実力を発揮できない境遇にある）

しかし物によっては、"element" と "factor" は区別の出来ない場合もあり、どちらを使ってもかまわないこともあるが、大体として、"element" は単なる一成分 (ingredient)、"factor" は不可欠分子と覚えていて差支えない。

fare / ware

商品 (marketable commodity) であることはこの両者に共通している。"fare" はタクシーの乗客とか運賃以外に商品の意があることは、modern journalism では常

識になっているが、意外と知らない人が多い。

商品といっても、"fare" は "ware" よりも使い道がやや限定されていて、主に娯楽的なプロダクション、特に映画や劇の出しもののことをいう。

(1) His job was the reviewing of *theatre fare*. (彼の仕事は劇評を書くことだった)

(2) "The Days of Heaven" was a singularly enjoyable *fare* among the recent American movies. (「天国の日々」は最近のアメリカ映画の中では妙にたのしめる作品だった)

"ware" はジャーナリズムでいう上記のような演目の意にはあまり使わないが、使っても誤りではない。普通 chinaware、leatherware、marketable ware というように組み合わせて使う。marketable ware は marketable commodity と全く同じである。ただし "ware" と "commodity" を入れかえて leather commodity などとは言わない。"ware" には器物の意味があるからである。

fascinating / *charming*

同じ「魅力」でもこの2つの形容詞は性格が違う。"fascinating" は、蛇に見込まれたような、ある抗しきれないような魅力感覚で、"mesmeric"(催眠術にかけられたような)という形容詞と置きかえてもいい。

(1) All those national costumes are *fascinating* to look at. (民族衣裳は見ていてうっとりする)

だが "charming" のほうは、

(2) Picnicking at this time of the year is a *charming idea*. (今ごろのピクニックとは楽しい思いつきだ)

(3) Give my best to *your charming wife*. (奥様によろしく) などと言うように、ずっと一般的で外交辞令じみたぼんやりした使い方をする。

fast | *quick* || *swift* | *rapid*

これらはすべて動きの早いことを表わす形容詞だが、どう早いかが問題なのである。"fast" は動く本体に焦点があり、"rapid" は動きそのものが早いことを言う。

(1) A *fast* horse is one capable of going at a *rapid* gait. (早い馬とは早い歩調を出すことのできる馬である)

(2) A car is needed when you want to get somewhere *fast*. (早くどこかに行きたい時は車が必要だ)

この場合 "fast" の代わりに "rapidly" とは普通言わない、なぜなら、rapidly は動きそのものの早さを、たとえば、a *rapid* stream (急流) のように、描写するからである。

"quick" は物事に対する反応がすばやいこと、仕事に手をつけるのが早いこと、また仕事が出来上がるまでに費やす時間が短いことなどを言う。

(3) There was a *quick* response to my question. (質問したら直ぐ反応があった)

(4) He is slow to resolve but *quick* in performance. (彼は決心するまでに時間がかかるが、いったんやりだしたら仕事は早い)

(5) The teacher who is flexible takes *quick* advantage of the individual student's current focus of interest. (臨機応変の才のある教師は一人一人の生徒が現在興味をもっている事柄を素早く読みとり、それをその生徒の勉強意欲につなげることを知っている)

"swift" はほとんど目にもとまらぬ早業で目的を完了してしまうことに使う。

(6) She shot a *swift* smile toward him in that instant. (その瞬間、彼女は彼を目がけてパッと微笑した)

(7) He writes *swiftly*. (彼は物を書くのに時間をとらない〔たちまち書き上げてしまう〕)

(6)の例で "a swift smile" の代わりに "a fast smile" とは言わない。1つには "fast" には "swift" にない色情狂の形容(とくに女性の)の意が含まれているからでもある。

"fast" と "quick" が、純アングロ・サクソン語で、口語的であるのに対し "rapid" と "swift" はやや改まった、ものものしい言葉である。

"rapid" も "swift" も常に肯定的で、よい意味のスピードに使う。病気見舞の花などに添えるカードには、"hoping for your *rapid* [*speedy*] recovery" と書く。

(8) She is a *rapid* typist. (彼女はおそろしく早くタイプが打てる)

因みに、この場合のタイピストはタイプを打つ人のことで、She is a *rapid* speaker. (彼女は口早だ) の "speaker" と同じ使い方で、職業的タイピストの意では必ずしもない。

(9) He *swiftly* rushed to his father's side when he saw him about to collapse on the floor.（彼は父親が倒れそうになるのを見ると、目にもとまらぬ早さで父親のそばにかけよって支えた）

"fast" と "quick" はよい意味にも悪い意味にも使う。

(10) He *is a fast runner*.（彼は駿足だ）

(11) The country is declining *fast*.（あの国はどんどん衰退していく）

(12) He answered my letter *quickly*.（彼は私の手紙にすぐ返事をくれた）

(13) She made a *quick* retort to her mother who reproached her for being lazy.（なまけていることを母に叱られた娘はすぐ口答えをした）

"fast" は "swift" と非常に使い方がよく似ているが、気持は "fast" が主観的にやみくもに急ぐ（breakneck とも言う）ことであるのに対し、"swift" は第三者が見て早いことに力点があると思えばよい。

feminine | *female* | *womanly* | *womanish*

これらの言葉は、すべて女性特有の何かを示すものだが、"masculine" の場合と同じく、それぞれ混同してはならない部分を持っている。まず "feminine" は masculine の対称語で、見たところも、内面的にもいかにも女性の理想像に近い qualities を指している。

(1) Under her smooth look of *feminine* innocence, she effectively conceals, they say, a most wicked,

schemy heart.（彼女はあの虫も殺さぬ女らしさの裏側に、奸智に長けた心をかくしていると人は言う）

"female" は単なる生物の性別を示す言葉として male に対するもので、"*Female* births exceed *male* at one time."（女性の人口が男性を上まわった時期があった）とか "They use more *female labor* in the cotton mills."（紡績工場では女性を男性より多く使う）などという。"female" はしかし male のように純然たる性的の「女っぽさ」の意にはあまり使わない。むしろ女性に対して男性の優越感が見えかくれする表現、たとえば *female silliness*（女の浅はかさ）、"good for *female* troubles"（婦人病に利く）といった広告文などが目立つ。だが女性でも "female" という言葉を性別を知りたい時に使う。

(2) "You have a phone call"（デンワですよ）"Male or *female*?"（男か女か？）

"womanly" は通俗的な意味での「女らしい」で、wifely とか motherly とほとんど同じ底意で使われる。少なくとも一世代前まではそうだった。だが今では "She has a lithe *womanly* body."（軽やかな、女性的な体つきをしている）つまり "sexy" に近い意味にも使われる。むろん今でも、女らしいの意味にも使い、常に誉め言葉である。

"womanish" は女みたいにいくじがないの意に男性を批判する時に使うが、女性にも同じ意味に使う。"**old womanish**" といえば勇気がないことである。

(3) They have the *old womanish habit* of worrying over little things.（彼らはつまらぬことをくよくよ心配す

る、女々しいところがある)

(⇨ masculine / manly / mannish / male)

firm / *hard* / *solid*

この3つに共通している点はいわゆる「しっかりしている」ことで、外圧に容易に崩されない点である。しかし、内包している感情に違いがあり、入れ替えがきかない場合が多い。違いをはっきりさせるために反意語をあててみるといい。

まず "firm" は、ぶよぶよしていること (flabby) の反対で、He has *firm* muscles. (彼はかたぶとりだ) などという。また、織物ならキメが粗い (loose) ことの反対が "firm" である。また健康、健全を意味し、healthy、sound がシノニムで、反対はむろん病弱 (infirm) である。

(1) He is in his nineties, but his mind is still *firm* and his body quite sound. (彼は90歳台だが、少しもモウロクなどしておらず、身体も健康だ)

(2) You should know how much time you can afford for play. Don't make appointments you can't keep. Be *firm* about your schedule. (遊びに使える時間がどれだけあるか知っているべきだ。守れない約束は初めからするな。自分の時間割はしっかり守れ)

これらの例の "firm" は、"hard" とも "solid" とも入れ替えるわけにいかない。

"hard" は "firm" よりも、人間に使った場合、感じが

ずっと悪い形容詞である。"firm" と "solid" には「堅実な」という意味があるが "*hard*" にはそれがない。心のきつい、酷薄さをいうことが多い。

(3) He is a *hard* man.（彼は酷薄なところがある）

つまりやさしさの反対である。冷たさも含まれる。

(4) He is a *hard-headed* businessman, a very *hard* man to sell.（彼は実際的な商売人だ。売り込むのにはむつかしい相手だ）

(5) These are *hard facts*.（これが掛け値なしの事実だ）

"solid" は hollow（空洞）の反対で、目が詰んでいること。"solid gold" はメッキでなく全体が金で出来ているの意。

(6) The man is in *solid* gold from head to foot.（あの人は頭のてっぺんから足の爪先まで金で出来ているといっていい。大した金目の人だ）

これは億万長者の意味の場合と、その人の能力が大した価値があるの意の場合とある。

(7) *Solid color* is in fashion.（服地はプリントものでなく単色が流行だ）

(8) He is a *solid citizen* type.（彼は堅実な市民タイプだ）

しかし、この "solid citizen" は頑固で富裕な市民の代名詞として使われることが多いのである。

(⇒ hard / difficult)

follow / *pursue* / *chase*

　この3つは、人でも物でも何かのあとを追いかけることだが、"follow" はもっとも一般的で、広範囲な対象に使われる。"follow" にあって他の2つにない意味は、第1に指導者のあとに従うの意の時である。ガイド、注意書などもこの部類である。

(1) He was a leader and had a great *following*. (彼はまさしくリーダーであり、多くの追随者があった)

(2) *Follow* carefully the instructions attached. (貼付してある注意書をよく読んで下さい)

　次に、ものごとが次々と起こる場合を言い、これは、単に偶発的な現象である。

(3) One thing *followed* another. (何やかやと事が重なって大きなことになってしまった)

　また it follows that... の形をとると、前に述べたことを論理的にふまえて「従いまして……」の意になり、その反対は「そういうことはあっても、自動的にそうなるとは言えない」の意で、it does not follow that... の形をとる。

　"pursue" は "follow" にない動機と決意を含んだ言葉で、対象が人間である場合は、敵意を含む場合が多い。police action もこの中に入る。

(4) He deftly lost his *pursuers*. (彼は追手を上手にまいた)

　"pursue" は学問への精進の意にも使う。この忍耐と決意という道徳的価値は "follow" にも "chase" にもな

(5) The course of studies he is *pursuing* is history. (彼が専攻している学科は歴史です)

だが "pursue" は単に偶発的で、決意も動機もない場合もある。これは "chase" とも "follow" とも似ない点である。

(6) She *pursued* the customer who forgot his purchase on the counter. (彼女は買った品物をカウンターに置いたまま行ってしまったお客のあとを追いかけた)

"chase" はすばやいスピード感を含んだ言葉で、動機は常に歴然としていて偶発性はない。

(7) He is known to *chase after* girls. (彼は女を追いかけるのでも有名だ)

同じことを He is a skirt chaser. ともいう。

(8) She *chased* street kids *from* her yard. (彼女はわんぱく小僧どもを裏庭から追い出した)

(9) These are cheap, self-styled reporters. All they do is *chase* scandals. (あれらは安っぽい自称レポーターだ。彼らはスキャンダルを追っかけてるだけだ)

forbid / prohibit / ban

この3つはみな禁止命令を出すことだが、使い方に違いがあるので混同するとおかしな感じを与える。

"forbid" は絶対権威をもって禁止することで、その権威の持主は命令は守られることを当然のこととして相手に対する。たとえば親が子供に、雇用者が雇人に、教師

が生徒に何らかのことを禁ずる時に使う。

(1) Mother *forbade* the little girls to leave the house at night. (母親が幼い娘たちに夜、うちから外へ出てはいけないと言った)

(2) Smoking *is forbidden* in the workroom. (作業場でタバコは禁じられている)

"prohibit" は "forbid" より公的な禁止令である。法律によってすべての人の利益のために禁じられるのである。

(3) The use of narcotics *is prohibited* by law in this country. (麻薬の使用はわが国では法律で禁じられている)

(4) The statute *prohibits* the employment of children under 16 years. (16歳以下の子供を雇うことは法規で禁じられている)

"ban" は上記の2つに比べて社会的、民衆的と言ってよく、宗教や道徳観から望ましくないものとして禁ずる場合に多く使う。

(5) The movie became a rage in Paris because it had been *banned* in America. (あの映画はアメリカで上映禁止になったのでパリで大受けに受けた)

(6) The book *was banned* on the ground of obscenity but the ban was lifted two months later for some reason. (その本はわいせつの理由で発禁になったが、2か月後には何の理由からか解禁になった)

foreign / alien

この2つは「他国の」または「異質の」という形容詞だが、感情的な違いがある。

"foreign" は自分の側から見た「他国の」または「他国産の」の意を表わす。また国ばかりでなく、自分とはまったく異質のもの、体質的に合わないもの、異物などの含みがある。

(1) *Foreign travel* is getting popular among young office workers.（若い会社員の間に外国旅行がはやり出している）

(2) His disease was caused by *a foreign matter* that had gotten into his vein.（彼の病気は血管の中に異物が入ったことに起因していた）

(3) You cannot credit him with that anonymous donation. Good or bad, charity is a practice entirely *foreign to* him.（あの匿名寄附の主が彼だと思うのはまちがいです。善し悪しは別として、慈善ということは彼の性質とはまったくの無縁です）

"foreign" が中立的な一般語であるのに対し、"alien" は「異物」とか「外国産の」といった単なる描写の域を越えて、積極的な否定感情を内に持つ形容詞である。名詞に使われるとそうでなくなる。次の2つを比較しよう。

(4) It is a way of thinking *foreign* to me.（そういう考え方は私の思考パタンと違う）

(5) It is a way of thinking *alien* to me.（そういう考え方とは自分はまったく性が合わない〔違和感を覚える〕）

つまり(5)のほうが否定度が強いのである。

だが "alien" を名詞に使った場合、"foreigner" より

も否定感情の度合が薄れ、ほとんど中立になる。なぜなら "alien" とは、自国の市民権を持ったままで、他国に住みついている人、のことで事実の描写語だからである。そういう人の現在住んでいる国から見れば、彼は他国籍者として取り扱われる。つまり "alien" は法律語にすぎず、「よそもの」といった感情は特に含まれない。

これに対して "foreigner" は英語では蔑称に近い感情的な含みを持つ言葉である。しかも "alien" と違って、市民権の有無にかかわらず、表面的な理由で心理的に差別している言葉なのである。

fortuitous / *gratuitous*

この2つは使い分けのむずかしい言葉である。両方とも理由のない行動がとられたり、偶発的に何かが起こることを言うのだが、使い方は別々で入れ替えがきかない。なぜか？　まず例をあげよう。

(1) *Fortuitous* change of plans at the office sometimes bring unexpected opportunities to some people. （会社の偶発的な企画変更が、ある人びとには思わぬ機会をもたらすことがある）

(2) Life surprises you occasionally with a series of *fortuitous* rencounters. （人生は時に奇縁めいた遭遇で人を驚かす）

本来 "fortuitous" は fortune（運）から派生した言葉で、どちらかと言うとこちらに都合のよい意味での偶発である。これに引きかえ、"gratuitous" のほうは、運命

の女神などとは何の関係もない。相手の人間がちゃんとした理由もないのに勝手な振舞をするといった非難めいた含みをもつ言葉なのである。

(3) She was puzzled, rather than angry, at the *gratuitous* insults some critics hurled at her literary efforts. Oddly they bad-mouthed all her pieces indiscriminately. (彼女は彼女の作品に批評家のある人たちが投げつけたいわれのない勝手な悪口に、怒るよりむしろとまどった。妙なことに、彼らは彼女の作品をどれこれの見境なしに、みな一様にくさしたのである)

"gratuitous" の同義語は "uncalled-for" で、"fortuitous" のほうは "accidental" だと覚えておくと理解の助けになる。

frank / candid

この2つはともに「率直な」と訳され、どちらを使っても意味はわかるが、それぞれ互いの中にないものを持っている。

"frank" の重点は inhibition (タブー意識) から完全に解放された感覚を言い、言いにくいことでも快く相手に打ち明けると同時に、相手に対する批判なども気を使わないでする、といった性格を言う。それで「臆面もなく」の意も含まれる。

(1) I want you to be *frank with* me about this matter, whatever you say won't hurt me. (このことについて本当のことをお聞かせください。何をおっしゃろうと、

私は傷つけられたりしませんから)

(2) Her *frank* but indelicate way of telling the inside story shocked everyone concerned. (彼女のあけすけな内部事情のバクロは関係者にショックを与えた)

(3) America had started out as a culture of *frank* materialism. (アメリカは公然たる物質主義文化として発足した)

(4) Her mouth painted ripely with mauve as if in *frank appeal* to be kissed.—Edmund Wilson. (彼女の唇は、あたかもキスを求める正直なアピールででもあるかのように、熟れたブドー色に塗られていた)

"candid" は "frank" が自由奔放な解放感覚を持つのに対し、ただ1つの関心を持つ言葉である。それは「公平」と「真実」である。自分に不利でも真実を認め、それによって行動しようというのが建て前の言葉である。

(5) My *candid opinion* is that he should not be wholly trusted. (私の忌憚のない意見を言えば、彼を全面的に信用してはいけない)

(6) His *candid mind* knew that the charges against him were not without reason. (彼の率直な性格は、自分に向けられた告発にはちゃんとした理由がないわけではないと認めていた)

(7) I have never lacked *candid critics*. (公正な批判者に自分は事欠かない)

しかし "candid" の最も現代的用法は、"candid camera" に類するものである。ポーズをとらせないで自然の姿で撮影するというのがその原意である。

This is a *candid picture* of her. これは「彼女を（隠しカメラで）スナップしたものです」という意味の場合も、「彼女のふだん着姿の写真だ」という意味の時もあり、時と場合による。

free / liberate / emancipate

この3つは、対象を束縛している何かから解き放つことだが、対象の種類その他に相違がある。

"free" は解放するという行為そのものに力点があり、対象は人でも、ものごとでも、どんなつまらぬことでもよい。

(1) He helped her *free her hair* from bramble.（彼は、バラの刺にひっかかった彼女の髪の毛をはずしてやった）

(2) He set out to *free his workroom floor* from the unspeakable clutter of books and papers that had accumulated over time.（彼は、長い間にたまった書物や書類で足の踏場もなくなった書斎の床を片付ける仕事をはじめた）

(3) You can *free your mind* from a problem by writing about it coherently or by discussing it with your friend.（何か悩み事があれば、その事について理路整然と書いてみるか、または、友人とその問題を話しあうことによって、心を解放できる）

"liberate" は自由になった結果の大きいことに、またその解放感に力点がある。

(4) Knowledge *liberates* man.（人間は知識によって自由になる）という考え方が西洋文明の基調になっている。

(5) Reading a good book has a *liberating* effect on the mind.（良書は人の心に解放感を与える）

これでもわかるように "liberate" は "free" よりワンクッション置いた、抽象性のある言葉なのである。

(6) The essential thing for the Carter administration at the time was to *free the hostages*.—Theodore H. White.（当時のカーター政権のぜひともしなければならなかったことは、イランにおける人質解放だった）

この場合 "liberate" といった漢語調の言葉を使って見栄をきる余裕はないのである。

"emancipation" の対象は人間にかぎり、それも他人または伝統、風俗習慣などに隷属を強いられている人間を解放することに使う言葉である。この場合「解放」とは自分の考えを自由に持つことを意味する。"an emancipated woman" という言葉は、19世紀の女性の低い社会的地位から解放された女性という意味もむろんあるが、もっと心理的に自由な女性の意で、"a free spirit" と似ている。残念ながら、今でも皮肉なフレーズとしてしか用いられない。

(7) The war had an *emancipating* effect on women.（戦争の結果、女性解放の機運が向いてきた）

frugal | thrifty | economical

同じ節約を意味しても、この3つの言葉にはそれぞれ特徴がある。"frugal" は一切のゼイタクを排し、物を粗末にせず、飽食などしない慎ましい生活ぶりをいう。英語では austere がこれに当たる。

(1) He kept up his *frugal* living habits even after he became a wealthy man.（金持になってからも彼は質素な生活を続けた）

"thrifty" は "frugal" であると同時に、勤勉でやりくりのマネージメントがうまいという含みがある。そしてこの形容詞は繁栄している国家の美徳としてよく使う。

"The Japanese are *a thrifty people*." とは、アメリカ人が、日本国民をほめる際よく口にする言葉である。"frugal" は現在あるものを大切に使うやり方で、どちらかというと受け身だが、"thrifty" は "She is *thrifty of emotions* and works steadily."（彼女は感情に溺れず、何事もほどほどにし、むらのない働き方をする）といった使い方をし、積極的な生き方も暗示する。"frugal" も "thrifty" も美徳と見なされる。

しかし "economical" はそうした moral virtues の感覚というよりも、能率にすぐれていることに重点がある。

(2) She is an *economical housewife*, if you ever see one.（あの人は経済観念に富んだ有能な主婦を絵に書いたような女性だ）

つまり "economical" は "thrifty" より抽象的で、"thrifty" は "frugal" よりも使い方が広いのである。

(3) She writes beautifully, *economical* of words, powerfully succinct in style.（彼女は文がうまい。余計な

言葉を使わず、簡潔で効果満点の文体だ)

frustrate | thwart

　この2つは他人の努力を水泡に帰せしめることで、競争意識の分析が日常化していない日本語には元来ない種類の言葉である。

　同じく人の仕事をじゃまして失敗させることでも、"frustrate" の方が "thwart" よりたちが悪い。心理作戦で相手に失敗感を与え、自尊心を傷つけ、やる気をなくしてしまうからである。だが自然現象のためにせっかくの計画がふいになったことなども "frustrate" で現わす。

(1) Heavy rain-storm *frustrated* our plans for a trip. (ひどい暴風雨のため旅行の計画がおじゃんになった)

　せっかくの努力がだめになること、心理的に打撃をこうむることは、**frustrated by** と受身の形で表わすのがふつうである。この "frustrated" は、何かを達成しようと志しながら、その努力を阻む事情に抗しきれず、目的が達せられない場合の失望と無力感を、ただ1語で表わせる便利な言葉なのである。

(2) *Frustrated by* daily office routine, I know I can't write the novel I had planned for years. (毎日のオフィスの仕事のために、私は長い間計画していた小説を書くことはむりだとさとっていた)

(3) He was a sad, *frustrated* man. (彼は淋しい、無力感を持った男だった)

　"thwart" は "frustrated" と違ってめったに過去分詞

の形をとらない。常に positive form で相手をアタックする。"frustrate" より具体的に他人の行動、目的、計画などをじゃますることを目的とする言葉である。元来 "thwart" は oppose、block、cross などと同義で、他人のゴールの前に立ちはだかったり、横槍を入れたりして、成功させなくすることである。

(4) The state supreme court decision *thwarted* his ambition to become next governor. (彼の州知事になる野望は、州の最高裁の反対で不発におわった)

(5) I did not want to *thwart* my mother when she wanted to go out shopping, though I was worried about her rheumatic condition. (母のリューマチが心配だったが、買物に出かけたいというのを、私は敢えて反対しなかった)

G

gainful / *profitable*

この2つは共に利益をあげることだが、名詞で "gain" と "profit" を比べるのとはやや感じが違う。

"gainful" は、損をしていない状態から、大きな利益に至るまで幅はあるが、常に収益の状態である。I am gainfully employed. という決まり文句は、「私は有給の

職についています」ということである。名詞になった "gain(s)" は簿記用語の gain or loss（損・益）という見出語である。だが "gain" は "profit" よりも総体的な言葉で、personal gains（私利）のように金銭以外の意味にもなる。"profit" はあくまでも経済語として商売上の利潤、利益のことである。

だが "profitable" と形容詞の形をとると、"gainful" よりも広範囲にまたがる意味を持ってくるのである。"gainful" と同義で、収入がコストを上まわるだけの利益も "profitable" と言えないことはないが、実際は、"profitable" にはもっと大きな利益の底意がある。公共施設のようなものを nonprofit organization と言い、"nonprofitable organization" とは言わない。なぜなら nonprofit は noncommercial（非営利）の意味だからである。

"profitable" が金銭的な利益を示さない例：

"The project is constructive and therapeutically *profitable* for the patients, if not financially."（その企画は建設的で、財政的にはどうであれ、患者の精神衛生の向上のためにはよいことだ）

この "profitable" は "useful"、"helpful"、"good" などと入れ替えてよい漠然とした肯定表現である。

game / *a game*

この "game" という単語はいろいろな意味に使われるが、大別して、冠詞を一切つけないものと、定冠詞も

不定冠詞もつけ、したがって複数形にもなるものとの2種類に分けられる。

冠詞を一切つけないものの例としては、まず集合名詞として使う場合があげられる。

(1) They hunt small *game*.

この "game" は狩猟の対象になる動物、鳥類のことで、シーズン以外は保護されているもののことを指し、それ自身集合名詞だから冠詞も何もつけない。small game の "small" はライオンやトラなどのいわゆる猛獣と区別したものである。

(2) Customers in all these so-called discount stores are *fair game* for racketeers. (いわゆるバーゲン専門店の客は、いんちき商人にとってはよいカモだ) この「カモ」は一般的な集合名詞だから冠詞は不要。常に "**fair game**" と言っている。

冠詞なしに "game" を使う場合は集合名詞以外にもある。それは "game" が "willing" とか "**cooperative**"(好意的、協調的)の意に使われる場合で、品詞としては形容詞である。

(3) When I asked her whether she would join us in presenting our grievances to the head office, she said she was *game* if we were. (本社に陳情文を出す仲間に、はいる気はないかと聞いてみたら、彼女は、わたしたちがはいるならはいってもよいと言った)

以上のように冠詞なしに game を使うことは英語独特の用法なのでそのまま覚え込むしかない。だが、"game" がスポーツの用語として用いられる場合は、む

ろん単数にも複数にもなるし、ものによっては定冠詞をつけることもできる。

(4) She plays *a game* of tennis every Sunday morning.（彼女は日曜の朝テニスを1試合やる習慣だ）

(5) I know *the game* he is playing.（彼が何をたくらんでいるか、ちゃんとわかっている）この"game"は比喩的に使ったもので strategy（策略）の意である。

gather / collect / assemble

この3つは、人でも物でも1つの場所に集める、または集まることだが、"gather"と"collect"は特によく似ていてどちらを使ってもよい場合が多い。だが基本的な違いはある。

"gather"は最も普遍的に使い、方々に散らばっているのをかき集める行為そのものに焦点があり、"collect"はただ数だけでなく、何かの目的をもって、ものを集める選択に焦点がある。つまり"gather"は行為を意識し、"collect"は内容を意識する言葉なのである。

(1) Girls are *gathering* wild flowers.（娘たちは野の花を摘んでいる）

(2) He *collects* stamps.（彼は切手を集めている）

なお、"gather"と"collect"の性格の違いは名詞にしてみると一層はっきりする。"a gathering"と言えば、集会のことだが、"a collection of people"は単なる人の集まりではない。これは「十人十色」の variety に重点がある。You have quite a *collection of people* at your office. と言えば、「あなたの会社にはいろんな人がいますね」の意である。

"collect" にあって "gather" にない用法。

金銭の貸しや税のとりたて、月給などを受け取るとき。

(3) I must *collect* my salary today.（今日は月給を受け取る日だ）

"assemble" は目的意識が "collect" より強い言葉である。"assemble" にはあって "gather"、"collect" にはない用法は部分品を集めて機械を作ったり、集会を催したりすることである。

(4) They *assemble* a motor car.（彼らは車を作っている）これは部品を組み立てて、自動車を製造するの意である。"assemble line" はそのための「流れ作業」である。

get / obtain / acquire

この3つはみな、何かを手に入れることを表わす動詞だが、それぞれ性格が少しずつ違う。"get" は一番日常的な口語調で、米語のイディオムに用いられることの最も多い動詞である。そのイディオムの種類も様々で、積極的、攻撃的な態度で何かを獲得することから、まったく受身の状態まである。

(1) He *got* a severe headache.（彼はひどい頭痛を感じた）

(2) He is not quick. He'll be *getting a joke* when everyone else in the room is in hysterics.（彼は敏感なほ

うじゃない。みんなが抱腹絶倒しているころやっとジョークを理解する)

(3) The FBI usually *get* their man. (FBIは目をつけた人間は必ず捕える)

(4) They'll *get* me sooner or later, I'm sure of it. (いつかは俺は必ず彼らに殺される)

これは犯罪映画などによく出てくる "get" である。

これらの "get" はむろん "obtain" や "acquire" と同列には出来ない informal な用法である。一般用語としての "get" を "obtain" と比べた場合、最も簡単な見分けかたは、"get" は苦痛なしに何かを手に入れることで、"obtain" はあらゆる努力をしたあげくやっと手に入れることだと思えばよい。

(5) A woman has to go through the pains of childbirth first to have a child whereas a man just *gets* one. (女は子供を得るには産みの苦しみを経なければならぬが、男はただで努力なしに子供を取得する)

(6) It was not easy to *obtain* information about it. (そのことについての情報を得るのは容易なことではなかった)

(7) It can be *obtained* to order on a short notice. (それは、ちょっと前に注文すれば手に入りますよ)

"acquire" は意志的に何かを取得する点で "obtain" と変わらないが、"obtain" は取得するのに骨が折れたことをヒントするのに対し、"acquire" のほうは取得したものそのものに興味の焦点がある。そしてそれは大抵の場合、価値あるものへの評価の念が潜んでいる。対象は

有形のものでも無形のものでもよい。

(8) Where did you *acquire* your Picasso？（ピカソのその作品、どこで手に入れたの？）

(9) I *acquired* a speaking knowledge of French while I was in Paris for a few years.（フランス語のしゃべり言葉は、2、3年パリにいた間に覚えました）

(10) This rug, I think, is *an acquisition*.（このじゅうたんは掘出し物だと思ってるんです）

go / leave / depart

この3つは元いた場所を去ることだが、それぞれウェイトのおき場所がちがう。"go" は単に "come" の反対で、物理的に動いて行ってしまうことで、この中で最も general な用語である。

(1) I'm *going* away for the day.（今日1日出かけます）

(2) I'm *going* to school just for a few years.（2、3年学校に行くつもりです）

(3) I *went* downtown yesterday.（昨日都心に出た）

"go" が漠然とした動きであるのに対し、"leave" は、あとに残された人でも、物でも、それとの関係を暗示する。

(4) He *left school* at the age of 17.（彼は17歳の時学業をやめた）

(5) He *left the office* before 5.（彼は5時前に会社を出た）

(6) He *left his hometown* 10 years ago.（彼は故郷を10年前に出ている）

(7) My husband *left me* at 9 o'clock this morning for the office.（主人は、会社に行くので9時に家を出ました）

"depart" は "leave" よりさらに別れの感覚が強くなる。そしてやや改まった言葉でもある。乗物の発着は departures and arrivals だし、"go" や "leave" のように casual な動作でなく、前からプランして出かける時に多く使う。

(8) She is *departing* for Europe next Tursday.（彼女は今度の木曜にヨーロッパに発ちます）

"depart" はまた死去のレトリックでもある。

(9) My sainted mother *departed* 15 years ago.（私の信心深い母は15年前にこの世を去りました）

goal / target / aim / objective

この4つはみな目的意識を持っていることでは共通しているが、目的の対象や、目的追求の動機などに違いがある。従ってある context では他の言葉は使えない場合が多い。

"goal" も "target" も主として personal pursuit であって、"goal" の方は先行きの長い目的で、通常その達成には全身全霊を傾ける必要のあるものである。個人の主観的価値観によるものだから、多くの場合、願望・希望の形をとり、こまかい具体性はあまりない。

(1) The *goal* of her ambition was to achieve a good marriage.（彼女のゴールはいい結婚をすることだった）

(2) Our *goal* is to maintain the firm's global position and prosperity.（われわれの目的は、わが社のグローバルな地位と繁栄を維持することにある）

"target" は具体的にかちとりたいものを対象にしている。

(3) Our sales *target* this year is the entire upscale area of New York.（われわれのセールスの今年の標的はニューヨークの高級住宅全地域だ）

目的がオフィシャルな政策である場合は "target" を複数形にすればよい。

(4) The government's lower rice production *targets* have met general approval.（政府の米の減産政策は一般には好評だ）

"aim" は方向感覚にウェイトがある。

(5) Her *aim* was to study in an American college, her whole efforts were directed towards it from the first day in highschool.（彼女の目的はアメリカの大学に留学することだった。高校の第1日目から彼女はこの方向に努力を集中した）

"objective" は上記の3つに比し、もう少しリラックスした、どちらかといえば暢気な目的意識である。

(6) My *objective* this summer is to learn Spanish.（私のこの夏の目的はスペイン語を勉強することです）

この "objective" は ambition（野心）に取り換えてもいい。　　　　　　　　　　　　(⇒ purpose / object)

goods / commodities / ware

　この 3 つはみな品物、それも売買する物品のことだが、"ware" は器物という観念の下にある言葉で、"goods" とも "commodities" とも似ていない。近年では hardware、software というコンピューター用語の構成分子になっているが、昔からの英語でも、silverware、ironware、leatherware など他の物質と組み合わさって用いることが多いが、単独にも使い、製品、とくに陶器類によく使うが、比喩的に総称して使いもする。"Traders were displaying their *wares*." (商人はそれぞれの売りものを展示していた) などと言う。

(⇒ fare / ware)

　"goods" は "commodities" と非常に似ていて、どちらを使っても誤りではない場合が多いが、この 2 つを区別する最もよい方法は、"goods" を財産、"commodities" を消費の対象になる物品とおぼえておくことである。

　むろんこれは非常に大ざっぱな区分で、この対象を頭に入れた上でなら、同じように使ってもかまわない。総体的に "goods" は "commodity" より抽象的に商取引の物品をいう。

　(1)　What are you in? (What trade are you in?) (何のご商売をおやりですか?) I'm in leather *goods*. (皮革をやってます)

　この leather goods を先に述べた leatherware と混同

しないこと。後者は1語で、皮で出来た品物の展示されている状態にすぎない。

goods and services このイディオムの "goods" は可視的な物品と抽象的な職業、たとえば秘書、ブローカーなどと区別するもの。

次の文中の "goods" を "commodities" と入れ替えることは出来ない。

(2) He gave away most of his *goods*. (財産のほとんどを人にやってしまった)

"goods" は英国英語では米語の freight にあたる。a *goods* train (貨車) は a freight (米) のこと。この a は一見 "goods" に付けた冠詞のように見えるが、"goods" には一切冠詞も、数字も付けてはならない。不定冠詞は train の方につけた冠詞で、"goods" のではないことはむろんである。"goods" の内容を数字で示したい時は、a piece of goods とか three pieces of goods とする。しかし "goods" に the を付ける場合が1つある。それは **to catch someone with the goods** というスラングの場合だけである。現行犯のこと。

(3) They caught him *with the goods*. (逃れぬ証拠をつかんだ)

"commodity" は物品、とくにもうけをもたらす商品のことで、個人の財産の意味は少しもない。商品でなくとも家庭用品は household commodities である。

(4) Whisky is one of the important *commodities* Scotland sells abroad. (ウィスキーはスコットランドの重要輸出品目の1つだ)

govern / *rule*

　国家を支配、統治することでは、この2つは共通した意味を持っているが、基本的な相違も存在する。

　一口に言って"govern"は民主的、"rule"は独裁的な底意を持っている。これを見分ける最もわかりやすい方法は、レーガン大統領は governor とは言うが、ruler とは呼ばないことに注目すればいい。"ruler"と呼ばれるのは英国の王または女王、日本では天皇である。つまり"ruler"は国の元首としての地位を守る人であり、"governor"は実際に国を principle によって支配する政権のリーダーである。

　"govern"するためには、まずその基本になる原則を決定する機関が組織されなければならない。この organization なしに国を"govern"する行為はあり得ないのである。従って"governor"もあり得ない。だが"ruler"はそういう organization なしに、自分の意志とやり方で国を統治することがあり得るのである。

　"That country is *ruled* but not *governed*."（その国は統治されてはいるが、組織的な政府によるものではない）という言い方がある。この statement の当てはまる国は今や中南米だの中東にたくさんある。

　"rule"にあって"govern"にない意味が2つある。1つは prevail（圧倒的多数で押し切ること）、もう1つは、最終的な裁決を下すことである。

　(1)　The majority *rules* in a democracy.（民主国では

多数党が支配権を握る)

(2) Soppy sentimentalism *rules* her poems.（彼女の詩は、甘ったるいセンチメンタリズムが主流になっている)

(3) The court *ruled* that A must pay B 5,000 dollars for damage.（裁判所は、AはBに損害を与えたつぐないに5,000ドル払わなければならぬと命じた)

"govern"にあって"rule"にない意味は、ものごとを動かす背後の存在を指す場合である。

(4) What *governed* his motive for resignation?（彼の辞職の動機は何だったのだろう？)

(5) Grammar is a set of rules *governing* the structure of a language.（文法は言語の構造を規制しているルール一式だ) (⇒ reign / rule)

grave / *tomb* / *sepulcher* / *mausoleum*

これらはすべて死者を埋葬した場所のことだが、"grave"が最も基本的で墓の総称として使われる。元来"grave"とは土に掘られた穴で、死者を埋めたあと、墓標が建てられても、建てられなくても、様式も卒塔婆のようなものから、エジプトのピラミッドまで千差万別である。だがどんなに大きな建築でも"grave"であることに変わりはない。

(1) the mass *grave* outside Auschwitz　これは、アウシュビッツの捕虜収容所の外にある集団埋葬場所のことで、単数で表わす。

"tomb" の語源はラテン語で tumor（はれもの）からきているとも言われ、土を盛り上げた "mound" の感じを出した言葉である。日本語では「塚」にあたるが、実際には死者を記念した墓碑を指すのである。
　"grave" は「死」の代名詞に使われる。
　(2)　The *grave* comes to all men.（死はすべての人にやってくる）
　(3)　security insured *from the cradle to the grave*（ゆりかごから墓場まで安全保証）これは保険会社のうたい文句である。
　"sepulcher" は「墓」をオフィシャルなイメージにした言葉で、"grave" や "tomb" と同じく死者の埋葬されている墓標（主として建築物）であるとともに、聖者の遺品などの陳列所のような役を果たす公的な白亜の殿堂である場合もある。新約聖書のマタイ伝に次のような文句がある。
　(4)　Woe unto you, scribes and Pharisees, hypocrites! for ye are like unto *whited sepulchres*, which indeed appear beautiful outward but are within full of dead men's bones, and of all uncleanliness.（わざわいなるかな偽善なる学者、パリサイ人よ、汝らは白く塗りたる墓に似たり、外は美しく見ゆれども、内は死人の骨とさまざまの穢れにとて満つ）——新約聖書「マタイ伝」23：27。
　"mausoleum" は陵(みささぎ)にあたり、歴代の王を祀る豪華な様式美を持つ霊廟のことである。普通1つ以上の棺が納められている。

grief | sorrow

この2つはどちらも心が愉しまず、暗い気持になることだが、性格はかなりちがっている。"**sorrow**" は "**grief**" に比べてずっと軽く、表面的な悲しさである。

(1) He expressed his *sorrow* over the demise of her politician father. (彼は彼女の政治家だった父親の死におくやみを述べた)

(2) She expressed her *sorrow* over the demise of the magazine she worked for. (彼女は仕事先の雑誌が廃刊になったことに遺憾の意を表した)

この "**sorrow**" は両方とも "**regrets**" と入れ替えることができるが、どちらの場合も "**grief**" と入れ替えるわけにはいかない。なぜなら "**grief**" は内面的な、本当の悲しみを含む言葉だからである。

(3) The lovers spent the whole day and night *grieving over* their imminent separation. (恋人たちは2人とも日がな1日、それに夜も、確実になった別離のことを嘆き悲しんだ)

"**grieve**" またはその名詞の "**grief**" は心が本当に痛むことである。それを外に表わすか表わさないかには関係ない。

(4) He spent the whole night *grieving over* the only chance he missed but he gave no sign of it in the morning. (彼は一晩中、たった1つのチャンスを摑みそこなったことを悔しがって眠りもしなかったのだが、翌朝にはそんなことはそぶりにも見せなかった)

guess / suppose

　この2つは日常の会話で断言調を避け、語調を和らげるために、I guess、I suppose を「……でしょう」というほどの意味で多用するが、本質的にはこの2つは推測の性格を異にしているのである。したがって、入れ替えのきかない使用法が多くある。

　一口に言って "guess" はあてずっぽうのことで推測の根拠は皆無なのである。だが "suppose" はどんなに頼りない事実でも主観的には何らかの根拠をもっての上での発言である。

(1) This is a pure *guesswork*. （これは理くつも何もないただの当てっこだ）

(2) Your *guess* is as good as mine. （あなたの推測もわたしの推測もまったくの等価だ）

(3) It's anybody's *guess*. （本当は誰にもわからない）

(4) You could only *guess* what the final result of this project would be. （この企画の結果がどうなるかは想像するよりほかにない〔皆目わからない〕）

(5) You *guessed* right. （正解でした）/ You *guessed* wrong. （答はまちがってました）

　これらを "suppose" と置き換えることはできない。"suppose" のほうは一応、推理の論理の体裁をとる。

(6) *Suppose* you won a 10 million-yen lottery, what would you do with the money? （1000万円の宝くじが当たったら、その金をどうしますか？）

(7) *Suppose* for the sake of argument he was seen on the scene of crime, so were a lot of people. (かりに彼が犯罪現場にいたとして、他にもそこにいた人はたくさんいるんだ)

(8) You were merely *supposing* the matter on the basis of hearsays. (あなたは聞きかじりの話を根拠に推測しているにすぎない)

これらのどれをも "guess" と入れ替えるわけにはいかない。

H

happy / fortunate / lucky

これらの言葉は日本語になると「幸福」とか「仕合わせ」とか「幸運」といった形をとるが、ここにも意味のずれがある。"happy" はいつでも「幸福」で片付けられるものではない。それにこの言葉は、1つで他の2つの意味を兼ねることができるが、"fortunate" と "lucky" が "happy" にとって代われる場合は1つしかない。"by a happy chance"（偶然の好運で）という場合で "by a lucky stroke" と言い換えがきく。"fortunate" の場合も同じように限定されている。

(1) We experimented in color with results some-

times *happy* [*fortunate*], sometimes disastrous.（われわれは色の実験を試みたが、運よくうまくいくことも、ひどい結果になることも、まちまちだった）

　次にあげるのは "happy with" というイディオムの使い方である。

(2)　From what you've seen and heard—the people who get aluminum siding, are they *happy with* what they get?（君が見聞きしたところでは、アルミ・サッシを取り付けた人たちはそいつに満足しているかい？）

(2)の例文はアメリカの流行作家 Kurt Vonnegut, Jr. の有名な小説 *Breakfast of Champions* の中に出てくる会話の切れ端なのだが、"happy with" がものに対しても使えることを示す好例である。人間に対してのものはもっと一般的に知られている。

(3)　Is the child *happy with* you?（その子はあなたになついているか？）

(4)　Are you *happy with* your new car?（今度の車はどう？　あなたは満足して乗っているか？）

などと言うが、どちらも同じく「うまくいく」の感覚で、"fortunate" や "lucky" と入れ替えることはできない。また I am *happy to meet* you. は、I am *fortunate* [*lucky*] to meet you. とは言わない。「あなたのような方とお会いできて私は運がいい」はまったく別の意味になり、初対面の人に使う必然性はまずない。

hard / *difficult*

"hard" には "difficult" にない意味が数多くあるが「困難な、むずかしい」ということ、つまり "easy" の反対であるという一点に絞ってその違いを見てみよう。

まず人間に使う場合。

He is a *hard* man. と He is a *difficult* man.
の2つを比べてみて、その違いは何であろうか？

"a hard man" とは、人情に動かされることのない、一口に言って冷酷な男のことである。一方、"a difficult man" とは a man *difficult to deal with* (こちらの思うような反応を示さない男)、つまり「つきあいにくい人物」のことで、複雑な人格を暗示する。

(1) He makes it very *hard for me*.
と言えば、「彼は私に意地悪い態度をとる」、つまり He makes me miserable. とあまり違わない。だが、

(2) He is very *difficult to get along with*.
と言えば、「彼は性格的につきあいにくい人物だ」の意で、特に意地悪をするということではない。これは "hard" と "difficult" の本来の性格からきている。この違いは、形容詞にしてみるとはっきりする。

"hard-line" は特定の問題に妥協を許さない、きつい態度のことで、そういう態度をとる人を "hard-liner" と言う。

(3) He is a *hard-line* protectionist. (彼は硬質の保護貿易論者だ)

(4) He was a *difficult* child.

例文(4)の "difficult" を "hard" と入れ替えると意味が違ってくる。"a difficult child" は大人の側からいっ

て思うように動かない子供、つまり "a stubborn child"（強情っぱりの子供）である。しかし a hard child というのはおかしい。「冷酷」な意味での "hard" という形容詞は、人格のまだ固まらない子供に使っても意味のない言葉だからである。The child is *intractable*. というのが a *difficult* child のシノニムである。

(⇨ firm / hard / solid)

have / *own* / *possess*

この3つはみな、ものを所有することだが、それぞれ、所有者と所有物との関係を物語る言葉でもある。

"have" はこの3つのうちで最も漠然とした言葉で、"own" とも "possess" とも大抵の場合、交換可能である。ただ "have" の特徴は、現在もっていることで、それ以上その所有の性格だの原因に一切かかずらわない。

(1)　He *has* a lot of money.

は「（何だか知らないが）彼は金をたくさん持っている」ことである。この反対はむろん、He has no money. または He doesn't have money. で、ただ漠然と、彼は金を持っている、持っていない、というだけである。"possess" や "own" のように所有権を主張するのでなく、ただ金が「ある」、「ない」の表明だから、He possesses money. とか He owns money. とは言わない。

"have" はまた無形のものにも使う。たとえば、

(2)　I *have* plenty of time.　I *have* no time to lose.

などと言うが、時間の余裕があるかないかの記号に

have を使ったので、これも "own" とか "possess" と入れ替えるわけにはいかない。なぜなら、"own" や "possess" の持つ具体性はこの場合必要ないからである。

"own" は「オーナードライバー」という言葉があるが、"own" とは法律的な所有権を持つことを意味し、

(3) He *owns* a car.

と言えば、「彼は自分の車を持っている」ことである。これを "He *has* a car." と言っても別に差支えないが、後者の場合、パーティなどで夜おそくなり、さて車はどうするかという話になった時、「いや大丈夫だ、彼は(わたしは)車があるから」つまり「足があるから」という意味にも使えるのである。その車が本人の自家用車でも、借り物でも一向にかまわないのである。現実に車を持っていればいいわけである。"own" はすべて所有権が主張できる有形の物を対象としている。それで仮定法 as if を使うと「わが物顔をする」といった皮肉にもなる。

(4) He acts *as if he owned* that girl. (彼はまるであの娘の所有主であるかのように振舞っている)

(5) She acts *as though she owned* the whole place. (彼女はまるで自分が会場の所有主であるかのように傍若無人な態度だ)

(6) You can *take possession of* the car you want as soon as you meet the down payment, but you won't be its real *owner* until you pay out the balance. (お望みの車は月賦の頭金をお払いになればその場でお渡ししますが、残金の払いを全部おすませになるまでは、本当のオーナーと

は言えないわけです)

つまり "possess" はこの場合、月賦で買ったものを「所有する」ことで、支払不能になればいつでも、その「所有」を解消できる、これを "dispossess someone of" という形で表わす。月賦の支払いをしない人から品物を取り上げにいく人を "dispossessor" と言う。

healthy / sound

この2つは同じように使われる場合が多いが、心持の上では区別できる言葉なのである。"healthy" はあまり個性のない漠然とした言葉で、病気でない、ごく平凡な意味の健康状態の意である。

(1) The examination revealed him to be a perfectly *healthy* man. 検査の結果、この人にはどこも悪いところはなかったということだが、彼が健康であるかどうかを調べる必要があったものとみえるのである。

"healthy" は、また単に健康そうに見えることにも使う。

(2) She has a *healthy* complexion. (彼女は健康そうな顔色をしている)

"healthy" は "sound" より比喩的に用いられる要素がはるかに大きい。何をもって「健康」と呼ぶかは多分に発言者の見方にかかっている。つまり発言者の気に入ったものなら、"healthy" を使ってよく見せることだってできる。

(3) She has a woman's *healthy share* of vanity. (彼

女は女の正常な虚栄心も十分持っている）

(4) The kid had a *healthy appetite*. (その子は育ち盛りの旺盛な食欲を持っていた)

(5) Basically ours is a *healthy economy*. (何やかや言っても基本的にはわが国は健全な経済機能を持った国だ)

しかし "sound" のほうは "healthy" のように発言者の主観の具にはあまりならない、よく言えばはっきりした、悪く言えば平板な余韻のない言葉である。一番近い日本語は「ちゃんとした」であろう。何を規準にして「ちゃんとした」というかと言うと、オーソドックスな観点、つまり体制側から見て健全な状態のことなのである。

よく言う格言、Healthy minds in healthy bodies.（健全な精神は健全な肉体に宿る）は健康の内面的な機能力をうたったものである。だが同じことを、

(6) He is *sound* of mind and body. (彼は心身ともにしごく健康だ)

と言うと、もっと積極的な主張になり、単に病気でないというのとは全然違う攻撃的、挑戦的なひびきさえある言葉である。"sound" の重点は「無きず」であることで社会的価値としての健康なのである。

(7) I want a *sound* horse. (わたしの欲しいのは無きずの馬だ) これはある映画で競走馬に高い値をつけた買い手が、せっかくの馬が脚に病気があることを知って馬主に宣言する文句である。"a sound horse" は "a healthy looking horse"（健康そうな馬）などではない。ちゃんと医者の折紙がついた、欠陥のない馬のことである。

(8)　His theory is *sound*.

と言えば「彼の考えはオーソドックスな規準にかなった(ちゃんとした)考えだ」ということである。つまり社会的に通用する valid な考え方なのである。

hear / *listen*

　この2つは、片方が受動的で片方が能動的だと片付けてしまうのをよく見かける。つまり "hear" は自然に何かが聞こえてくることで、"listen" は聞き耳を立てることだと言うのである。だが事実はいつもそうだとばかりはかぎらない。"hear" にも意志的な要素はある。だが "listen" とは趣きを異にした意志である。まず初めから言うと、

　"hear" には2通りの意味がある。

　①　単に聞こえてくる音を耳で聞くこと。いわゆる「耳にする」に当たる。

　(1)　Did you *hear* any unusual sound last night?（昨夜なにか変わった物音を聞いたか）

　(2)　Did you *hear* her go out?（彼女は出て行ったようでしたか）

　②　意志的に先方の言い分を聞こうとする時、またはこちらの言い分を聞かせたい時。

　(3)　The judge deemed it inadvisable to *hear* the appeal.（裁判長は控訴を受理しないほうが得策だという意見だった）

　(4)　He is to appear before the congressional committee *hearing* next week.（彼は来週、合衆国議会の委員会で証言することになっている）

(5) I want to *be heard*. これはプライベートに言い分を聞いてほしいことではない。提訴したい、の意である。

"listen" にはこうした公的の意味はなく、どちらかと言うと個人的色合いの濃い言葉である。自分から聞こうと思って聞くことである。むろんこれは、文字通りの意と、「耳を藉(か)す」という比喩の意の両方に使う。

① 音を聞く場合。

(6) Please *listen for* the telephone while I'm out for lunch.（私が昼食に出ている間、電話を聞いといてくれ）

(7) Did you *listen in to* the Prime Minister last night?（昨晩、首相の放送を聞いたか？）

"listen in to" は放送を聞こうと思って周波数を合わせて聞くこと。*Listener* という有名なイギリスのラジオ関係のインテリ雑誌がある。

② 「耳を藉す」比喩の場合。

(8) You'd better get his secretary on your side. He *listens to her*.（彼の秘書を味方にしておいたほうがいい。彼は彼女の言うことには耳を藉すから）

(8)と同じことを、She has his ear. とも言う。この「腹心だ」という意味の時は "have one's ear" と単数の耳で、"prick up one's ears"（聞き耳を立てる）の耳は複数。

help / *assist*

"help" はアングロ・サクソン語、"assist" はラテン語からきている麗々しい言葉だが、この 2 つの違いは単なるトーンの問題だけではない。使用範囲の点でも "assist" の代わりに "help" は使えても、"assist" が "help" の代用になる場合はごくかぎられている。一言で言えば、"help" は "assist" よりずっと大きな言葉なのである。文字通りその助けがなかったらやっていけないほどさし迫った性格の助けである。生きるか死ぬかの緊急事態に不意にさらされた人間が発する言葉は Help! である。SOS は help 以外の言葉を意味しない。"help" は本質的には、"assist" と違って自分一人で出来ることには使わない。

(1) One *helps* someone who is drowning. この "help" は "save" と同義で、「溺れかけているものの命を助ける」ことである。

(2) You must *help* me find a room to stay tonight. Other hotels are all full.（どうしても今晩このホテルに部屋を都合してくれ。他のホテルはみな満員だ）

これは筆者がパリのあるホテルのカウンターで見かけたひとこまで、困りはてた米人の男性観光客がホテルのマネージャーを拝み倒している図である。You must *help* me... という語句には切実なひびきがあった。

(3) The policy is designed to *help* combat inflation.（その政策はインフレを克服するためのものだ）

(4) Humor often *helps* a tense situation.（ユーモアはしばしば険悪な場面を和らげる救いの神である）

(5) Aspirin *helps* a headache.（アスピリンは頭痛によ

く効く)

(6) This book is designed to *help you master* the English language.(この本はあなたが英語をマスターするのに力をかすように出来ている)

しかし "help" はこのように本質的な意にばかり使われるわけではない。もとの意味がシンボル化して、機械的な日常用語になっていることもある。

(7) Can I *help* you? これは店員が客に What do you want?(あなたの欲しいものは何ですか?)という代わりに使うきまり文句で、店員ばかりでなく、電話の応答においても「ご用の趣きは?」といったほどの意に、見知らぬ相手に対して使う形式である。

(8) May I *help you to* some more meat or vegetables?(もっとお肉かお野菜をもって参りましょうか?)

この "help someone to" は食物を皿にのせてもってくることで、Help yourself. は「どうぞご自由におとり下さい」の意である。

"the help" はお手伝いさんのことで、とくにアメリカでは house servants のことである。民主主義の生んだ euphemism(婉曲語)の1つで、「女中」(maid)はアメリカではユニフォームを着けた住み込みのメイドさんのことで、大富豪でもこういうものはなかなか備えないほどなり手がない。"the help" は単数にも集合名詞にも使う。

(9) *The new help* has left after 2 weeks.(新しく来たお手伝いは2週間でやめてしまった)

(10) *The help* are demanding higher wages.(お手伝

いの賃銀は高くなる一方だ)

"assist" はだれかの仕事をアシスタントとして助勢することで、相手に対する従の関係に焦点がある。

(11) Japan's prime minister *is assisted by* his Cabinet ministers.（日本の首相は、内閣の閣僚に助けられて仕事をする)

単に "help" でもよいところを "assist" を使って改まった感じを出すこともある。

(12) Good glasses will *assist* you to read.（よい眼鏡は読書の助けをする)

hire / *employ*

これは両方とも何かの用に供するために雇うことである。この２つの動詞の間には、金のために一時的に雇用すること、またされること (to hire、be hired) と、サラリーで会社などに人を採用すること、また採用されること (to employ、be employed) との差がある。前者は単なる「雇い」、後者は「スタッフ」という status の違いといったようなものも感じられる言葉である。

"hire" は常に賃銀（wages）のためということにスポットが当てられており、"employ" は "use"（使用）をやや偉そうなラテン系の言葉に言い換えただけである。

(1) We can *hire* those stenographers *away from* any company by offering them double the money they are getting.（どこの会社の速記者でも給料を２倍出すと言えば簡単にこちらの会社に誘致できる)

(2) We can *employ* some of those *hired stenographers* for our new subsidiary.（雇いの速記者のうち何人かは、今度できた子会社のほうにふり向けて採用してもよい）

"hire" の場合、対象は人間ばかりではない。金を出してものを使用する特権を買うことをも言うのである。

(3) We *hired* the whole 3rd floor of the hotel.（そのホテルの3階を借りきった）

この場合 "hired" を "employed" と入れ替えると意味が違ってくる。何かの目的のために「使った」ことになり、その目的を言い足さなければならない。

"hire" はまた「みずから進んで人に雇われに出る」の意味にも使う。この点 "employ" とは大いに趣きを異にする。この場合 "out" を伴う。

(4) He *hires out* as programme consultant.（彼は、プログラム・コンサルタントとして雇用に応じる）

hurry / haste

ちょっと見たところは、2つとも同じように見えるし、事実どちらを使ってもよい場合もあるが、心理的にも慣用的にもある違いはまぬがれない。

まず "haste" は "hurry" より角張った言葉で、口語調には常に "hurry" を使う。

(1) Let's *hurry*, we haven't got time.（急ごう、時間がない）

これを "haste" で言えば、Let's make *haste*, there is

little time. となり、あまりにも古めかしくなる。

次に他動詞に使って「急がせる」の意を出す場合、"hasten" は当然来たるべき運命の到来を促進することに使う。

(2) This kind of fertilizer *hastens* the growth of the crops.（この種の肥料は作物の成長を早める）

他方、"hurry" は単にスピードをあげることに使う。

(3) The computer *hurries* the sorting of date.（コンピューターを使うとデータの分類が早くできる）

"haste" は "*rash*"（向こう見ずな、短兵急な）と同類であるが、"hurry" は "rush"（突進）で単に時間のプレッシャーを感じて急ぐことである。

(4) *Haste* makes waste.（あわてるとろくなことはない）は有名な諺である。

(5) There was *a great hurry* in the streets, of people speeding away to get shelter before the storm broke. —Charles Dickens.（嵐が来ぬうちにどこかにたどり着こうと走る人たちで街頭はざわめいていた）

"hurry" も "haste" も文字通りに急ぐことではなく、婉曲的にひねって使う場合があるが、用途は別々である。

"haste" の例 (6) Let me *hasten* to add that we alone are responsible for any errors in this book.（この本の中の誤りはすべて当方が責任を負うことを念のため申し添えます）

"Let me hasten." は誤解がないよう念のために申し添えること。

"hurry" の例 (7) I find him a very rude person, I'm

not resuming a session with him *in a hurry*. (彼はマナーが悪くて感じが悪い。2度と顔をつきあわそうとは思わない)

"not in a hurry" は "Never again!"「2度といやなこった」という代わりに用いる表現である。

hustle / *hassle*

この2つは、外見が似ているばかりでなく、心理的にもせかせかした要素をともに持っているために、どちらを使ってもよいような気になる人があるらしいが、実は両者は大いに異なるのである。日本語の「ハッスル」は "hustle" のほうだが、これはアメリカのスラングで、「がんばって何かをする」という意味で、間違っていない。

(1) I *hustled* history. (歴史を猛勉強した)

(2) He *hustled* himself a job. (彼はハッスルして自分で仕事を見つけた)

しかし、"hustle" はアメリカでは本来こういう意味ばかりではない。というより本来は "push"、"shove"、"jostle" の意で、他人を押しのけたり、突き飛ばしたり、強引なやり方をすることで、これから、相手をおどかして、自分の欲しいものを獲得する行為を言う。

(3) A salesman is instructed *not to hustle* customers. (セールスマンは、客をおどしてはならないと教えられている)

(4) The hoodlum made a round of lover's lanes and

hustled the occupants of parked cars.（暴力団員が、アベックのいそうなところを回っては、駐車中の車の中にいる人たちから金品を巻き上げた）

"hassle" は相手と口論することである。"hustle" と違い、インチキな方法で何かをせしめるという含みは少しもない。相手と意見の相違から派手なけんか沙汰になることで、別の英語を使うなら "dispute"、"squabble"、"argue" などである。

(5) A *hassle* between two coaches touched off the riot.（コーチ同士のつかみ合いのけんかがもとで暴動になった）

先にも言ったように "hassle" はあくまで正面からのけんか、インチキ手段を暗示しない。それがあるのは "hustle" のほうである。

(6) We *hassled about* money.（金のことで口論をした）とは言うが We *hustled* about money. とは言わない。"hustle" は、だます相手を直接目的にとるのである。

(7) They *hustled* old men.（老人をだまして金をとった）

"hustler" はむろんイカサマ師だが、"hassler" という言葉はない。

I

idle / *lazy*

「なまけもの」と解されているこの2つの言葉はまったく異質の原義をもっている。

まず "idle" のほうは、人間でも物でも稼動していない状態で、それも人間の場合は本人の意志とは関係なしにそうなっている場合である。

(1) Business recession has hit America's automobile industry. In Detroit, 29,000 workers are *idle*. (アメリカの自動車業界は不景気に直撃され、デトロイトでは29,000人の勤労者が職を失っている)

(2) The firm is being managed poorly; too much funds are *lying idle*. (あの会社はマネージがなっていない。遊んでいる資金が多すぎる)

(1)の場合も(2)の場合も "lazy" と入れ替えることはできない。

"lazy" とは自分の意志で怠けることで、"idle" のように外から見て働いていないことの描写ではない。

(3) I am too *lazy* this morning to do anything. (今朝は何をするのも面倒くさい)

(3)は別の言い方をすれば、I don't feel like doing anything this morning. ということになる。「今朝は何もする気になれない」のだから、自分の意志で怠けるわけである。だから「彼は怠けものだ」は He is *lazy*. であって、He is idle. とはあまり言わない。が、He is *an idler*. とは言う。これは「怠けものだ」とそのまま通用する。He is idle. は、(1)の例のように仕事にあぶれて

いる状態である。

"lazy" は自由意志で怠けることだから人間には使えるが事物には使えない。だが "idle" は事物にも抽象概念にも使える。主として、実体がなく空疎な行動または事態を言う。

(4) It is *idle to say* that a man is superior to a woman or a woman to a man.（男女の優劣を云々することは意味がない）

(5) It is *an idle talk*.（それはただのおしゃべりにすぎない）

(6) It is *an idle rumor*.（それは根も葉もないうわさ話だ）

ignore / disregard

この2つはどちらも無視することで、多くの場合、どちらを使っても意志は疎通するが、根本的な違いはやはり存在するので、使う場合も使われる場合も、その違いからくるインパクトを考えておく必要があると思う。

"ignore" は "disregard" より根の深い動機を持った行為である。同じく対象を無視するのでも、"disregard" はその時の都合で、対象を取りあげない場合が多い。そして取り上げないことが直接軽視や軽蔑につながることはあまりない。軽視になる場合でも、"ignore" ほど悪質とは言えない。"ignore" は対象に頭から価値を認めないために無視するのである。その価値とは、自分に益するところがない場合と、対象が道徳的にまたは知的に

軽蔑に値する場合と2通りあるのだが、どちらにしても無視することによって軽悔を表わす行為である。そして相手がそれを軽悔と受け取ってもかまわぬという態度である。

(1) He *ignored* her all evening. (その晩ずっと彼は彼女を故意に無視した)

(2) Let's *ignore* all those hostile comments on our new project. (わが社の新企画についての敵性コメントは一切無視しよう)

"disregard" は元来注意を払うべき対象がそこにあるのに、何かの考え違いからそれには注意を払わず、他の事に注意を払うことで、そのために自分自身の不利益になることもあるといった場合もある。

(3) You come to grief if you *disregard* the traffic law. (道路交通の規則を無視すれば、泣きを見るのは自分だ)

また時間の制約やその他の理由で、せっかくの人の好意を無視せざるを得ない時にも "disregard" を使う。

(4) We had to *disregard* your copy ideas because of the deadline, but perhaps we can use them for next month. (あなたのくれたコマーシャルのアイディアは締切の関係で使えなかったが、来月にはたぶん取り上げられると思うよ)

imitate / *copy*

この2つは両者ともラテン語から来ていて全く同じ意

味だが、英語の用法は同じではない。まず "imitate" は人間の心を通した上での複製であり、模写なのであって、"copy" のように機械的な複写ではない。

だが実際の用法はこの原則ほど簡単明瞭ではない。"copy" が "imitate" と同じように使われる場合があまりに多いからである。

(1) I try to *imitate* / *copy* the style of my favorite columnist whenever I can.（私は自分の好きなコラムニストの文体を、機会があればまねて物を書く）

それでは "imitate" と "copy" はどう区別するかというと、意識的にまねる場合は全部 "copy" を "imitate" と同じように使ってかまわないのである。なぜなら "imitate" には無意識的に模倣する場合があるからである。

(2) I often find myself *imitating* the way of my late mother's speech, especially when greeting people.（私は亡くなった母のしゃべり方、とくに挨拶の仕方を、無意識にまねていることがある）

この場合は "copy" は使わない。"copy" を使って、"imitate" が使えない、また "imitate" は使えても "copy" は使えないのは次のような場合である。

(3) I saw him *copying* his neighbor's answer during the exam, last time.（最近、彼が試験中に隣の学生の答案を盗み書きしているのを見た）

(4) In Paris, she spent her morning hours at the museum, *copying* the masters.（彼女はパリで朝の時間をかけて巨匠の作品の模写に精を出した）

(5) Parrots *imitate* human speech.(オウムは人の声をまねる)

(6) *Copy out* the figures.(数字を写しとけ)

(7) His speciality is to *imitate* famous actors.(彼の特技は俳優のまねをすることだ)

(8) Manufacturers make *copies* of Paris fashions every season.(業者はパリのファッションのコピーを毎シーズン作る)

increase / *augment*

両者とも現在の状態よりも、大きさ、数量、強度などの点において「増える」、または「増やす」ことである。違うところは、"augment" は現在すでに相当程度の発達をみているのだが、その上になお増大させる、の意である。"increase" を使ってもまちがいではないが、もとの数量やサイズが具体的に大きいのでやや調子はずれに聞こえる。また軽く "increase" ですむところを "augment" を使うとこれもおかしく聞こえるのである。

"increase" を使う場合 (1) Our population is *increasing*.(ここの人口は増加しつつある)

(2) As the morning advances, the din of labor *increases*.—Washington Irving.(朝の時間が進むにつれ、巷の活動の雑音が高くなる)

(1)(2)とも "increase" が自動詞に使われた例である。しかし、"increase" は他動詞にも、このままの形で名詞にも使われる。

(3) He has *increased* his vocabulary enormously through constant study.(彼は不断の勉学により語彙をおそろしく増やした)

(4) A *tax increase* was proposed but the motion was not carried due to strong opposition voiced by members of the committee.(増税が提案されたが、この提案は、委員会からの強い反対で通らなかった)

(5) Prices have *increased* on all necessities.(物価はあらゆる必需品について上昇している)

"augment"を使う場合 (6) The army *was augmented by* reinforcements.(軍隊が援軍で増大された)

(7) A general *augmentation* of wealth and leisure account for the marked increase of consumption over the preceding years.(この数年に比べてひどく消費が増えているのは、金と時間が増えたことにその因がある)

(8) The rain *augmented* the stream.(雨で川の水量が増した)

informant / *informer*

両者ともinformationの提供者のことだが、含みに大変な違いがあるから注意を要する。"informant"は、その国に生まれた者が、その国について書こうとしている外国人に頼まれて、必要な文化的、語学的知識を提供する人のことを言う。また外国人に限らず新聞社や新聞記者に情報をある程度職業的に提供する人も"informant"である。新聞記者などは個人的にニュース源として"informant" を複数で開発する場合がある。最近有名になった例では、*The New York Times* の犯罪(探訪)記者が犯罪の大物をかぎつけて暴露した際、彼が使った informants の名を法廷で公開するよう命令され、断固としてこれを拒み物議をかもした。これはむろん informants を公開すれば、将来 informant のなり手がなくなり記者活動が出来なくなるからである。

"informer" は法律を犯しているものを警察に内報するために雇われている人を言うのが普通で、裏切り者の代名詞のようになっている。次の例は "informer" を人生の失敗者の列に加えたフローベルの言葉である。

A man is a critic when he cannot be an artist, in the same way a man becomes *an informer* when he cannot be a soldier. (芸術家になれない男は批評家になる。同じ理屈で、兵士になれない男は密告者になる)

ingenious / *ingenuous*

ingen- のあとに i がくるのと u がくるのとではたいへんな違いができる。

まず "ingenious" のほうは、発明工夫の才能のあること。そういう器用な人のことにも、また器用に工夫されているもののことにも使う。

(1) *Ingeniously* he made a writing desk out of a few discarded sticks. (彼は、捨ててあった棒切れから、器用に文机を作った)

(2) Those toys you have there are all so *ingenious*.

(お宅にある玩具はみなとてもよく工夫されてますね)

次に "ingenuous" は、頭の単純な人間のことで、先の "ingenious" が "clever"（器用）の別称であるのに反し、こちらは、あまりお利口さんでない意味である。人間にだけ使い、ものには使わない。別の英語を当てれば "simple"（単純）、"artless"（技巧的でない）になる。技巧的でないことはよいように聞こえるかもしれないが、実際には前後の見境もなく感情をむき出しにする人のことを言う。

(3) Don't look overjoyed when you win. It would seem *ingenuous* to accept invitation to the celebration too quickly.（勝ってもあまりうれしそうな顔をするな。祝賀会への招待も待ってましたとばかり飛びつくと田舎者に見えるから注意せよ）

(4) He is quite *ingenuous* actually. The hot air he puts on doesn't fool anybody.（彼は感情を隠せない人間だ。いくら気取ってみせてもだれもだまされないよ）

inhuman / unhuman

「人間でない」という点でこの2つは一致しているが、同じ意味ではない。

"inhuman" は人間ならもっているはずの「あわれみ」の情に欠けていることで、非人間的、つまり "cruel" で血も涙もないという非難語である。一方 "unhuman" のほうは animal-like（動物のようだ）の意で単なる描写語であって、相手を道徳的見地から非難する言葉ではない。

たとえば superman は "unhuman" であるが、それは人間とは思えない怪力や能力を持っているからである。動物には初めから道徳や道義感はなく、それぞれ造物主から与えられた性質に従って動くものとされている。そのため何かのことにやたらに強いことを形容する場合に、"animal" という言葉を英語では使う。つまり unhuman—superman—animal という発想である。日本人がかつてちょうだいした "economic animal" はこの "unhuman" の思考パタンからきている。

エコノミックでなくとも、他の活動分野で超人的な能力と情熱を見せる人や種族を形容するのにもよく使われる。たとえば、

The gypsies are *a dancing animal*. とか The Africans are *a dancing animal*. といった表現も批評語として立派に成り立つのである。

injure | harm | hurt | damage

これらの動詞は相手を傷つける、または害を与えることに使われる。それは精神面に対してでも、物的にでもそれぞれ使えるが、その場合における焦点の当て方などに違いがあり、使い方をまちがえるとおかしなことになる。

"injure" は「傷を負わせる」ことである。文字通りの wound の場合もあり、無形のもの、たとえば名誉などを傷つける場合もあるが、おもに傷つけられた人の側からの感覚で使う言葉である。

(1) He acts as though he was [were] *the injured party* when he is the one who inflicted a severe damage to his friend's reputation.（彼は自分で友人の名誉をそこねておいて、あたかも自分のほうが被害者であるかのように振舞っている）

(2) An *injured* wife sued her playboy husband for adding insult to injury.（傷心の人妻が、プレイボーイの夫が自分の心を傷つけただけでなく、世間的に侮辱したとして告訴した）

(3) He *injured* a shoulder in a football game.（彼はフットボールで肩を痛めた）

これは単なる事故の傷害で感情は含まれない。

"harm" は「害する」という総称的な観念に焦点を当てた言葉である。"harmful" は「有害」、"harmless" は「無害」である。"harm" で最もよく知られているイディオムは "in harm's way"（危険な立場）である。

(4) He was *in harm's way* for a while but he is now *out of harm's way*.（彼はしばらく危険な立場にいたが、今は危険から脱した）

なお "out of harm's reach" と言っても同じである。

(5) One can cause *a lot of harm* to oneself and others by indulging in careless talk.（口を慎まないと自分自身にも他人にも害をもたらすことになる）

"hurt" は傷つく対象は主として感情であるが、この言葉には別にスラングめいた使い方があり、「そうしたって差支えなかろう」「何々をしても別に損はないのだから」といった、話を進める時の慣習的な言い方がある。

(6) It won't *hurt* us if we give him a chance. (この際あの男を雇ってやっても、べつにこちらが損するわけでもあるまい。まあそういうことにしよう)

(7) It won't *hurt* you if you smile a bit. (もう少しニコニコしなさい。別にあんたの損になるわけじゃなかろう)

しかし "hurt" が人間でなく物事に使われる場合は "damage"(損害)と同じ意味になる。

(8) Japan's export gets *hurt* with the increased appreciation of the yen. (円高になるにつれ日本の輸出が損失をこうむる)

"damage" は、人間に使う場合は主として名誉を傷つけられたことに関してである。

(9) She sued a gossip magazine for *damage*. (彼女はあるゴシップ誌を名誉毀損で訴えた)

しかし "damage" を人間以外に用いる場合は、物品の損傷や機能の低下したことなどに関してである。

(10) The race riots in the U. S. West Coast of the '60s caused untold *damage* to the local storekeepers. (1960年代のアメリカ西海岸の人種暴動は土地の店主たちの財産に計り知れぬ損害を与えた)

(11) His eyes were severely *damaged* by strain under bad light. (彼の視力は暗いところで眼を酷使したので著しく弱った)

injustice / *wrong*(*s*)

同じく不正が行なわれたことを示す言葉でも、この両

者は、感情のインパクトの強さにおいて大きな隔たりがある。"wrong(s)" は Old English 系のアングロサクソン語で、ラテン語から来た "injustice" よりはるかに強い非難語なのである。

(1) The sight of *injustice* done the undeserved makes my blood boil. (罪もない人々に対してなされた不正を見ると、はらわたが煮えくりかえる)

(2) Those Japanese-Americans are demanding that the U. S. government right the *wrong* it committed against them during the war. (日系アメリカ人は戦時中米政府が彼らに対して犯した不正をつぐなうべきだと迫っている)

(3) You do an honest man *a wrong* to call him a thief. (まっとうな人間を泥棒よばわりすることは許せない犯罪だ)

inspect / *investigate*

この2つはどちらも、与えられた何かを調べる点では似ているが、目的、動機、対象において大きな違いがある。

"inspect" は体制側に立った言葉で、何かオフィシャルまたは準公的な仕事のスムースな運営にそなえて、あらかじめ点検することである。従ってこの言葉には常にオフィシャルなイメージがついてまわるのである。

(1) As part of the Independence Day rites, the President of the United States *inspected* the army, the

navy and the air forces. (独立記念日の行事として、米大統領は陸海空軍を閲兵した)

(2) Before the troupe's public performances, the ballet teacher *inspected* the entire dance routine for possible errors. (公演を控えて、バレーの先生は、一座のダンスの細かい過程に狂いがないかを仔細に検分した)

inspector はそれぞれの分野における仕事の万全を計るために任命された検査官のことで、"police inspector" とか、"passport inspector" とか各分野の名称を頭につける。

"investigate" が "inspect" と異なる点は、与えられた公的事項のスムースな運営のためではなく、何らかの不祥事項が発生したという前提のもとに、調査・取り調べを行なうという点である。

(3) A committee was set up to *investigate* the murder. (その殺人事件を取り調べるために委員会が設置された)

この場合 "inspect" は絶対に使えない。なぜなら犯罪はあってはならないものだから、そういうものを、あたかも現存の制度のように検分することなどはあり得ないからである。

"investigate" は本来 muckraking と同質の行為、つまり隠れた不祥事を掘り返して、白日の下にさらすという意図を宿した言葉なのである。

(4) Those two famous reporters from the Washington Post practically invented between the so-called

investigative journalism.（ワシントン・ポストのあの2人の有名記者は、いわゆる追跡ジャーナリズムなるものを始めた人たちだ）

intelligent / *intellectual*

この2つは日本語の訳語が「知的」となっているために、本質的な違いがぼやけてしまっている。英語ではこの2つはシノニムとさえ考えられてはいないのである。"intelligent" のシノニムは "bright"、"clever"、つまり頭の回転が早く、利口なことである。"intellectual" のシノニムは "mental" で、これは "mind" の形容詞形である。

"intelligent" は感情でなく理性を使って、すばやく物事を理解して行動する能力で、人間が動物にまさっているのは実にこの能力にあるとされている。これは知識や教育とは関係なく、原始的な知恵のことである。子供でも動物でも、利口なのとそうでないものとの区別は存在する。

(1) The child is quite *intelligent*. He knows when to cry to get milk.（その子はなかなか利口で、ミルクを得るためにいつ泣けばよいかをわきまえている）

(2) *An intelligent dog* can be taught easily to control sheep.（利口な犬は羊の番をするようにたやすく訓練できる）

"intelligence" は "intelligent" の名詞形だが、この言葉は人間の知能という意味以外に「諜報機関」の意味が

ある。ただし後者の意味に用いられる時は形容詞形に使う場合も常にそのまま intelligence を使い、"intelligent" とは決して言わない。

(3) *intelligence* prediction（諜報機関が発表した予測）

(4) an *intelligence* assessment（諜報機関による事態の分析）

(5) an *intelligence* projection（諜報機関の示した企画）

(6) He's *in intelligence*.（彼は諜報機関につとめている）

"intellectual" は日本語で「インテリ」と訳すことがあるので誤解されるおそれがあるが、本来、ものごとに対して理詰めの態度をとることで、判断を脳の部分に頼り、体験や感情を度外視することである。新しい口語表現で "cerebral" とも言う。

(7) The film's peculiar, *intellectual* quality works against it. The actor *intellectualizes* the central figure a little too much to make it real or involving.（この映画は抽象性がアピールのじゃまをしている。主人公を演ずる俳優は自分の役どころをあまりに抽象的に演じすぎるために、実感に欠け、観客を引き込まない）

この "intellectualize" とは対象の外側にいて理念化することで、俳優の場合は「頭で演じ、心で演じない」ことである。

(8) He had a tremendous *intellectual sympathy* for the poor and the oppressed.

(8)は故 Robert Kennedy 上院議員が兄のケネディ大

統領のことを言ったものだが、「彼は貧しい人たち、圧政に苦しむ人たちに対しては、非常に理念的な同情を持っていた」と言うのである。"intellectual sympathy" とは、体験からくる同情ではなく、ものの道理の念からくる同情の意である。ロバートの意味したのは、自分と違って兄は感情的な人間ではなかったということらしい。

(9) His characters are real people, not an *intellectual* product. (彼の描く人物はほんものの人間で、頭で作り上げたものではない)

intense / *intensive*

この2つは似ているようだが意味も用法も違う。

"intense" は感覚的に violence に通じる激烈さを言う。反対は "slight"(軽いタッチ)である。人間も含めていろいろな形容に使うが、ヒステリカルなまでに激烈な感じを言う。

"*intense student* of modern history" は「近代史の猛烈に熱心な研究家」だが、"*intensive study* of modern history" と言えば、「近代史の徹底的研究」のことでその科目の中に多くの野心的内容が詰めこまれていることを言うので、個人が猛勉強するという意味ではない。"intensive reading" は集中的に精読することで、焦点は意欲的な精読の方法にあるので、神経を張りつめているというのではない。この "intensive reading" の反対は "diffuse reading" でだらだらした散漫な読み方である。

"intensive care" は病院で大手術後などにする集中看

護のこと。He is under *intensive care* now.

また語法に「強め」というのがあるが、これは英語では "intensive" である。He was saying *so himself*. (彼自身そう言っていた)の "himself" は "an intensive adverb" である。

"intense" はまた、violent の euphemism（婉曲語）でもある。

We have some *intense youths* in my country too.

この例文は Robert Kennedy が日本を訪問した際、折しも安保闘争中に、早稲田大学で講演の際、学生の野次がとんで穏かでない空気になったのを和らげようとして発した言葉である。「わたしの国でもなかなか intense な若者がいますよ」

intimate / *close*

この2つはともに近しい友情関係を表わす言葉だが、同時にその近しさの性質を表わす言葉でもある。

"intimate" は昔は "inseparable" と同義で、親友のことを "intimate friends" と呼んだのだが、今ではこの用法はすたれ、性的関係を暗示した仲、つまり慣れあった意味で近しい友人を "intimate friends" または "intimates" と言っている。相手が異性の友人の場合、"intimate" は carnal knowledge を意味する。だから Are you *intimate* with her? とか、Are you *intimate* with him? といった質問はぶしつけな質問とされている。法廷以外ではこういう質問はなされないのが常識である。

だが相手が同性の友人の場合、"intimate" な関係とは、いわゆる「気のおけない」間柄を意味するので "cronies" と言っている。

　だが、友情とは「気のおけない」間柄だけではないというのが英語の友人観である。friendship というものを彼らはもっと重く見ている。触感的に近しいということは友人であるための重要な要素だとはそれほど考えられていない。"friends" とは心をゆるしあった仲だという考え方なのである。夫婦が intimate であることはわかりきった話だが、"intimacy" 以外に、夫婦はまず friends であるべきだと考えるのである。そしてこういった精神の友情を表わす形容詞が "close" なのである。

　Were you *close* to your brother?（あなたはお兄さまとは仲がよいほうでしたか？）これは死んだ身内の話をする時などによく発せられる質問である。これを Were you *intimate* with your brother? と言う人はいない。これに対して、Yes, we were very *close*. などと言う。

　心の結び付きを表わす形容詞は "close" のほかに、fast、firm、stanch があり、それぞれ friend または friendship を伴う。私の学んだアメリカの大学の寄宿舎では、食事の前に、We thank Thee Our Lord for *friendship so fast*. という祈りの文句の入った歌を合唱するのが慣わしだった。

J

job / *work*

　これは両者とも頭脳労働、肉体労働の両方に適用する仕事のことだが、"job" は永続的な仕事というよりは、賃銀をもらうことにスポットを当てている。

(1) He held *two jobs* to make ends meet. (彼はやりくりするために仕事を2つ持った)

　"work" は job より具体性が少なく、給料だけに焦点を当てるのではなく、永続的な occupation、vocation (自分の選んだ職業) の意味での仕事と職場と両方に使う。

(2) It takes me two hours to *get to work*. (職場まで2時間かかる)

　この "work" を "my job" と入れ替えるわけにはいかない。

　"work" という言葉の底意は「奮闘する」ことで **"struggle"** と同義だと思えばよい。

(3) I *worked to get* my present *job*. (今の仕事にありつくのに苦労しました)　　　　(⇒ work / labor / toil)

journey / *trip* / *tour* / *travel*

"journey" は日本語の「旅」に当たり、"trip" は「旅行」に当たる。"journey" は "trip" に比べると、ややぼんやりと一般的な旅、それも陸の旅のことである（海の旅は voyage）。それに "trip" とは時代感覚が違っている。「人生の旅」は英語でも "life's journey" で、life's trip とも life's travel とも言わない。

(1) *At the journey's end*, the weary traveller looks about for a modest place to lie down for a while.（旅路の果てに、旅人はどんな伏屋でもよい、疲れた身を暫時横たえる場所をと捜すものである）

"trip" と "journey" のもう1つの違いは、"trip" は出発点に戻ってくるという前提のもとに行なう小旅行だという点である。もっとも小旅行と言っても、お手洗いに通うことから海外旅行に至るまで、その長さにもいろいろあるが、要するに何らかの目的をもって、現在いる場所から別の場所に行って来ることを言うのである。

(2) Last fall, she went on a European *trip*.（去年の秋、彼女はヨーロッパ旅行をした）

"tour" は修学旅行のように方々予定の地点を見て回ることに重点が置かれる。前述の She went on a European trip. の代わりに、She went on *a tour* of Europe. とすると、「ヨーロッパ見学旅行をした」、つまり「ヨーロッパで見ておくべき所を見て来た」ことである。これは必ずしも観光旅行ではなく、その人の専門の立場から見ておくべき所を見て回る場合をも言うのである。

(3) The detective made *a quick tour* of all the local bars.（探偵は情報集めに土地の酒場を短時間で全部回った）

この "tour" を "trip" に代えて、The detective made a *quick trip* to all the local bars. とすると、酒場訪問が情報集めだという含みがはっきり出ない。好きで酒場通いをしたようにも聞こえる。

　"trip" はまた、米語で幻覚的な、楽しい経験の意にも使う。

(4)　His new novel gave me *a good trip*.（彼の近作は読んでなかなか楽しかった）

　"travel" は1つの場所からもう1つの場所に進んで行く動きに重点があるのであって、"trip" のように出発点に戻るという前提はない。また旅行の長短とも無関係である。

(5)　How far do you *travel* to come to work?（どこからご通勤ですか）/ How do you *travel*, by train?（乗物は何で？　電車か何かで？）/ I *travel* by bus.（バスで通ってます）

などと言う。

(6)　Rumors *travel* like lightning. これはいわゆる「悪事千里を走る」で人のうわさの動きの速やかさを言ったものである。

jump / leap

　この2つは、「とびあがる」「とびはねる」といった似たような体の動かし方である。ただ "leap" は "jump" より意識的に精力を使って、前方に大きくとぶこと、"jump" は上下左右のどちらかにとび上がったり、とび

移ったりすることである。両者の共通点は、不意な動きである点で、これからくる表現はどちらを使ってもよい場合が多い。

(1) If Japanese is your native tongue, and two bulletin boards are shown to you simultaneously, one written in Japanese, the other in English, the Japanese characters will *jump into your eyes* first. If your native tongue is English and the same bulletin boards are shown to you, the English words will *jump into your eyes* first. This is so no matter how well you know the other language.（あなたの母国語が日本語である場合、日本語で書いてある掲示板と英語で書いてある掲示板が同時にあなたに見せられると、日本語の文字がまずあなたの目の中にとびこんでくる。もしあなたの母国語が英語だった場合、同じ掲示板があなたに見せられたら、英語の文字がまずあなたの目の中にとびこんでくる。これはあなたがもう1つの言語をどんなによくマスターしていても変わることはない）

(2) A Caucasian is instantly noticeable on the streets of Japan. No matter how big a crowd, no matter how quietly dressed or mannered he may be, his presence instantly *leaps to the eye*.（日本の街頭では西洋人は目立つ。たとえどんなに混雑していようと、またその人がどんなに目立たぬ服装をして目立たぬように振舞っていようと、彼の存在はまず目をひくのである）

この2つの例はどちらを使ってもよいのである。人によって"jump"を使う人も、"leap"を使う人もあるので、

どちらも正しいと言ってよい。

ではどういう場合に入れ替えがきかないか？ "jump" と "leap" は動作は似ていても、言葉としての象徴的イメージが異なるために、比喩的に使った場合、入れ替えがきかないのが普通である。

"jump" の象徴するイメージとしては、"jump" は動作の suddenness（唐突）に重点があり、1つの動作ともう1つの動作に脈絡のないことを暗示する。

(3) He keeps *jumping* from one topic to another.（彼は1つのことをしゃべっていたかと思うと、次には、それと全然関係のないことをしゃべる）

(4) This typewriter *jumps*. It needs repairing.（このタイプライターは字がとんで抜ける。修繕しなければ）

また "jump" はあわてふためいた動作を示す。

(5) He *jumped on* a moving bus.（彼は動いているバスにとびのった）

(6) She *jumped out of* bed.（彼女はベッドからとび起きた）

(7) He *jumped down from* the tree.（彼は木からとび下りた）

"jump" にはまた、主人の命令を待機してまめまめしく働くという奴隷的イメージがある。

(8) He had expected her to *jump to* his bidding, but she did no such thing.（彼は彼女が自分の命令をおそれかしこんで遂行するものと思っていた。だが彼女はそんなことはさっぱりしなかった）

(9) They thought he would *jump to* it.（彼らは彼が

大いにハッスルしてその仕事に取り組むものと思っていた)

　"jump at" にはよい仕事などに「とびつく」という意味と、内心の動揺をかくしきれない場合との2つの使い方がある。

　(10)　He *jumped at* the chance. (彼はそのチャンスにとびついた)

　(11)　He *jumped at* the unexpected appearance of his boss at the party. (彼はパーティに思いもかけず現われた上司を見てとびあがらんばかりに驚いた)

　"leap" は "jump" より大きな、ドラマティックな跳躍を意味する。実際の動作の場合もそうだが、象徴的には "jump" のように否定的な面はなく、agitation の意には使わない。ただし「心が躍る」意味には使う。

　(12)　His heart *leapt* at her entry. (彼女が入ってくるのを見て彼の心は躍った) この "leapt" は "throbbed" と同義である。

　"leap" の象徴的イメージとしては、

　(13)　Mao's China had striven to live up to his motto '*Great Leap Forward*.' (毛沢東の中国は、彼の「大躍進」のモットーの実践に懸命な努力をしたのだった)

というのが典型的な表現である。

K

kind / *sort*

　この両者はほとんど区別なしに使われる場合が多いが、"kind" は "sort" より formal で、主観性もやや少なく、人前で上品な感じの言葉であるのに対し、"sort" はエゴの感じられる独断的な言葉にもなる。

　"kind" と "sort" が完全に入れ替えられる場合。

(1) It takes all *sorts* [*kinds*] to make a world go round. (いろんな人がいて世間というものが成り立つ)

　これは It takes all *sorts*... と言ってもわかる。

(2) I had a *kind* [*sort*] of feeling I might run into him. (彼に出くわすような気がしていた)

(3) It's the *sort* [*kind*] of work I prefer to a clerical job. (事務の仕事よりああいった仕事が好きだ)

　"kind" しか使えない場合。

(4) If you are attacked in any sense, you'll retaliate in *kind*. (もしわれわれが何らかの意味で攻撃を受けたら、同じ形式で返報するのが普通だ)

(5) They are different in size but not in *kind*. (それらの品物は大きさは違うが、同種のものだ)

　"sort" が慣用的に使われるのが普通の場合がある。主として否定感情または疑惑を表わす場合。

(6) That's a *wrong sort of people* for you to go around with. (ああいう人たちとつきあわないほうがいい)

(7) It's *the sort of thing* he wouldn't be caught dead doing. (あんなことをしているところを、彼は死んでも見られたくないだろう)

(8) He is a European *of a sort*. (なんだか知らないがヨーロッパ人だ)

(9) It is *a play of sorts*, but it is hard to describe. (劇には違いないが、どういうものかと言われても、定義するのがむずかしい)

(10) What *sort of idiot* do you take me for? (ぼくをどういうばかだと君は思ってるんだ)

L

last / final / terminal

この３つは一連の事柄の最後にくるものと総称できるが、それぞれ代替できない部分を持っている。"last" はシリーズの最後に来るものを言うが、シリーズそのものは必ずしもそれで終わりではない。

(1) That was the *last page* I read last night. (昨晩わたしが読んだ最後のページはそれだった)

(2) Don't wait until the *last minute* before filing your report. It may not get there in time. (最後のぎりぎりまでリポートを出すのを遅らせるな。何かの拍子で先方に着くのが間に合わないかもしれない)

"final" は "last" と違って、シリーズが何であれ、それで終わりであることを示す言葉で、ある決定的な強い

ひびきを持っている。

(3) This is *final* ; you'll get no further notice.（これが最終通告です。この件についてはもうこれ以上通告はしません）

購読料の催促などによくこういう文句が入ってくる。

"terminal" は病気、事態の展開など、現象的に誰が見ても最後の期間にさしかかったことを告げることばで、"final" や "last" と取り替えるわけにはいかない。なぜなら不吉な感覚をもった希望の絶無な言葉だからで、"final" と入れ替えれば、あたかも終わりを知っているような感じを与えるので誤解の因になる。

(4) He was at the *terminal* stage of cancer.（He was suffering a *terminal* cancer. ともいう）（彼はガンの末期にあった）

lawyer / *attorney* / *barrister* / *solicitor*

これらはみな弁護士と大きく職業別には区分けされているが、"lawyer" という一般語を除けば、それぞれちがった機能を持っている。"lawyer" は、テクニカルな言葉で言えば、"solicitor" もしくは "barrister" またはこの両者の総称にすぎない。"solicitor" は、原告となる人、つまり訴訟人と直接連絡を保ちつつ、告訴内容を "barrister" のために作製する。英国系の法廷では "barrister" が正式の弁護人で法廷に立つ人。個人としては counsel と呼ばれる。"solicitor" はその下働きとでもいうべきもので、資料面で活躍するだけで法廷には立たな

い。

"attorney" は正確には attorney-at-law と呼ばれ、訴訟をする人の代理人として、法廷に（依頼人の来られない時は）単独ででも原告に代って物を言う。米語では "attorney" は弁護士の総称で、DA (district attorney) はアメリカのテレビや探偵小説には必ず出てくる prosecuting officer of a district（地方検事）のことである。"I have *power of attorney*."（私は代行権限を依頼人からもらっています）という表現もよく知られた American idiom である。

lease / *rent*

この 2 つは、貸すことと借りることが、それぞれ 1 つの言葉で間に合う。つまり "lease" は土地や家屋を貸すことでもあり、借りることでもある。だが "lease" と "rent" とは、意味を異にする言葉である。

まず "lease" は、ふつう契約を取り交わした上で土地なり家屋なりを貸すこと、または借りることである。"rent" は家屋・物品を賃借り、または賃貸しすることである。

(1) He *leases* his house at the *rental* of $ 1,000 a year.（彼は年間 1,000 ドルで持ち家を人に貸す）

(2) She *leases* a house from him on a long-term basis.（彼女は彼から家を長期間借りている）

(3) This property *leases* for 600 dollars a month.（この物件は 1 か月 600 ドルで貸している）

"lease" のウェイトは所有権を貸すまたは借りることにあり、"rent" のウェイトは、使用権の損料として金を払うことにある。

(4) He *rents* an apartment for 300 dollars. (彼は毎月300ドルの家賃でアパートを借りている)

(5) Do you *rent* or own this building? (このビルは借りていらっしゃるのですか? それともあなたがオーナーですか?)

"lease" は寿命または活動期が延びることをいう場合がある。

(6) A face-lift has given her a new *lease* on life. (整形で顔のしわをのばし、彼女は若返った)

"loan" はもっぱら貸すほうである。貸し出す (hire out) の意で、金ばかりでなく、物品や人間も貸し出す。

(7) I am *on loan* from the New York head office. (私はニューヨークの本社からここに出向して来ている)

legal / *legitimate*

この2つは「合法の」という共通の訳語を持っている。語根はともに「法律」(law) のラテン語からきている。しかし使い方はまったく別である。"legal" は単に法律に関すること、または法律に違反していないことを言う。

(1) The police and the lawyers are interested only in *legal* aspects of a problem. (警察や法律家〔弁護士〕は問題の法律に関する面のみに関心がある)

(2) Polygamy is still *legal* in Mormon states. (モル

モン教国ではいまでも一夫多妻は法律違反ではない)

"legitimate" は「正妻の腹から生まれた」の意に使われるのが特徴で、この意味に使われる時にかぎり、反対は "illegitimate" である。"legitimate" はこのほかに「正統の」「本格的の」の意に用いられる。

(3)　This is the *legitimate* work of an artist.（まさしく芸術家の仕事だ）

(3)の否定文は、This is no artist's work. と言えばよく、"illegitimate" は絶対に使わない。

lenient / tolerant

この2つは、厳しい処置が予測される中で世間一般の標準よりゆるやかな態度に出ることを言う。

"lenient" は "tolerant" より無色な言葉で、対象にオフィシャルな距離をおく。また "tolerant" よりも、対象に対して高い立場からものを言う言葉で、寛容な態度で罰則に臨むという含みがある。ただしその寛容はほめた意味のものとは限らない。

(1)　The verdict was extremely *lenient*.（判決は非常に寛大だった）これはほめた意味である。

(2)　He lacks the capacity to make his own decisions because of his *lenient* upbringing.（彼は自分のことを自分で決める能力に欠けている。骨なしの育て方をされたためだ）

(2)の場合は "lenient" は "indifferent" と同義で、「熱心さの足りない」の意である。

"tolerant" は "tolerate"（がまんしてやる）の形容詞形で、対象に気にくわないところがあるのを、がまんして怒声を発しない、といった意味での寛容である。

(3) That man is repulsive. How can you *tolerate* him?（あの男はとてもいやな感じだ。あなたはまあどうやってがまんしてるの？）

(4) You are extremely *tolerant* of him. How comes it?（あなたは彼にとてもがまん強い。どうして？）

lineal / *linear*

この2つは共に line（直線）に関する言葉だが、意味にはっきりとした違いがあり、入れ替えが利かないことが多い。

まず "lineal" は継続する直系の血縁関係を表わす。

(1) A child has a *lineal* relationship to his parents and a *collateral* relationship to his brother.（子供は父母とは直系、兄弟とは横の関係にある）

これから、精神的に同種の意味が出てくる。

(2) The businessman, one might say, is the direct *lineal descendant* of the guild merchant.（実業家は中世のギルド商人の直系の子孫だと言える）

(3) The townsmen organized a 10,000-*lineal-feet*-of-walk club.（町の人々は1万歩の歩行クラブを結成した）

(4) We advocate a *lineal* rather than literal translation.（われわれは直訳よりも原文の意味を直接伝える翻訳を

旨とします)

"linear" は常に直線状の意に用いられ、文字通りの描写以外にはあまり使わない。

(5) *Linear* designs are in fashion.（線を使ったデザインが流行している）

(6) A pine tree has *linear* leaves.（松の葉は細長い）

"lineal" の名詞は "lineage"（血統）。

load / *burden*

この 2 つは両方とも重い荷物を担うことで文字通りにも比喩的にも使われる。だが言葉の性格は全然違う。一口に言って "load" は something to be carried（重荷）であり、"burden" は something to be borne（堪えしのばなければならぬ重荷）で、「堪えしのぶ」のほうにウェイトのかかった言葉である。したがって比喩的に使われることが多い。

"load" は "burden" に比べるとずっとビジネスライクな言葉である。

(1) a *carload* of coal（貨車 1 台分の石炭）、a *truckload* of guardsmen（トラック 1 台にガードマンを満載して）

(2) A *workload* for the team was not heavy.（チームに当てがわれた仕事の量は大したものではなかった）

(3) He was smarting under a *load* of monthly payments.（彼は月賦の払いでフーフー言っていた）

(4) It has taken *loads off* my shoulder.（おかげで肩

の荷がおりた)

(5) The peach tree was sagging under its *load* of ripe fruit. (桃の木の枝もたわわに桃が実っていた)

(6) He has *loads* of energy. (彼は精力に溢れていた)

"burden" の例　(7) White man's *burden*. これは R. Kipling の発明したフレーズで「白人は有色人種を救助する重い義務がある」というヴィクトリア朝のイギリス人の自負を物語る。

(8) I don't want to *burden* your mind with my problems. (わたしの問題であなたの心をわずらわしたくない)

(9) I don't want to be a *burden* to anybody, the old lady said. (わたしは他人に負担をかけたくない、と老婦人は言った)

local / *regional*

"local" の名詞は "locale" で、特定の話題に関連した場所を指す時に使う。

(1) This is the actual *locale* of the crime. (これが犯罪の行なわれた場所だ)

(2) the *locale* and period of the story (物語の背景となった地方と時代)

(3) The place is a healthful *locale* helpful to asthmatics. (そこはゼンソク患者にはよい保養地だ)

したがって、この locale の形容詞形の "local" は、問題の事項が限定された場所に起こったことに重点がある。

"local politics" は町とか県とかにおける政治活動、"local anesthesia" は局部麻酔（全身麻酔は general anesthesia）の意である。

"regional" はむろん "region" の形容詞形で、後者は「地域」のことだが、相当広い地方的スペースで、1つの方言が通じるだけの広さだと思えばよい。

(4) The Kansai, Tohoku, Kyushu and Hokkaido are the main dialect *regions* in Japan.（関西、東北、九州と北海道は、日本におけるそれぞれの方言を持つ主要地域である）

look / see

この2つはどちらも「見る」ことだが、その違いは、あらかじめ意志があったかなかったかによって決まってくる。まず、"look" は、見てやろうという腹で、目を使うことである。別の英語を使えば "scrutinize"（ためつすがめつ、よくよく眺める）ということに近い。

I *looked* at it. は I *took a look* at it. と同じで、さらに突き詰めれば、I took a close look. と言うのに等しい。そこでこの "look" を "see" にすり替えてみたらどういうことになるか？　むろん I saw it.（私は見た）である。これに別の英語の表現を当てれば I took notice of it. であり、アメリカ流の口語では I took it in. と同じことである。このように "look" が初めから見てやろうと思って見るのに対し、"see" は何かを偶然に目撃することである。つまり "see" は法廷用語の "witness" と同義なの

である。法廷で証人が、

I *saw* him running on the deserted street on the night of murder.（私は殺人のあった夜、あの男が人気のない真夜中の街を走って行くのを見ました）

と言ったとする。これは見ようと思って見たわけではないから、I looked at him. とは言えないのである。そしてこれは、取調べの係官が、

What did you *see* on the night of murder?（殺人のあった夜、あなたは何を見ましたか？）

と尋ねたことに対する答なのである。係官はけっしてWhat did you look? とは言わなかったのである。が、たとえば財布がないという妻に対して、夫が Now you *look good*, you must have misplaced it somewhere in the house.（家の中のどっかに置き忘れたんだ、よく見てみろ）と言う場合、この "look" は「捜す」ことである。

M

magazine / *journal* / *periodical*

　一般向けの雑誌の総称が "magazine" で、主として月刊または週刊・隔週刊誌などで、日刊の newspaper に対する存在である。

　"journal" は専門誌に付けられる名。たとえば Royal

Geographical Society の機関誌は *Geographical Journal* といい、地理学の専門家のためのものだが、*Geographical Magazine* は一般向けの地理の趣味の雑誌である。

"periodical"（定期刊行物）は "magazine" と同じく一般向けの雑誌の四角張った総称。これが官僚臭たっぷりの気取った表現に聞こえるのは、個人が使う時だけ。"*Periodicals* take up so much time."（新聞雑誌に時間を食われる）などという。しかし官庁など、たとえば公立図書館の閲覧室には常に "Periodicals" のコーナーが設けられている。"Magazines" とか "Journals" のセクションとは言わない。

(⇒ the press / newspaper / journal / the media)

margin / *fringe*

この2つは、「端っこ」(edge) という意味では似ている。主体になるものが中央を占め、それを取り巻くといったイメージである。が、同じ取り巻くのでも、"margin" のほうは、何も記されていないブランクのスペース、つまり余白で取り巻くのであり、"fringe" のほうは、装飾的なビラビラの縁飾りで、端っこであることを示すというのが原意である。着物の裾(hem) は "fringe" とも言うのである。"margin" の "fringe" と違うところは、余白の大きさがポイントであることだ。

(1) He won by a landslide *margin*.（彼は大きな差をつけて勝った）

(2) There is a wide *margin* between the two dealers' prices. (2人の業者の言い値には大きな開きがあった)

"fringe" は、中央に存在するものに対して、無力な端っこにあるという状態そのものに意味をもたせた言葉なのである。

(3) As a working political reporter in Washington, I was *on the fringe of* President Kennedy's Camelot.—*Esquire*. (私はワシントンの政治記者としてケネディ大統領のけんらんたる朝廷の末席を汚していた)

(4) In 1967, with the liberals in opposition again in Quebec, a discontented Lévesque walked out on the party to form the PQ (Parti Quebecoes) out of two separatist *fringe groups*. (1967年ケベックで自由党がまたもや野党になり、レベックは不満のあげく党を去り、分離を唱える小グループ2つを一丸としてケベック党〔PQ〕を結成した)

この "fringe groups" は主流から外れた小人数の政党の意。

上記の諸例の "margin" と "fringe" はいずれも入れ替えはきかない。

marriage / *wedding*

"marriage" は夫婦として運命をともにする人間関係にある状態、または夫婦になったことを公表する公的、法的、私的の commitment を表わす言葉で、儀式とは

別である。"wedding" はこれだけで marriage ceremony（結婚式）を意味する。

"marriage" が fact（事実）を示すのに対し、"wedding" はロマンティックな、外観的な、祝いの催しの方に傾いた言葉で、*wedding bells*、*wedding cake* などがこれを示している。より感情的な言葉でもある。"When did you *wed* ?"（いつ結婚しましたか）という方が "When did you *marry* ?" というより感覚的に詩的で古めかしく美しい。また "a golden *wedding*"（金婚式）とはいうが、同じ意味で "a golden marriage" とは言わない。

しかし比喩化して使う場合、"marriage" も "wedding" もそんなケジメなく a close union（密接な結び付き）の意味に使う。

"The *wedding* / *marriage* of the two big banks took place early this year."（二大銀行は今年初めに合併した）

masculine | manly | mannish | male

この4つはみな男性の男性たることを表わす言葉だが、含みに大きな違いがあるので、同じように使うと思わぬ意味になるから注意を要する。

まず "masculine" は文法上の gender（性別）としての男性で、feminine に対するもの。英語は原則として gender で事物を表わすことはしないが、船（ship）や、国家（country、nation）などに女性の代名詞を使うこと

はある。だが、人間に "masculine" を用いた場合は単なる性別ではない。男性の理想像としての「男らしさ」を意味するのである。しかしこれにも2通りの意味がある。1つは表面の男性らしさ、つまり骨格、容姿から受ける感じである。次には、性格的な男っぽさ、英語では "strong、aggressive" という形容詞でこれを表現する。この2つは必ずしも1人の男性が具有しているとはかぎらないので、次のような言い方が出来る。

(1) She had two brothers. Both men had *masculine builds*, but one was less *masculine*, even *feminine* in disposition. (彼女には2人の兄弟があった。両方とも男らしいがっちりとした体つきをしていたが、1人はあまり男性的な性格ではなかった。むしろ女性的といってよかった)

"masculine" はまた女性で男っぽい感じのすることをいう場合がある。この場合、よくも悪くもない単なる描写である時と、あまりよい意味でない時とがある。

(2) From his description of his wife, I had practically expected to see a pocket Venus, and was rather surprised to find her to be a calm, plain woman with an oddly *masculine* handshake. (彼の話しっぷりから、彼のワイフはポータブルのヴィーナスみたいな美人だと予想していた私は、彼女が平静であまり美人ではなく、男のようにしっかりした握手をする女性であることを知ってちょっと驚いた)

"manly" は絶対に女性には用いない。常にほめた意味である。

(3) Soccer is a *manly* sport.（サッカーは男性的なスポーツだ）

"male" は生物の男性を意味し、famale に対する言葉である。a *male* dog（雄犬）、a *male* nurse（看護夫）、a *male* choir（男性クワイヤ）、*male* children（男の児童）など性別の必要な時に使う。

だが "male" は "masculine" と同じように男性の特徴が出ていることをいう場合も多い。

(4) Women want a *male presence* in the house.（女は家の中に男っ気があることを好もしく思うものだ）

(5) Sexism is a perfect example of *male stupidity*.（職場での男女差別は、男性の鈍さかげんのもっともいい例だ）

こうした "male" の使い方は "masculine" よりもややくだけた口語レベルで、主として sex の魅力に重点がある。"manly" とちがうのもこの点で、*male* presence は男らしさ（manly）のように意識的な美感ではなく、男くささの意である。"mannish" は男性には使わない。常に女性が女らしくないことを批判的に言う場合に使う。

(6) She has a square *mannish* build.（彼女は四角いゴツイ体つきをしている）

(7) Today's trendy women seem to aspire for *masculine* elegance in their clothes, carefully getting rid of all hints of *mannishness*.（ナウな女性は、自分たちの着るものに、ゴツゴツした感じの完全にとれた、しかも男っぽいエレガンスを出そうと心がけている）

（⇒ feminine / female / womanly / womanish）

melt | *thaw*

　この2つはどちらも固体が液体に変わっていくプロセスを言うのだが、そのプロセスにおいて違いがあり、したがって比喩としても同じ使い方はしない。

　"melt" は "thaw" より溶解度が高くかつ速やかで、「霧散する」と言う時にも使う。溶かすものも氷や冷凍物ばかりでないところが "thaw" と違う。

(1) One can determine the exact temperature at which each metal *melts*. Gold, for example, *melts* at 1945°F.（それぞれの金属の溶ける温度をはっきり知ることができる。たとえば金は華氏1945度で溶ける）

　また "melt" は文字通りに溶けなくともよい。「暑さでうだる」といったレトリックに使うのは "melt" で "thaw" ではない。

(2) In that heat wave, I was *melting* in winter clothes.（あの熱波の襲来の中で私は冬服でうだっていた）

(3) The child's tears *melted* his determination.（子供の涙を見ては、彼の決心も霧散した）

　"thaw" は主として氷の溶けていくプロセスで、最後には "melt" のようにメロメロになったり、霧散するのでなく、流れとなって流れ去るという気持である。溶けてゆく速度も "melt" よりずっと徐々である。比喩としても「緊張を和らげる」「ほぐす」といった程度である。

(4) Which is better to plunge frozen vegetables into boiling water, or allow them *to thaw out* at room

temperature？（冷凍野菜は熱湯に入れたものか室内温度の中でもどしたほうがよいか、どちらでしょう？）

(5) I sat by the fire to *thaw out* my cold feet.（私は凍えた足をほぐそうと火のそばに坐った）

(6) In the Northern hemisphere, the frozen rivers begin to *thaw* in June and flow.（北半球では、凍結した河川は6月になると氷が解けてさらさらと流れ出す）

(7) There was *a brief period of thaw* in Moscow's foreign policy twenty years ago.（20年前、ソ連の外交政策に、短い雪解け期間があった）

(8) The cheery sympathetic crowd soon *thawed him out*.（陽気で善意にみちた人の群に囲まれて、彼の心はしだいにほぐれていった）

mend | repair || remedy

この3つは、こわれたり、損じたりしたものを本来のあるべき姿にまで修理、修復することだが、それぞれはっきりした特徴を持っている。

mend / repair　この2つは一見区別できないくらいよく似ているし、同じように用いることもある。ただ違うところは、"mend"が、他動詞だけでなく自動詞にも使われることで、その場合主として無形のものについて、たとえば健康とか人的関係などの損なわれたものがよくなる意味である。

(1) His wound is *mending*.（彼の傷はだんだん癒えつつある）

(2) The grim conditions in the poor districts are *in the mend*. (貧民街のひどい状態はよくなりつつある)

しかし無形のものに対しても、"mend" の他動詞が使えないわけではない。

(3) The lovers tried to *mend* their damaged relations by piecing together the broken pieces one by one. (恋人たちは彼らの傷ついた仲を、くだけた破片を1つ1つつなぎあわせてもとに戻そうと努力した)

(4) I learned to *mend my soul* by climbing mountains. (私は山登りで気心一新することをおぼえた)

有形のものを修理する意味での "mend" と "repair" の使い分けは "mend" は手直しで出来る程度の修繕で、しろうとの手で十分まにあうようなものに限る。

(5) She found a tear in her dress and hastened to *mend* it. (彼女はドレスにほころびを見つけたので急いで繕いにかかった)

(6) She *mended* a broken dish with a tape. (彼女は壊れた皿をテープでくっつけた)

"repair" は破損したものを完全にもと通りにすることで、多く専門職に修理に出すことを意味し、またそうして完全に修理された状態のことも言う。

(7) We have to send out our TV set for *repairs*. (テレビを修理に出さなけりゃ)

(8) He keeps his car *in repair*. (彼の車はいつも手入れが行きとどいている)

なお、(8) の "in repair" と (2) の "in the mend" とを比べると意味が違い、"repair" には冠詞が付かないが

"mend" には付く。"in repair" のほうは good condition の意だが "in the mend" は快方に向かいつつあることである。"in repair" の反対は "**out of repair**" で「使いものにならぬ」こと。

(9)　The shop is closed *for repairs*.（店舗改装のため閉店いたします）

"remedy" は他の2つとは使い方をまったく異にする。広義の、やや抽象的な意味での補修で、やっかいな問題の解決法を見つけるための努力といった底意がある。医療の意味にも多用する。

(10)　Steps are being taken to *remedy the living conditions* that caused the riot.（暴動の原因である生活水準の改善のための手がうたれつつある）

(11)　There is no real *remedy for* colds.（風邪の治療法は実際はない）

(12)　The *remedy* is often worse than disease.（治療の方法がしばしば病気より悪いことがある）

metaphor / *simile* / *analogy*

比喩の精神で物を言うときに使われるレトリックの種類に、この3つがまず考えられる。"metaphor" はこの中で最も自由、想像的で、文の形としては、"simile"（直喩）から as、like（……のような）を取り去ったものと思えばよい。何かを身近に見て、それが自分に関心のある何かを暗示しているように思うことで、修辞的には隠喩と言っている。"the ship of the desert" は camel の

ことであり、日本語で鉄道のことを「陸蒸気」と明治の初めごろ通称されたのに似ている。

"simile" は as と like で結ばれた素朴な喩えで "cool as a cucumber"（キュウリみたいに冷ややか）とか、"He is *as tall as* a lamp post."（彼は街灯みたいにノッポだ）などという。

"analogy" は、2つの異なる種類のものに相似点を見つけ、それをパラレル化することによって自論のポイントを明白にするやり方である。

(1) Money is like muck, not good unless it is spread.（金銭は汚泥のようなもので、広く延ばして使わないかぎり、よいものではない）

(2) What Marie Antoinette was to Eighteenth Century France, Mary Pickford is to Twentieth Century America.— *Vanity Fair* （マリー・アントワネットが18世紀のフランスに対して持っていたと同じ意味を、メリー・ピックフォードは20世紀のアメリカに持っている）

mind / *spirit*

日本語ではこの2つの違いがぼやけている。それは "mind" を「こころ」と訳すところから、日本語の「心」の使い方と混同するからである。日本語で言う「心」には、さまざまの意がある。"spirit" も「こころ」なら、「心のもちかた」のように気持 "feeling" も「こころ」だし、「あの人は心がいい」(He is good-hearted.)、

「あの人は心が悪い」(He is black-hearted.) のように "heart" の意にもなる。つまり日本語の「こころ」は、"spirit" と "heart" を兼用するが、知性の意味はあまり含まないようである。ところが英語の "mind" は理性を司り、情感を司る "heart" とはまったく対照的な存在なのである。

(1) He has a good *mind*.

と言えば、彼は頭脳明せきだということで、よく間違えられるように善意の人だという意味はない。この "good" は機能的に「よい」の意であって道徳の含みはない。しかし単に頭脳だけではなく、判断力、健全さすべてが "a good mind" の中にはいっているのである。

(2) The world's best *minds* were there. (世界最高の人知が一堂に会していた)

"mind" の対照語が "heart" なら、"spirit" の対照語は "body" である。"spirit" とは、身体に生気を与える何ものかであると *Webster* は定義している。つまり "spirit" とは「精神」であり、「霊」だというのである。

(3) Did you get the *spirit* of this poem? (この詩の精神がわかりますか？)

(4) His *spirit* is good, but his behavior does not catch up with it. (彼は精神は立派だが行動がそれに伴わない)

mistake / *error*

この2つは一般的な会話の中ではどちらも同じように

「まちがっている」とか「誤り」だとか漠然と深い意味もなしに使われることが多い。だが "error" には "mistake" にない使い方がいくつかある。

"error" はきまった分野で定められている規準から逸脱した場合を言う。たとえば、スポーツの分野では、野球、ボーリング、玉突きにそれぞれエラーの定義がある。

(1) It was an *errorless* baseball. (その野球ではエラーが1つもなかった)

また印刷の「誤植」のことも言う。

(2) It was a typographical *error*. (それは単なる誤植だった)

また算数のミスもエラーである。

(3) She made *an error* in adding up the bill. (彼女は請求書の勘定をまちがえた)

(4) The map is *in error* about the junctions. (この地図は分岐点の在り場所をまちがえて記してある)

これに引きかえ、"mistake" は具体的な規制をはなれて、もっと一般的な文脈の中で使う。

(5) It is a *mistake* to believe you can improve your position by lowering others. (他人を軽んじることによって自分の地位を高められると思ったらそれはまちがいだ)

この "mistake" は「悪い了簡」の意である。

(6) I *had mistaken* the meaning of your question. (自分はあなたの質問をまちがって解釈していた)

(7) It was a *mistake* to trust him. (彼を信用したのはまちがいだった)

(8) *You've mistaken* your man if you think you can

frighten me.（ぼくが君におどかされるような男だと思ったら、君はぼくを見そこなっている）

"error" と "mistake" の差は次の文中に現われている。

(9) An *error* in driving judgement can result in a serious accident on the road, causing fatal injuries on pedestrians. If you should happen to be the unfortunate driver in such a case, do not ever try to cover up or run away. You'd be making *a serious mistake* if you do. It would make you not just an offender of traffic regulations but a real criminal as well.（運転中に判断の誤りをすると通行人を殺傷するような事故を起こしかねない。もし不幸にしてあなたが運転していてそういう事故を起こしたら、決してごまかしたり、逃げたりしてはいけない。そんな挙に出ることは大きなまちがいだ。なぜなら、そんなことをすれば、あなたは単なる交通違反者であるだけでなく、本ものの犯罪者になってしまうから）

mix / *blend*

この2つは、音、色、味などの領域で、それぞれ異なった分子をまぜあわせて、1つの新しい音だの色だの味だのを創り出そうとする点で一致した言葉である。モダン語の "synthesize" はルースにどちらの言葉の意味にも使われている。だが基本的には "mix" と "blend" の違いは存在するので、いつも synthesize の意味だと思うと間違う。

まず "mix" は違ったものを原形のまま混合すること

である。"blend" は個々の混合物の原形をとどめぬまでに打って一丸として新しいもの（音、色、味など）を生み出すことである。"This coffee is *a blend* of four varieties."（このコーヒーは4種類の原料のブレンドだ）などという。

"mix" には、単に違ったものをいっしょくたにほうりこむという意味の場合と、ある効果を意図して混ぜあわす場合がある。後者の場合、時として "blend" と全く同じ意味に使われることがある。"Oil and water will never *mix*."（油と水は絶対にまじわらない）というのもその例である。この "mix" は完全に "blend" と入れ替えることが出来るのである。

だが多くの場合、"mix" は複数の成分の原形をとどめることによって、それぞれの個別の力を利用してある集合的効果を出そうとする意味に用いられる。別の言葉をあてれば、combine またはその自動詞 coalesce である。coalesce を名詞にすると coalition という政治語になる。主義主張を異にするグループを寄せ集めてある強力な政党を作ることで、"Reagan's Republican Coalition" などという。つまり coalition は政権の異名でもある。

"blend" は原形を全く留めないとは言えない場合がある。1つの色なり、音なりが、他の色や音に溶けこんでいくこと、つまりマッチすることも "blend" というのである。

"The blue of her dress perfectly *blended with* the color of her eyes."（彼女のドレスの青が彼女の青い眼と完

全にマッチした）といった使い方もするのである。

mutual / reciprocal

この2つは両方ともラテン語、とくにフランス語からきた英語で、感情、利益の相互関係を意志的に保つ意味を持っているが、実際の用法としては、常に取り替えがきくとはかぎらない。

"reciprocal" は公的、オフィシャルに使うことが多く、"a *reciprocity* treaty"（互恵条約）とか、"principle of *reciprocity*" は、日米貿易でいわゆる "local contents" をカバーした言い方として知られていて、好意的でない、むしろ retaliatory（報復的）の意のこもった使い方もするのである。"a *reciprocity* treaty" も同じである。

"reciprocal" は reciprocate という動詞を形容詞にしたものだが、"mutual" には動詞がない。これは前者は本来 action を心棒にした言葉であるのに対し、後者は感情・利益などが共生している状態を本質とする言葉であることを示している。

(1) She admires him intensely and he *reciprocates* her feelings with affection.（彼女は彼に強い尊敬心を持ち、彼はその気持を愛情で報いている）

(2) He hates you. The feeling is *mutual*.（彼はあなたを嫌っている。それはお互い様だ）

"mutual" は "reciprocal" よりくだけた日常感覚の言葉で、日本語でいう「なあなあ主義」は "a *mutual* administration society" という表現の中に見られる。

(3) Those two form a *mutual administration society*.（おせじの言い合いをしている仲だ）

これは仲のいい意味の時も、皮肉の場合も使い分けられる。

ただ "mutual" で混同してはならない表現がある。a *mutual* friend / *mutual* friends の2つである。

(4) We were talking about our *mutual friend*. George is a *mutual friend*.（わたしたちは共通の知り合いの話をしていた。ジョージはわれわれ共通の友人なのだ）

(5) Those two are *mutual friends*.（あの2人は好意をよせあっている友人だ）

この friends を enemies と入れ替えると、「あの2人は敵どうしだ」の意になる。

mutual friend(s)、*mutual* benefits などはイディオムで、"reciprocal" と入れ替えるわけにはいかない。

myth / *mystique*

一口に神話とか神秘とか言っても、この2つは発言者の意図から見るとまったく類を異にした言葉なのである。"myth" は非好意的な蔑称に近く、"mystique" はそうした否定的なところはなく、ややひねってはいるが底意は肯定的な発言である。どうしてそうなるのか？

まず "myth" は mythology に、"mystique" は mystery にそれぞれ根ざしている。両者ともに人間の理性の働きを超えた何かを表わそうとする概念である。

"myth" は mythology を比喩化したものである。ストレートな民族の神話という意味はもっぱら mythology の担当である。"the *mythology* of ancient Greece"（ギリシア神話）などと言い、ちゃんと通念になっている。だが "myth" は通念としての神話を頭から否定して軽蔑してかかるのである。

口語英語でいう "what is supposed to be"（そういうことになっている）という含みで、一種のあてこすりを表わすためにこの言葉を使うのである。しかし、mythology を、全くこれと同じ、否定的な意味に使う場合もある。

(1) Indeed, the new image of Japan as an invincible superstate on the march is not only oversimple, but dangerous as well. For the *myth of the Japanese superstate* fuels the worst in us — ultranationalism and militarism in Japan and a backlash of racism in the U. S. and Western Europe.（実際、進展する無敵超大国という日本の新しいイメージは、単純化がすぎるだけでなく、われわれの中にある最悪のものを助長させるという点で危険でもある。つまり日本の場合は超国家主義と軍国主義を、アメリカと西ヨーロッパの場合は人種偏見というわれわれの心の中の最悪のものに火をつけるのである）

以上の文は、*The Third Wave* の著者 Alvin Toffler と夫人の Heidi Toffler の合作として、*Japan Times* が1981年2月22日から4回にわたって連載した論文の第1回分から引用したものである。なお、この論文の見出しは "Demolishing Superstate Myth"（超国家なる迷信

を打破する）となっていて、それ自体 "myth" の絶好の使用例になっている。

(2) Japan, according to the current *mythology*, is supposed to be a consensus society, everyone pulling together toward clearly defined goals and maximum productivity.—Alvin and Heidi Toffler.（日本は現在信じられている神話によると、国民の1人1人が明確な目標をもち、最大限の生産をめざして一致協力している国民総意の社会ということになっている）

この "mythology" の使い方は、"myth" と全く同義になっている。

"mystique" は "myth" ほど対象の世間的評価を断定的に否定するものではない。対象の享受している高い評判を fact として受け入れ、すなおに評価する姿勢である。だが、評価するといっても、論理的に理解しているわけではない。何だかよくはわからないが、ある価値がそこにあることは確かだと思っているのである。たとえば、歴史上に有名な偉人だとか、伝統芸術の偉大さとか、「神業」としか言いようのない技能だとかいったものである。つまり "mystique" とは、ユニークなものをユニークたらしめている不可知的な要素を形容する言葉なのである。

(3) The *mystique* of the leader is popularly known as "charisma."（本物の指導者のもつ神秘的な魅力は、ふつう「カリスマ」と呼ばれる）

(4) A number of handicrafts, each *with its own mystique*, were on display at the exposition.（博

覧会では、それぞれの妙技で知られる民芸品の数々が陳列されていた)

　"mystique" は mystery factor（神秘性）という言葉で示すことがある。共に「何か」があるの意で、芸道なら秘伝、秘術という日本語にあたる。

(5)　Our intention is not to resolve these issues here, but to suggest that Western government officials and managers are in for crushing disappointment if they think they can somehow identify *the mystery factor* that leads to high productivity.—Alvin Toffler.（われわれは、これら諸問題をこの場で解決しようというのではない。ただ欧米の政府の役人や、経営者たちが、日本の高度生産力の源になっている不可知要素を、自分たちで何とか見極められると思ってかかると、ひどい失望を味わうだろうと言っておきたいだけだ）

N

neat / *tidy*

　この2つは、きちんとしているという意味の一般語として通っているが、実際は "tidy" をそういう意味で使うアメリカ人は、特別に genteel な老婦人に限られているといってよい。"neat" は一般的にこの意味に使うこ

neat　253

とは書類などについてよくある。しかし女性の dressing についてのコメントの場合は、清潔などではなく、シック（chic）の意である。たとえば趣味のいい高級服をまとって現われた女性に、米英人の友だちが "Neat!" と言ったら、シックだ、すばらしい、の意なのである。これを知らないある日本の女性が、「Neat だなんて何よ。失礼じゃない！」と私につぶやいたことがある。だがこれは誤解で、"neat" は純然たるアメリカのスラングで、お互いどうし wonderful の意に使っているのである。

　アメリカ人は "tidy" を英国人の言うようには使わないが、金額について a tidy sum というフレーズでは使う。"The boy put aside *a tidy sum* at the end of his second year as a busboy."（その少年はレストランの手伝いとして働いて2年後にはかなりの金を貯めた）などという。

　英国ではアメリカとちがって "tidy" は原意のまま立派に通用する。"Please park *tidily*" というサインが駐車場に出ているのを見てもわかる。

　"neat" は、米英ともに、アルコールを水割にしないで飲むことをいう。"I'll have it *neat*." というアメリカ人は、"I'll have it *straight*." というアメリカ人と同じくらい多いが、英国人は "I'll have it straight." とは言わない。"neat" を常に使うのである。

　これから敷衍して、強い言葉や皮肉などを文字通りにとるなという意にも使われる。"You need not take it *neat* but water it down with a big dose of common sense."（何も文字通りにとることはない。常識でたっぷり水増しして呑みこみなさい）などという言い方がある。

O

opposite / opponent

名詞として使われた場合、"opposite" は "counterpart"（ほかの社会で自分と同じ立場にある人）のことである。

(1) The blue collar worker in the U.S. gets far more than *his opposite* in Japan.（アメリカのブルーカラーは日本のブルーカラーよりずっとたくさん賃銀をとっている）

"opponent" は "adversary"（敵手）のことである。

(2) In *Jujutsu*, one is taught to take quick advantage of *his opponent's* weight.（柔術は相手の体重をとっさに利用することを教える）

option / choice

この2つをはっきり使い分けるよい方法は、"choice" を「決定」とし、"option" を「決定権」と覚えておくことである。むろん、決定の代わりに「選択」としても

よい。"option" は「自由選択権」である。

(1) There is *no choice* between right and wrong.（正邪のどちらかを選べということになると、選択の余地はない）

(2) There is no such thing as *option for* right and wrong.（正邪のどちらかを選んでもよいというような権利はだれにもない）

"have an option for" は、商売の契約に使われる言葉で、片方の商人がもう片方の商人からある品物を一定の期間内で、合意の値段で買ってもよいという権利をもらう（むろん金を出して）ことである。

(3) Can I *have an option for* this year's Cardin street clothes?（今年のカルダンの街着デザインの契約権をいただきたいのですが）この "option" は "privilege"（特権）と入れ替えられる。しかし "choice" は使えない。

(4) Can I have this year's *choice of* Cardin's street clothes?（今年のカルダンの街着デザイン中の最もすぐれたものが欲しい）

"have an option for" は選ぶ自由権を持つことで、その中には、欲しいものがなければ、選ばない権利も含まれているのである。これを形容詞にすると "optional" となる。

(5) Latin is *optional* in our college.（このカレッジではラテン語は選択課目だ）

つまり取りたくなければ取らないでも単位にはひびかないことである。

この反対の「必須課目」は "compulsory" または

"mandatory" と言う。

(6) Latin is not *optional* but *compulsory* [*mandatory*] if your major is literature. (文学専攻の場合は、ラテン語は選択課目でなく、必須課目だ)

overworked / *overwrought*

これは2つとも overwork という他動詞からきている。つまり overwork は2種類の過去分詞をとり、それぞれ別の意味を表現するのに使うのである。

"overworked" のほうは、人にも、ものにも使う。生物の場合は人間も含めて働かされすぎる場合を言い、ものの場合は言葉遣いなども含めてあまりたびたび使われるため、またかという感じを起こさせ、新鮮味が失われることを言う。

(1) The bank staffers are all *overworked* during the fiscal months. (銀行のスタッフは決算期にはいつも過重な労働をさせられる) これは8時間以上の勤務をさせられるとか、仕事が過密だとかいった労働条件を言うのであって、過労という意味ではない。

(2) "Happiness" is an *overworked* and sometimes misused term, so is "charisma." (「幸福」という言葉はあまりたびたび使われすぎて新鮮味がなく、しかも意味までまちがえて使われる言葉だ。「カリスマ」もまたその例だ)

"overwrought" は人間にだけ用いられる形容詞で、"strained" とか "agitated" とか "excited" などの意に使う。神経質になっていて、ちょっとしたことにも怒っ

たり笑ったりする状態を言う。ふつう過労からくるものとみなされるが、新聞記者などの場合、職業病に類するものもある。とにかく神経の使いすぎという内部事情によるものを言う。

(3) Someone ought to tell that *overwrought* editor to take a vacation.（だれか過労で神経のおかしくなったあの編集者に休暇をとれとすすめるべきだ）

(4) In Europe, as in the U.S., *overwrought* journalists, skittish politicians and leftist agitators have transformed neutron weapons into apolitical problem. —George F. Will in *Newsweek*.（ヨーロッパでは、アメリカにおけると同様、神経のいかれたジャーナリストや、すぐ何にでも怯えがちの政治家や、左翼の扇動者たちが、中性子武器のことをその本来の政治問題から切り離して一般問題化してしまっている）

この場合の "overwrought journalists" は「エキサイトしたジャーナリスト」。別に過労からと言うのではなく、中性子爆弾という問題の重要性に興奮したと言ったほうが当たっている。これを英語で分解すれば、Those journalists who had *worked themselves up into a state* over the neutron bomb. ということになる。

P

peak | pinnacle || summit | apex

　これらの言葉はみな top に達したことを指しているが、意味は少しずつ性格を異にする。

　peak / pinnacle　"peak" は他にも高い山が連峰のように存在している中での最高峰の意である。つまり比喩的に言えば従来のものとの比較における最高峰である。

(1) That event was the *peak* of his career.（そのことは彼のキャリアの頂点だった）

(2) 1978 marked the *peak* of industrial production in Australia.（1978 年はオーストラリアにおける工業生産が国の史上最高度を示した）

　"pinnacle" は建築様式の１つである小尖塔のことで、とがった塔。デザインなどにも使われるが、主として比喩として使われる。"peak" を修辞的に誇張した感じで、同じ最高峰でも "pinnacle" はいつ転落するかもしれないといった心理的不安定性を秘めている。

(3) She was at a *pinnacle* of happiness.（彼女は幸福の絶頂にあった）

(4) He was at the *pinnacle* of success.（彼は成功の頂点にあった）

　summit / apex　"summit" は単に頂上（topmost）という幾分反語じみた一般語で、比喩的な使い方は "peak" よりは限られていて、単に「頂上」以外の意味にはあまり使わない。

(5) He reached *the summit* of his ambition.（彼は自分の最高の野心を果たした）

(6) Control of nuclear weapons is to be discussed at *the summit meeting* scheduled to be held in Paris next week. (核兵器の管理問題が来週パリで開かれる頂上会議で議せられる)

"apex" は三角形の頂点のことで、物理現象としての頂点の意味で、特に賛辞の意ではない。

(7) These men are *at the apex of* the business structure. (この人びとは実業社会の構造の頂点に立っている人たちだ)

peep / *peek*

この2つはまったく同じに用いられる場合と、違って使われる場合と2通りの使い方がある。まず両者がまったく同じなのは、何かをそっと物陰や節穴などから盗み見る行為を指す時である。

(1) He was *peeping* [*peeking*] *out* from behind the shrubbery. (彼は植込みの陰からそっと見ていた)

(2) She *peeked* [*peeped*] under her bed. (彼女はベッドの下に何かいやしないかと、こわごわのぞいた)

しかし、なぜか、のぞき屋は "**Peeping Tom**" で Peeking Tom とは言わない。また、のぞき穴は "**peephole**" で peekhole とは言わない。

次は "peep" と "peek" の用法が違う場合。

① 何かが半ば隠されていて、時々ちらちら見える風情は "peep" に限られ、"peek" は使わない。

(3) The blue sky *peeped through* the bare trees. (裸

木の枝の間から青空がのぞいていた)

(4) The white piping of her blouse *peeped from* her brown jacket.（彼女のブラウスの白い縁取りが茶色の上着の中からちらちら見えた）

(5) Crocuses are *peeping through* the grass.（クロッカスがちらほら草の間から見える）

② 何かを素早く一瞥(いちべつ)する時。この場合、何もうしろめたい含みはなく、見ようとするものがちゃんと決まっている場合で、ふつう "peek at" の形を使う。

(6) She *peeked at* her watch.

これは She glanced at her watch. とも言い、「彼女は時計に目をやった」ということ。

(7) Movie distributors permit a certain segment of the media people to *take an early peek at* their new pictures.（映画の配給会社はメディアの一部の層に、新しい映画を封切り前に見せる）

permit / *allow*

この2つは許可をあたえることだが、どちらでもほとんど区別なしに使われる場合と、入れ替えがきかない場合とがある。前者の場合でも言葉の本来の性格は知っておいたほうがいい。"permit" はオフィシャルな許可といった含みがあるのに対し、"allow" は非公式に、個人としての判断や裁量によることを匂わせる言葉である。

(1) The professor *allowed* students to use the stack room of the library after 9 p.m. though it was not

permitted. (学生が図書館の書庫を夜の9時以後使うのは禁じられていたにもかかわらず、教授はそれを使うことを許した)

"allow" は非公式に許すことばかりでなく、こちらに力がないか、または職務怠慢のために、よくない事態の発生を防ぐことができなかったという意味にも使う。これは "permit" にはない使い方である。次の例は最近の *Fortune* 誌に載ったものだがこの意味での allow の性格を表わしていると思うので掲げておく。

(2) The company's chief executive's defalcation shocked the board, causing it to become deeply concerned about the management controls that *allowed* something like this to happen. (社長の背任行為は理事会にとって大きなショックだった。彼らはこんなことの発生を防止できないような会社管理体制のずさんさに深い危惧の念を持ちはじめた)

"permit" と "allow" の違いは名詞にしてみるとはっきりする。名詞の **"permit"** は許可証で、allow は **"allowance"** で、月々の手当、小遣いなどお手盛りで与えるものを言う。金ばかりでなく時間でもよい。

(3) We *allow* an hour for lunch. (わが社では昼の休みは1時間とってある)

この "allow" をかりに "permit" とすると1時間見積ってやることではなく、要請に応じていやいや1時間やる、という意味が出てくる。

(4) She *permitted* a faint smile on her lips. (ほんのあるかないかの微笑をお情に見せた)

といった、もったいぶった感じを出している。

また "allow" にあって "permit" にない意味に「認める」(acknowledge; admit) がある。何かが真実だということを容認することである。

(5) Tennis was his one hobby and it played a more significant part in his life than his biographer *allows*.
(テニスは彼の唯一のホビーだった。そしてこのことは彼の伝記作者が認めているよりずっと重大な役割を彼の人生において演じていたのだ)

persist / *insist*

この2つは自分の意志をあくまで通そうとする点ではよく似ていて、頑固とか、強情とかの非難めいた批判語として使われることも少なくない。少なくとも社交的な場で相手に直接使える言葉ではない。むろん相手に不快感を伝えたい時にはある限られた使い方をすることはある。

(1) Do you still *persist in* taking up that theme for your essay? (あなたはどうしてもあのテーマでエッセイを書くというのですか？)

これはアメリカの大学などで、先生のアドバイスを無視した題でエッセイを書こうという学生に教師が言う言葉である。この "persist in" はあきらかに敵意をはらんでいる。

"persist" は、人の言うことを聞かずに思い通りに振る舞うことで、よく言えばガンバリ、わるく言えば強情

で、時と場合によってどちらにも使われる。"Women's freedom was won largely through *persistence*."（女性の自由は主としてガンバリの賜物である）といえば、ほめたことになる。この "persistence" は "insistence" と取り替えるわけにはいかない。なぜなら "persistence" には perseverence（忍耐）の意味があるからである。"persistence" が "insistence" と違うところは、人間だけでなく、事柄や自然現象についても使えることである。

(2) The *persistence* of a fly buzzing around my head bothered me all night.（しつこくハエが頭のまわりをブンブン飛ぶので、一晩中眠れなかった）

(3) The rain *persisted* for days.（雨が何日も続いた）

"insist" は自説を曲げないことで、他人の反対や賛成には無関係な、単発的な強引さを含んでいるが、"persist" のように常に批判語ではない。社交的に強引さをわざと演出することもある。

(4) I *insist on* your coming to my party this weekend. I will not take No for an answer.（この週末に私の家のパーティにぜひおいで頂きます。ノーなどとは言わせませんよ）

(5) I'll have another, if you *insist*.（たってとあらば、もう一杯頂きますか）

だが "insist" も "persist" と同じく、相手を傷つける目的で用いられることがある。

(6) You *insisted on* doing that thing when I was dying to do it.（あたしが死ぬほど書きたがっていたのに、あなたがあの記事を書くと言い張った）

結局これは「あなた」に記事をとられたことのいやみなのだが競争中の新聞記者の間でよく交されるエゲツナイ会話である。

だが一対一で用いられた場合、これでも "insist" の方が "persist" よりも毒性がはるかに少ないのである。

personality / *character*

この2つはともに個人の個性・人格を示す言葉だが、含みがそれぞれ違う。"personality" はトータルな人柄で、知性・道徳・行為のすべてを勘定に入れたものということになっているが、実際はその人間の感情的なアピール、つまり「感じ」のほうに焦点がある。これと対照的に "character" のほうは、知性や感情を一切ぬきにしたその人の道徳的な力強さを意味する。

(1) He has *character* but no *personality*.（彼はしっかりしているが、人好きのするほうじゃない）

(2) He has not *character* enough to reproach me.（彼は私を叱るべきなのにその気概もない）

このように "personality" と対照的に "character" が使われる時は、「意気」、「背骨」(spine) の代用で、この場合、絶対に冠詞を付けてはならない。これは He has character. と He is a character. とを比較して覚えておくといい。前者はいま言った「気概がある」ことだが、後者 He is a character. は力強い人格だとほめるどころか、バカにした表現なのである。これは「変人」(an eccentric) ということで、口語では、He is crank.

または a nut、an oddball、a weird などと言うべきところを He is a character. と体裁のよい euphemism（婉曲語）を使ったまでである。

"personality" は「感じがよい人」の意味以外に、有名人・名士の意味にも使う。

(3) All local *personalities* were present at the opening ceremony.（開会式には地元の名士がずらりと顔をそろえた）

などと言う。つまり "notables" や "celebrities" の代用なのである。アメリカのテレビなどでは、人気のあるニュースキャスターやスポーツキャスターを "Beloved Personalities" の範疇に入れてかわいがるのである。

phase / aspect

この両者は共に、もののある一面とか側面と解されているが、基本的な違いは、"phase" は科学的、客観的なポーズをとる言葉であるのに対し、"aspect" は発言者の主観により、ルースに取り上げ得る面である。

"phase" の背後にある所信（assumption）は、人間を含めて森羅万象はすべて成長から終末に至る cycle があり、刻一刻変化していくというのである。この考え方は、天文学の月と潮の満ち干の各段階の観察から来ているのである（ex. *phases* of the moon）。そしてこの "phases" は時間的に考えることも、視覚的に disk（円）の欠ける、または満ちていく形として捉えることもできる。日常的には、この cycle 観は英語にあって日本語にはない発想

である。

(1) As one grows, one goes through *different phases of development*. (人間はいろいろな段階を経て成長していく)

(2) The water exists in the solid *phase* as ice, in the liquid *phase* as water and in the gaseous *phase* as vapor. (水は固まると氷の形になり、液体になると水として存在し、ガス状になると蒸気として存在する)

この場合の "phase" は "stage" よりも state がシノニムになる。

"aspect" は "phase" よりも段階を意識しないで使う。発言者は「側面」という表現で勝手次第に主題の一面の意にものごとを取り上げたり、論じたりする。"I'll take up *that particular aspect* of the economy." (この国の経済問題をその側面にしぼって考えてみたいと思います) などという。

plan / plot / scheme / project

この4つはみなある目的のために計画を立てることだが、それぞれ違った含みを持つ。

"plan" はこの中で最も包括的で大まかな意味での計画を意味するが、また具体的に使い、青写真のことでもある。

(1) The architect showed us the *ground plan* for the new building he has designed. (建築家は、自分のデザインになる新しいビルの平面図をわれわれに見せた)

"plot"は、日本語になって、もっぱら小説やドラマの筋と、陰謀を企てることに限られているようだが、本来の意味は、layoutをすることである。つまり割付をすることが専門なのである。

(2) The *plotter's* job was to *plot out* the course for a crosscountry race.（プロッターの仕事はクロスカントリー競技のコースの設定をすることだった）

(3) The drama is full of action but there is no clearly defined *plot* to it.（そのドラマはアクションは派手だが、はっきりしたプロットがない）

(4) They were *plotting* to unseat the company's president.（彼らは社長をその地位から引きずりおろそうとたくらんだ）

"scheme"も「悪だくみ」だけのように思われがちだが、本来、効果目的をあげるための計算に重点があるところからきたものらしい。だが"scheme"はヴィジョンのある言葉で組織だった案に従って行動することを暗示する。また物事の自然の成立を意味することもある。

(5) A man ought to strive to attain his rightful place *in the scheme of* things.（人間は自分が当然占めるべき場所をかちとるために努力すべきだ）

(6) A traumatic experience changed his *scheme* of life.（1つの苦い経験が彼の人生計画を一変させた）

(7) She worked out a remarkable *color scheme*.（彼女は注目すべき色彩の組合わせを作り出した）

(8) This is *a scheme*, I suspect, to get us to do the dirty work he doesn't want to do himself.（これは、彼

が自分にしたくない汚れ役をわれわれにやらせる計略だと私はにらんでいる)

"project" は、ふつうグループによって成される大きな事業企画を意味するのだが、それ以外に、現代語として "plan" とはまた別の意味で幅広い使い方をする。現在、企画者の頭の中にあることでも、現に進行中のことでも "project" と言って差支えないのである。またグループでなくとも、大事業でなくとも、個人の計画にも今では使う。

(9) *The entire project* is doomed. (この企画は全然成功の見込みなしだ) この "project" は "matter" でも "thing" でもあまり違わない。The whole thing is doomed. と言っても同じなのである。

(10) The government's highway construction *project* is under way. (政府の道路建設企画は現に進行中だ)

(11) I have a *project* to teach myself French this year. (私は今年独学でフランス語をやる計画を立てている)

polite / *courteous* / *civil*

同じ「礼儀正しい」と言っても、温かみが内にどれだけあるかが、この3つの言葉の性格の違いを決定する。

"polite" は他人に不快感を与えないという、礼節の不文律にかなった行動をとることで、重点はマナーそのものにある。それがうわべだけのものであってもなくても、常にその態度そのものが大切なのである。"polite society" とは「教養のある社会」のことで、反対は、crude society(粗野で教養のない社会)である。

(1) Bred in *polite society*, she was shocked by the coarse speech from one of the guests at dinner table. (上品な社会に生まれ育った彼女は、正餐の席で客の1人が発した下品な言葉にショックを感じた)

(2) It is not considered *polite* to put food into your mouth with a knife. (食物をナイフで口に入れるのは不作法とされている)

(3) At the end of his performance, the audience *politely* clapped without much enthusiasm. (彼の舞台が終わった時、観衆はお義理の拍手をおくったがあまり熱は感じられなかった)

(4) I praised her heartily for her brilliant performance, but she seemed to think I was being *merely polite*. (私は彼女の巧みな演技を心からほめた。だが彼女はそれを単なる儀礼的な賛辞と受けとったらしい)

"courteous" はこの3つの中で最も温かみのある言葉である。昔ふうのマナーのよさの裏にはある誠意の存在することが暗示されている。女性にはとくにそうだが、だれに対しても思いやりがあり、無遠慮なところはみじんもないような人のことである。

(5) He is too considerate and *courteous* to make his brash subordinates conform to his ways. (彼はあまりにも思いやりがあり、礼儀正しいために、部下の図々しい者を彼のやり方に従わせることができない)

(6) He was *courteous* to the arrogant woman who acted as though she didn't recognize him as her host.

(彼は自分の開いたパーティで、彼を完全に無視してかかった傲慢な女性にもにこやかに、うやうやしく対するのだった)

"civil" はこの3つの中で最も冷淡で、わずかに無礼でないだけのマナーを保っていることを言う。元来 "civil" は市民としての義務を行なうの意で、外面だけの礼儀を守る意味に多く使う。

(7) Keep *a civil tongue* in your head!(言葉に気をつけろ!) つまり Stop using a rude language.(無礼な言葉を使うな) と同じ。

(8) The sales girl was *civil*, but she did not take any trouble of showing things to us.(売子はとくに無礼ではなかったが、品物を見せてくれたりはしなかった)

(9) It would be *only civil* to return his social visit.(彼の社交的な訪問のお返しをするだけの礼はとるべきだ)

postpone / *defer*

この2つは行動を先に延ばすことだが、その違いは口語と文語の差にすぎないと言えないこともない。ただ慣行的に defer だけを使う場合もある。

"postpone" は "put off"(延期する)の次にふつう一般に用いられ、何かを先の日付まで延ばすこと、また延期の名目で永久にうやむやに延ばしてしまうことをも言う。

(1) The committee meeting was *postponed* for a week.(委員会は1週間延びた)

(2) The reception was *postponed* until some undetermined future time. (レセプションは将来の不定時期まで延期された)

(2)はキャンセルされることだが、これをもっと簡単に言うと、The reception was *postponed* indefinitely.

"defer" は "postpone" に日常的な卑近さがあるのに比べて、オフィシャルな感じを出したい時に使う。また先に延ばすことが意図的なものであることも暗示する。**"deferred payment of a debt"** は借金の返済を延ばしておくことで、これは "defer" と必ず連想される phrase である。"defer" に重みがあるのは、1 つにはこの言葉が聖書に出てきたり、オフィシャルな用語になっているからである。

(3) Hope *deferred* maketh the heart sick.—旧約聖書「箴言」13：12。(望を得ることおそき時は心を疾ましめ)

(4) His military service was *deferred* until he finished college. (彼の兵役は大学をすませるまで延期されることになった)

アメリカではこの兵役延期の許可を **"deferment"** と言う。

(5) The completion of the dictionary was long *deferred*. (その辞書の完成は延び延びになっていた)

かりに(5)の "defer" を "postpone" とすると、この不定延期の感じが出ない。

posture / *stance*

　身体の姿勢の時点でもこの両者にはある違いがある。"stance" は "posture" より具体的な姿勢、とくにゴルファーや野球のバッターが球を打つ時にとる足の姿勢を言う。だが "posture" はスポーツにはあまり使わない。主として画家や彫刻家がモデルにとらせるポーズのことを言う。

　(1)　He painted her in 3 different *postures*, one reclining, one sitting, one standing.（彼は彼女を3種類のポーズで描いた。1つは横になったもの、1つは坐っているもの、もう1つは立った姿である）

　"posture" について知っていなければならないのは、身体の姿勢ではなく比喩的な使い方である。その1つは、日本語で「姿勢」と訳されて使われている意味での "posture" である。大平総理の施政方針演説に例をとると、これは外務省の Foreign Press Center によってセミ・オフィシャルな英訳が英字新聞に出たが、その中に posture に関するところが次のように出ている。

　(2)　I am thus resolved to make it my basic political *posture* to build upon trust of the people to form with flexibility a broader popular consensus on effective policies for coping with the hard realities.（原文：私は国民に対する信頼の上に立って、厳しい現実に対する有効な対応策につき、柔軟な姿勢で、より広い国民的合意を形成していくことを政治の基本姿勢とする決意である）

　原文では「姿勢」という言葉が2か所に出てくる。1

つは「柔軟な姿勢」、もう1つは、「政治の基本姿勢」だが、前者はForeign Press Centerの訳者は "with flexibility" というフレーズでまかない、"a flexible posture" と直訳するのを避けている。これは英語の観点から言って正しい処置なのである。なぜなら、「姿勢」という日本語は身体的なものをもじったものである以上、"a flexible posture" とするとどういう格好になるのか、まさか「ぐにゃぐにゃした格好」でもあるまい。"posture" は人に見せるための姿勢、"flexible" は「柔軟な」という主観性を伴った形容詞なので論理的にぴったりしたコンビではない。事実 "a flexible posture" と言っては原文の意味は通じないのである。"flexible" とはその政策が現実になった時に人が決めるものだからである。自称では困るのである。それで柔軟性を強調する意味で "posture" を省いて "with flexibility" としたのである。あとのほうの「政治の基本姿勢」を "my basic political posture" としたのについては少しも問題はない。

"posture" をこのように本人が意図的にとる姿勢の意に使う例は、英文にはよくある。*Longman's Dictionary* も "posture" の例文として、

(3) The government's *posture* on this new trade agreement seems very unhelpful. (この通商協定における政府の姿勢はあまり積極的に役に立とうといったものではないようだ)

をあげている。しかし、注意すべきは、英語の "posture" はいつでも「姿勢」の意に使われるのではないということである。ある姿勢をとることは当事者の意志な

のだから、いつなんどきでも変更できるのであって、客観的事実や状態の報告ではない。だが英語で "posture" が最も多く使われるのは客観的事実のほうの意味なのである。現在または特定の時期に見られる状態、状況を言うのである。時事問題を扱った文章に最もよく出てくる "posture" はこの意味なのである。

(4) Presidential assistant Hamilton Jordan says flatly, it (SALT II) will be the most important thing this Congress has to vote... SALT II will dictate our *defense posture* in the world, will shape the tone and quality of our relationship with the Soviet Union.—*The New Republic*. (SALT II は米議会が本年度に扱う議案中、最も重要なものだと大統領補佐官ハミルトン・ジョーダンは言明した……SALT II はアメリカの国防の現態勢を全世界に告示するものであり、アメリカとソ連邦との国交の質およびトーンもこれによって形成されると言ってよい)

(5) America's *defense posture* is not inferior to Soviet Union's as often claimed.—*New Yorker*. (アメリカの現国防勢は、しばしば人が力説するように、ソ連邦に劣るものではない)

(6) By comparison, ABC's sales and profits have assumed the *upward posture* of a broadcasting antenna.—*Fortune*. (〔CBS に〕比較して ABC 放送会社の売上、利益はアンテナの上昇線を辿っている)

"stance" は前述のように原意的にはスポーツ用語、特にゴルフに使われるが、"posture" のように比喩としても使われる。しかし上記のような「現態勢」の意味に

は使われない。もっぱら精神の意図としての「姿勢」の意である。

(7) Moralizing and self-interest *stances* were compatible.—David Riesman.（道徳、教訓を表看板にする姿勢と、自利主義的姿勢とは少しも矛盾しなかった）

power / *strength*

この2つを大別すると、外部に現われた力が "power" で、内なる力を "strength" と言うことができる。"power" は権威（authority）に "strength" よりも近い言葉で、また "strength" よりも世間的な種類の力を指す。

(1) I'll do anything *within my power* to aid you.（私の力の及ぶかぎり援助してあげます）

この自分の「能力」の中には自分の社会的地位からくる力も含まれている。だから自分が動かせるかぎりの力を動員してあなたを応援してあげるの意であって、これを I'll do anything within my *strength*. とは言わない。"power" は公的権力（official power）を暗示した言葉で、He is a *powerful* man. と言えば、ある分野、たとえば政界などで強い権力を持った人を言う。この "powerful" を "strong" と入れ替えて、He is a *strong* man. と言うと意味が違ってくる。「なかなかだめにならない男」という意味もあろうし、「歯に衣をきせない男」といった意味の時もあれば、ただ用心棒のように力の強い男を言う場合もあり、場合によって違ってくるが、みなその

本人に密着した形容で、"powerful" のように対世間的な含みはない。

"power" はどちらかと言うと自己の外側に向けた力だと言ったが、自己そのものをコントロールする力のことも言う。

(2) As a writer, I have a certain amount of *power over myself*. (もの書きである自分は、多少の克己心は持ち合わせている)

この場合、"strength over myself" とは言わない。

コントロールする能力以外に、"power" は選択する能力や物事を理解し推論する能力 (the ability to choose ; the ability to reason) のことも言う。

(3) Only man of all the animals has *the power to reason*. (あらゆる動物の中で人間だけが理性を使って考える能力を持っている)

肉体的な、暴力的な力は "brute power" または "brute force" とは言うが "brute strength" とは言わない。なぜか？

元来 "strength" は内面的なエネルギーの強さを示す言葉である。酒で言えばアルコールの含有量の濃いことを potent と言うが、"strength" は "potency" と同義である。

He has a *strength* of character. と言えば「彼は毅然たる性格の持主だ」と言うことで、内なる力を指すのであって、およそ暴力とは反対の力である。だから動物的暴力を示す brute と組み合わせて使うわけにはいかないのである。

"power corrupts" という警句 (aphorism) がある。「権力は人間を腐敗させる」という意味だが、この "power" を "strength" と入れ替えることができないのは同じ理由からである。つまり "strength" は「道徳的な力量」の意だからである。

(4) God is our refuge and *strength*.——旧約聖書「詩篇」46：1。(神はわれらの避所また力なり)

(5) A woman's *strength* is the unresistible might of weakness.—Emerson. (女性の力とは、弱さの抗し難き力だ)

(6) You eat nothing. You must eat to get *strength*. (何も食べないじゃないか。ものを食べなければ体に精はつかない)

これらの "strength" はどれも "power" と入れ替えるわけにはいかない。

preamble / preface / foreword / introduction

これらはすべて、書物の本文の前に印刷される前置きだが、このうち最も四角張ったものが "preamble" で、憲法などの前文のことをいう。個人の作品のまえがきにはあまり使わない。"preface" は著者が自作を語る前書きで、主としてこれから世に出そうとする書についての意図を述べたもので、長いものも短いものもあるが、個人臭が最も強い。バーナード・ショー (George Bernard Shaw) の劇の "preface" は本文より長いものもあり、"preface" だけを集めて独立の書物になっている。

"preface" はまた本以外に、エッセイ、講演などの前置きのこともいう。"He *prefaced* his speech *with* the following statement."（彼は次のように前置きして講演した）などといい、動詞としても使う。

"introduction" はもっとも一般的な序文または前置きで、個人臭はあまりなく、本文の解し方など、実用を主体とした客観性の強いものが多い。

"foreword" が "preface" と違うところは、著者以外の人が、作品にスポットをあてるために述べる場合が多い。著者自身の言葉である場合もまれにはあるが。

predicament / plight

この２つはともに「苦境」のことで辞書の上では完全に交換可能のように書かれている。しかし苦境と言ってもいろいろあり、どちらがより一般的な言葉で、心持の上からどう違うのかを知っておく必要がある。

まず "predicament" は、はっきりとした実際問題に悩んでいる場合で、論理的に考えて解決法が見出せない状態を指すのである。"dilemma" という通俗語に最も近いのは "predicament" のほうである。例をあげてみよう。

ある商社の海外駐在員がその国の風土になじめない。さりとてすぐ帰国させて下さいと言うわけにもいかない。いっそこの際会社をやめようかとも思うが、そのあとどうする当てもない。もしその人が英語国民だったら、友人にこう言ってこぼすだろう。You see, I'm in a sort of *predicament*, I don't know what to do. むろん他の選択がないわけではない。「やめる」のもその１つだ。他の会社をさがして本国勤務にしてもらうのも一法だ。だがどれも実際問題として満足すべきものではない。少なくとも当人にとってはいやである。それで I don't know what to do. という現状になる。これが "predicament" である。

一方 "plight" は苦境の性格がもっと大きく、深刻だが、それは実際問題のレベルを超えてしまっている。たとえばアメリカのような巨大工業国の中では詩人は非常に住みにくい。彼らの価値観が芸術家を受け入れるようにできていない。

(1) the *plight* of the sensitive artist in a standardized society（標準化された社会で多感な芸術家のなめる苦境）

"plight" は "condition" のシノニムとして漠然とした一般化された苦境に使う。

(2) Politicians should pay more attentions to the *plight* of the unemployed.（政治家は失業者の苦難にもっと理解を示すべきだ）

(3) He arrived in *sorry plight*.（彼がやってきた時はひどいざまだった）

present / *gift*

この２つはまったくの好意から人に贈る品物を言う。"present" は米軍の日本本土占領時代に日本語の中に定

着したカタカナ語の1つだが、動詞と同じ形の名詞で、動詞の意味は読んで字の如く "introduce"、つまり "bring into the presence of someone"(誰それの前にもってきて進める)ことである。日本語に強いて直せば「進呈品」のことで、昔は「おつかいもの」とか「お届けもの」と言っていた。いわば「お愛想」のためのものである。値段もとくに高価なものではない。だが日本語の「贈りもの」はプレゼントとは違う。個人の心がこもった品物である。この「贈りもの」が英語の "gift" と違うところは、個人の心がこもった重大な意味のある贈りもののことも言うが、その反対に寄附(donation)の意味にも使うことである。英語の場合、個人的な gift も公的な gift もやや改まった感じに使うところが "present" と違う点である。

(1) My father used to bring back *Christmas presents* for all the children.(私の父は子供たちみんなにクリスマス・プレゼントを持ち帰るのが常だった)

(2) This diamond bracelet is a Christmas *gift* from my husband.(このダイヤの腕輪は夫がクリスマスにくれたものです)

同じクリスマスの贈りものでも "gift" は通常高価なものを指す。

(3) The Rockefeller Foundation *made a gift of* two million dollars to the United Nations.(ロックフェラー財団は200万ドルを国連に寄附した)

"gift" はまた、天才(genius)、天与の才(talent)の意に使うことがある。この原意はむろん自然の神よりの

贈りものだ、ということにある。

(4) Some people have *the gift of* prophesy.（予言の才を持つ人はいくらかいる）

(5) He has *a gift for writing*.（彼はもの書きの天才だ）

"gift" がこの意味に使われる時は、"present" と入れ替えることは絶対にできない。

preserve / *conserve*

この2つは物質やエネルギーなどを「保存する」ことである。だが使い方は同じでない。どちらを使ってもよいのは、自然食品を砂糖漬けや塩漬けにして保存食にする時だけである。とくに果物を砂糖漬けにしてジャムを作る場合にはどちらを使ってもよい。

(1) She was making *preserves* [*conserves*] of strawberries.（彼女はストロベリー・ジャムを作っていた）

"preserve" という言葉の重点は、原物をもとの姿のままに保全することにある。取り替えのきかない貴重なものを自然や時間による破壊から巧妙な方法や努力によってもとのままの形で守ることを言う。

(2) She is a *very-well-preserved* 60 years old.（彼女は60歳にしては驚くほど若い）

つまり時の流れはすべてを老化するが、その破壊力にみごとに抗しきった方法に対する wonder の念を含んでいる。

(3) Regularity is the secret for *preserving* your peace of mind.（規則正しい生活が心の平和を保つ秘訣だ）

これらの "preserve" は "conserve" と入れ替えるわけにはいかない。なぜなら、"conserve" は浪費を防ぐことに重点がある言葉だからで、主として、人間の精力、自然界のエネルギー、熱などのむだ使いを防いで備蓄することを言う。

(4) The house is designed with a special walling device to *conserve* heat.（この家は、壁の作りを工夫して熱の逃げないようなデザインにしてある）

(5) Professionals in any fields know how to *conserve their energies*. When they are working on a project, they usually keep to themselves avoiding people and parties. For speech saps one's energies.（どの分野でもプロは自分の精力をたくわえることを知っている。何か大きな仕事をしている時は、彼らはあまり人に会ったり、パーティに出かけたりしない。人としゃべると精力をひどく消耗するからである）

protect / shield

　この2つは外部からの破壊脅威などから対象をまもり、保全を助けることだが、内容的に違いがあり、入れ替えのきかない場合が多い。"shield" は具体的な危険にさらされた者と、加害者との間に、中世の騎士が楯をかざすように立ちはだかり、対象を救うことで、"protect" より、直接的で緊急性がある。protect はもっと一般的な、広い範囲に使われる。

(1) He put her under his *protective* wing.（彼は彼女

を彼の庇護下においた)

この形は Japan is under America's *protective* wing. (日本は米の庇護下にある) というように国際問題にも使える。

(2) He told lies in the court to *shield* his brother. (彼は弟に嫌疑がかからぬよう法廷ではうその証言をした)

(3) He *shielded* his eyes with his hand from the glaring light. (彼はまぶしい光が眼に当たらないように手をかざした)

"shield" は主として人間を護ることだが、"protect" は人間ばかりでなく事物にも使う。

(4) Cranes are *protected* in Japan. (ツルは日本では保護鳥だ)

(5) His invention *is protected* by a patent. (彼の発明はパテントで盗作されないように保護されている)

(6) Trees are planted there to *protect* the soil from erosion. (そこに樹木が植えてあるのは土壌を腐蝕からまもるためだ)

(7) She led a happy *protected* life. (彼女は幸福な、世間の苦労を知らない一生を送った)

(8) The government *protects* home industry against foreign competition by taxing imports. (政府は輸入品に課税することによって、国内製品を外国製品との競争から守る)

これらの例はどれも "shield" と入れ替えられない。"shield" が一時的な action で具象的であるのに対し、"protect" は事前に手を打って対象を危険からまもり永

続的な保全の意図を暗示するのである。

protest / *object*

　この2つがシノニムに使われるのは、抗議する意味の場合に限られる。この場合 "protest" が "object" と違うところは、より大きな言葉だという点である。文書で抗議するのは常に "protest" で "object" とは言わない。口頭で反対を表明する場合も "protest" と言う時はあるが、この場合も "object" のように private に、カジュアルに使える性質のものではなく、内外に声明してはばからずといった断固とした信念の表白なのである。

(1) A large crowd turned out *protesting* the tax increase.（増税に反対して大勢の人がくりだした）

　この "protest" は米語で他動詞に使ってあるが、"protest against" の形をとってもよい。

(2) We invited her to come with us to the party but she *protested that* she was too tired.（われわれは彼女をパーティにいっしょに行こうと誘ったが彼女は疲れているからと言ってことわった）

　この "protest that..." という形は "assert in opposition"（反対を主張する）ことなのである。

　"object" はこういう使い方はしない。外側から見た反対行為に焦点がある。

(3) Some people *object* as a matter of principle.（何にでも反対する主義の人もある）

　法廷などで検察側が証人に質問している時、被告の弁

護士が I *object.* と言って、質問の内容に抗議し、裁判官はその抗議が妥当だと思えばその質問をやめさせるし、妥当でなければ同じ質問の続行を許す。そういう場合 "I protest." とは言わない。なぜか？ "protest" は根本的な主義主張を問題にする大きな言葉で、その場その場のディテールに対する反対の表明には使わない。

"protest" はまた、抗議のように否定感情の主張ばかりでなく、愛情とか誠意のような肯定感情の主張という原意があり、この場合は常に他動詞に使い、目的語に love、innocence、friendship などがくる。そしてこれは法廷またはそれに準じた改まった場で自分の気持を表明する時に "protest" を使う。

(4) He never *protested his friendship* with me.（彼は私に対する友情を表明したことはない）

(5) You would have to *protest your affection* for her if you are to get anywhere with her.（彼女に対する愛情を正式に公表しなければ、事は捗らない）

この "protest" を抗議の protest と混同しないためのポイントは、後者が "protest one's affection" という形式になっていることである。

proverb / adage / maxim / axiom / epigram / aphorism / saying

これらはどれも金言、格言、警句などと言われているが、総称して "saying(s)" として片付けてしまうこともできる。しかし個別的には特徴がある。このうち

"epigram" と "aphorism" を除けばどれを使っても差支えない。

"proverb" は最も一般化された「格言」で生活の知恵や教訓を含む、短い1つだけのセンテンスである。英語の proverb で有名なのは、

(1) Fools rush in where angels fear to tread. (めくら蛇におじず)

(2) Honesty is the best policy. (正直は最良の政策)

(3) History repeats itself. (歴史はくりかえす)

"adage" も "maxim" も寸鉄式の警句である。

(4) Easy come, easy go (*or* Lightly come, lightly go). (悪銭身につかず)

(5) It is always darkest before the dawn. (暁の前は常に最も暗い)

"axiom" は "proverb" や "maxim" などと同じに使われるが、違うところはこの言葉は、数学、科学などの原理のことに使われることである。なかでも "Euclid's axiom" (ユークリッドの法則) は有名である。

"epigram" は通常才気走った皮肉やしゃれが売り物で、ふつう有名な作家や歴史上の人物からの引用が多い。次に掲げるのはその典型的な例とされているもので、Earl of Rochester が、断罪されたので有名な英国の国王 Charles II の墓に刻んだ碑文の文句である。

(6) Here lies our sovereign lord the king, whose word no man relies on ; he never says a foolish thing nor ever does a wise one. (ここに眠るはわが君、わが王、その言葉をたのむもの1人だになく、おろかなることも言わ

ず、また賢きことのひとつもついぞ行なわず)

"aphorism" は "epigram" が才気を売り物にするのに比べ、深みのある文句によって人の心をとらえる saying で、ふつう歴史上の人物などの残した名言などが多く、格言のように一目でわかるようなものでなく、かみしめると味のあるようなものを言う。

(7) Satire is a sort of glass, wherein beholders do generally discover everybody's face but their own.—Jonathan Swift. (諷刺とは鏡の一種で、それを見る人は大抵自分以外のあらゆる人間の顔が出ているのを発見するものだ)

(8) For thy sake, Tobacco, I would do anything but die.—Charles Lamb. (タバコよ、わたしはお前のためなら何でもする、死ぬこと以外は)

pull / draw / drag / tug

これらの言葉はみな引っ張ることでは同じだが、用法は慣用的で英語独特のものが多く、日本語の感覚には程遠いものが多い。

まず "pull" の特徴は、この中で最も一般的で包括的、どちらかというと引っ張る行為そのものに力点がある。

(1) The engine *pulled* a long line of freight cars. (機関車が長い貨車を引っぱっていた)

(2) The boy was *pulling* the wagon behind him. (少年が荷車を曳いていた)

"draw" は "pull" より軽い力の使い方である。

(3) She *drew* the curtains.（カーテンを引いた——つまりカーテンを閉めた）

(4) He *drew* a pail of water from the well.（彼は井戸から手桶に一杯の水を汲んだ）

"drag" は自然に抗して引っぱることで、そのために精力を激しく使う含みがある。

(5) She *dragged* her heavy suitcase from the plane.（彼女は重いスーツケースをひきずって飛行機から降りてきた）

"tug" は "pull"、"draw"、"drag" とは少し異なり、小きざみに力を入れて引っぱることである。

(6) She *tugged at* the jammed window until it opened.（彼女は開かなくなった窓を引っぱり、引っぱり、とうとう開けた）

(7) A child was *tugging at* his mother's sleeve.（子供が母親のたもとをひっぱりながら歩いていた）

(8) Her words *tugged at* my heart.（彼女の言葉は私の心を捉えて、なかなかふり切れなかった）

purpose / object

この2つは、どちらも「目的」を表わす言葉だが、性格を異にしているので、使い方も違う場合が出てくる。その性格の最もてっとり早い見分け方は、複数形にしてみるとよい。"purposes" は漠然とした多目的の意になる。

(1) For whatever *purposes* you use this document,

you are required to ask permission from the publishers by a written application.（どんな目的でこのドキュメントを使う場合でも、発売元に書面で許可を申請すること）

この "purposes" を "objects" と入れ替えたりしたらまったくのナンセンスになる。なぜなら "object" とは努力を集中する目的物を指すからである。

"purpose" はある目的に向かって精進する決意を含んだ言葉だが、その使い方に次の2種類がある。

① 目的に達することが容易でないという認識の上に立って、どうやってその努力をするかという説明を意図する場合。

(2)　One works better and with more zeal when *the purpose* of his work is clear to him.（人は自分のする仕事の目的がはっきりしている場合のほうが効果的に熱心に働く）

(2)の場合 "purpose" の代わりに "meaning" と書いても同じである。仕事の意味、すなわち目的である。

(3)　Life *without purpose* is hard to bear.（目的のない人生は堪え難い）

② 行動の目的を他のものと区別してはっきりさせたい場合。

(4)　It is *the purpose* of this essay to inform rather than to entertain.（このエッセイの目的は知識を供給するためで娯楽に供するためではない）

"object" は "purpose" のように道徳性や抽象性は少なく、はっきりとした目的物のイメージを含んでいる。

(5)　She is *the object* of his devotion.（彼女が彼の献心

の対象だ）

(6)　Let our *object* be our country, our whole country, and nothing but our country.— Daniel Webster.（われわれの目的は国のため、わが国全体のためであり、それ以外の何ものであってもならない）

(6)の "object" を "purpose" と入れ替えることができないのは自明である。なぜなら "purpose" は計画的な scheme のひびきがあるからである。

(⇒ goal / target / aim / objective)

push / *thrust*

この2つは何かを前方に「押す」動作だが、単に物理的な動作の上でも、比喩の上でもそれぞれ違った意味を持っている。

まず、"push" はものを動かそうと思って押すことで、焦点は押される対象よりは押す人間の意志にある。このことは対象が物体である場合はそれほど目立たないが、人間になるとはっきりしてくる。

(1)　She *was pushing* a baby carriage.（彼女は乳母車を押していた）

(2)　I *pushed my way* through the crowd.（私は群衆をかきわけて進んだ）

(3)　He didn't jump from the 9th floor.　He *was pushed.*—Ellery Queen.（彼はビルの9階からとびおりたのじゃない。誰かに突き落とされたのだ）

"thrust" は突如はげしく押す、または突き出す、突っ

込む、突き通すことで、行為そのものに焦点がある。

(4) The child *thrust out* his hand. (幼児が手を突き出した)

(5) The murderer killed the girl by *thrusting* a knife into her back. (殺人者は娘の背中にナイフを突き立てて殺した)

(6) He *thrust* his hand into a box. (彼は箱の中に手を突っ込んだ)

(7) He *thrust* his hand into his pocket. (彼はポケットに手を突っ込んだ)

このように "thrust" はいつも強く力を入れるわけではないが、行為が単発的に、不意に起こるのが特徴である。

比喩的に用いられる場合、両者の相違は一層はっきりしてくる。

(8) I don't want to *be pushed around*. (他人の意志で引きまわされるのはごめんこうむる)

(9) Convinced that he was hired to run the *whole* company, and not just the corporation's finances, he *thrust himself into* the day-to-day management of the broad casting group.—*Fortune*. (会社の財政だけでなく、会社全体をとりしきるために社長として雇われたものと合点した彼は、会社の放送部門の毎日の仕事の面にまでしゃしゃり出て支配しようとした)

この "thrust oneself into [upon]" は日本語でいう「押しかけ女房」に当たる。

(10) He did marry her in the end, but actually she

was the one who had *thrust herself upon him.*（彼は遂には彼女と結婚した。だが実のところ、彼女は押しかけ女房だったのだ）

(11) They were very happy together until fame was *thrust upon them.*（2人は有名人になるまでは、たのしくやっていた）

この "(be) thrust upon one" は当人の意志に反して押しつけられることである。

"thrust" にはアメリカ英語だけにある使い方がある。それは作品などの主旨、ポイントの意に使われる時である。

(12) That's *the thrust of* the play.（それがこの劇の言おうとしていることだ）これはイギリスの辞書には出ていない。

Q

question / *query* / *inquire* / *interrogate*

これらはみな「質問」の種類である。

question / query "question" はこの4つのうち最も包括的で、単純な質問から、否定的な疑問、チャレンジに至るまで雑多な意味に使う。

(1) His wife *questioned* him where he was last

night.（彼の妻は彼に昨夜はどこにいたのかと聞いた）

(2) He *questioned* [asked] the information clerk how to get to the president's office.（彼は社長の部屋はどこかと案内係にたずねた）

(3) He was taken to the station house for *questioning*.（彼は取調べのために署に連行された）

(4) He *questioned* the statistics given by the Welfare Ministry on the number of practicing physicians in this country.（彼は厚生省発表のこの国の開業医の数の統計に疑問点があると言い出した）

これらの問いの種類以外にも、相手を混乱に陥れる作戦でなされる "question" もあり、必ずしも返答を予期するものばかりではない。

だが "query" は純粋な問いであって、はっきりした、権威ある答を求めて発せられるのである。

(5) The committee *queried* the President about his intentions.（委員会は大統領の意図がどこにあるかを聞きただした）

(6) Reader's letters vary. Some letters *query*. Some *question* facts.（読者からの手紙はいろいろだ。あるものは情報を求め、あるものは事実に誤りありと質してくる）

"inquire" は "question" や "query" のように基本的には1発ずつの質疑応答でなしに、ある情報を得るために、いろいろと次々と聞くことによって目的を達しようと計ることで、最も普通に使われるのは "police inquiry"（警察の聞き込み調査）に関するものである。

(7) a protracted *inquiry into* the Lockheed pay off scandal by the Prosecutor's Office（ロッキード事件について検察庁の長期におよぶ取調べ）

(8) The committee demanded *a thorough inquiry* into the nature of the new system of entrance examinations.（委員会は入試の新機構の性格について徹底調査を要求した）

(9) He was *inquiring after* you.（彼はあなたがどうしていられるかと聞いていた）

この(9)は "asking after you" と同じで単なる社交のレトリックである。

"interrogate" は "inquire" よりさらにオフィシャル臭の強い言葉である。

(10) The police *interrogated him* over an hour.（警察は彼を1時間以上にわたって取り調べた）

(11) The firm's admission test includes an *interrogation of* the applicant.（その会社の入社試験には面接がある）

この場合 "interrogation" は oral examination（口述試験）のことである。

R

reasonable / *rational*

　この 2 つは両方とも理性によって事に当たる態度を言うのだが、実際には使う場所がまったく違う。

　"reasonable" は "rational" より日常語で、感情的な態度の反対で、極端に走らず、常識的で健全な moderate なやり方を言う。

(1)　He is *a reasonable man*, he would know how to act at a time like this. He would never do anything to embarrass you.（彼は常識人だ。こういう時にどうするかは心得ている。人にいやな思いなどはさせない）

(2)　I have *a reasonable hope* of success.（私は一応成功の望みは持っている）この "reasonable" は自分のことなので「ある程度の」とか「少しは」といったレトリックである。

(3)　He comes home at *a reasonable hour*. We make a *reasonably* comfortable living here.（彼はとんでもない時間に帰宅することもない。われわれはここでかなり物心ともにいい生活をしている）

(4)　Vegetables are *reasonable* this year.（今年は野菜が安い）

(5)　It has been proven beyond *reasonable doubt* that the accused is guilty of the charges made against him.（被告が起訴されていた罪を犯したことが、合理的疑いの余地なきまでに立証された）

　"beyond reasonable doubt" は英米の法廷で裁判官が有罪の判決を下す時に被告に申し渡す決まり文句である。

「人間の理性のおよぶかぎり疑いの余地はない」と言って判決が想像や感情の上に立つものでないことを明らかにしたものである。

"reasonable" に関連して面白いのは「気が違った」ことを He has lost his reason. と言うことである。そして「人間は理性を持っている」と言うことを、Man is a *rational being*. と言うことである。

"rational" は "reasonable" よりずっと純度の高い論理性を持っていることを示すのである。

(6) We are *rational* but animal too.（われわれ人間は理性で行動するが動物的一面も持っている）

(7) She became more *rational* as the sedative took effect.（鎮静剤が利いてくると、彼女はやや正常になった）

(8) Automation is clearly the only *rational* solution for the worsening labor troubles.（オートメだけが悪化の一路をたどりつつある労使問題の合理的解決であることは明らかだ）

(9) The question was raised if the accused was *rational* enough to stand trial.（被告は裁判に臨み得るだけの正気を持っているかどうかという疑問が出された）

regard / consider / deem

この3つは特定の対象物に対して個人的なある結論に到達したことを表現する言葉だが、その結論の出し方や、結論の性格にある違いがある。

"regard" は "consider" に比べてごく軽い、表面的・

感覚的な言語に関する事柄に対する個人的な意見である。"regard" はフランス語の「見る」(look at) からきているのである。

(1) He *regards* his wife as the most beautiful woman on earth, but others *regard* her as plain. (彼は自分の妻をこの世で最も美しい女だと思っているが、他人はそうは思わない)

これでもわかるように、"regard" は肯定の意ばかりでなく否定の意も表わす。ただ後者の場合 "one does not regard as" という形はあまりとらない。

(2) She *regards* him as a fool. (彼女は彼をバカだと考えている)

"consider" が "regard" と違う点は reflect (熟考する) という原意を持っている点である。つまり意識の深部に持っている意見なのであって、"regard" のように態度に現われるというようなものではない。

(3) A *considers* B a formidable opponent. (A は B を手ごわい競争相手だと考えている)

(4) I don't *consider* him a friend. (私は彼のことを友人だとは思わない)

"deem" は他の 2 つより改まった言葉で、儀礼的な場合など、個人感情からほど遠い言葉遣いである。

(5) I *deem it a great honor* to be invited to speak to you. (私はみなさんの前で話をする機会を与えられたことを光栄と存じます)

(6) The defense lawyer *deemed it inadvisable* to appeal. (被告の弁護士は上告するのはやめたほうがよいと

いう意見だった)

regret / repent

　辞書にはともに「後悔する」となっているが、後悔の性質がまるで違う。したがって使い方を誤るとおかしなことになる。

　"regret" は失われたものを惜しみ、悲しむことである。何びとかの死、よき時代の失われ去ったことなどを悲しく思うというのが原意である。だからこの言葉のシノニムは "mourn"、"grieve"、"lament" などである。それで、

(1)　Deeply *regret* the passage of your mother.（母上のご逝去を心より悼む）

という弔文を電報で出すわけである。この "regret" は後悔などではない。

(2)　The military occupation of Japan from 1945 to 1952 by the allied powers is *an unregretted phase* of our history.（連合国による日本本土占領は、わが国の歴史の中で、過ぎ去ってくれてやれやれと思う一時期だ）

　これと同じ理くつで、

(3)　To the Russians, Stalin's reign must be *an unregretted phase* of their history.（ロシア人にとってスターリン時代は、過ぎたことがありがたかった歴史の一コマに違いない）

(4)　I *regret* I am unable to attend the meeting.（残念ながら会に出席できません）

　"repent" が "regret" と違う点は、後悔が本人自身の

ことに限られていることである。"repent" は宗教的色彩の強い言葉で、ざんげ (penitence) につながる。"regret" が過去になったものを惜しむことに重点があるのに対し、"repent" は自分の犯した罪悪を悔いる念に焦点がある。つまり自責、反省を示すものである。

(5) He *repented* his rash decision to give up studies and went back to school.（彼は学業をやめようという性急な決定を反省して、学校に戻った）

(6) He scathingly criticized his opponent's contentions but later he *repented* somewhat and found some good in it.（彼は相手の主張をひどく非難したが、あとで言いすぎたと思ったらしく、相手方の主張にもいいところがあると言った）

reign / rule

動詞として使う場合に限って言うと、この2つは漠然と同じように使われる場合と、はっきり別々の使い方をする場合とがある。前者は国家の元首が国を統治することを言う時だが、この場合でも、おのずから含みが違う。

"reign" のほうは、sovereign power（主権）を持っているということ、つまり元首の権威ということに重点がある。"reign" はラテン語の regi (king) からきていて国王を象徴する。それで The king (queen) *reigns* but does not *rule*. という伝統的表現がイギリスにあるように、元首が必ずしも為政者ではない場合が多い。日本もその一例である。だが国王即為政者である場合もある。

つまり A royal governor both *reigned* and *ruled*. である。

reign に象徴的な含みがあるのに対し、"rule" は "govern" と同義で、国家または他の団体を支配することを言う。実際にものごとを規定するという原意から裁判で判決を下すことも "rule" と言う。

(1) The court *ruled that* A should pay B a sum of $100.（A は B に 100 ドルを払えという判決がおりた）

"rule" と "reign" との根本的な相違は、reign は比喩的に用いられることがあるが、rule にはそれがないことである。

(2) The campus queen *reigned over* the village festival.（大学のミス・キャンパスが村のお祭りの女王として輝いた） (⇒ govern / rule)

remember / recall / recollect

これらはみな過去のことを現在に呼び返す心理作用で、普通、「記憶する」「思い出す」と言っている。しかし思い出しかたにもいろいろあるし、格式張った時に使うのと、そうでないのとなど、それぞれ違いはある。

"remember" は最も日常化した言葉で、何かを思い出すことである。普通、努力せずに何となく心に浮かぶ過去の場面などに使うが、意志的に記憶を呼びさまそうとすることにも使う。

(1) I *remember* how my father, when he was relaxed, used to sing to himself one of those old army songs.

(私は父がくつろいでいる時など独りで軍歌を口ずさんでいたのを思い出す)

(2) I *can still remember* every detail of my dormitory life at college in America. (私は今でもアメリカの大学で送った寮生活の様子をまざまざと思い出す)

(3) I *struggled to remember* where I had been at the time when the tragedy took place. (私はあの悲劇がおきた時自分はどこにいたのかと記憶を懸命にたどった)

"recall" は大体において "remember" と入れ替えられる。ただ "remember" よりやや形式ばった言葉で法廷などでよく使われ、努力して思い出すことである。

(4) Can you *recall* where you had been at the time when the murder took place? (殺人があった時間にあなたはどこにいたか思い出してください)

これなどは "remember" にしても別にかまわないが、"recall" には "remember" と入れ替えることが絶対にできない場合が1つある。それは「想い出させる」(remind one of) の意味に "recall" が使われる時である。

(5) The view *recalled to me* the resort in the mountains where I had stayed during my last summer at college in America. (その景色は私がアメリカでの学生生活の最後の夏を過ごした山の避暑地を私に想い起こさせた)

"recollect" は "remember" より改まった言葉である点で "recall" と似ていて同じように使う時もある。

(6) I don't *recollect* [*recall*] meeting her. (彼女に会ったことは思い出せない)

as far as I *recollect*, ...（私の記憶するかぎり）という idiomatic phrase があるが、"recall" と違った点が1つある。"recollect" には、半ば忘れられた事柄をかき集めて回想をたのしむ、という意志的だが悠長な含みがあることである。

これに関連して注意したいのは、"recollect" という言葉は、英文学史上紛れもない位置を占めていることである。そのわけは、19世紀のイギリスの大詩人 William Wordsworth の有名な "Preface to *Lyrical Ballads*"（「抒情詩選の序文」）の中における画期的な詩の定義の中に出てくるからである。序文と銘打ったこの長文のエッセイは、英詩をその長い韻律の伝統から解き放った、革命的な自由詩の宣言として現代詩の元祖なのである。この中に "recollect" という単語を有名にした次のような文句が出てくるのである。

(7) I have said that poetry is the spontaneous overflow of powerful feelings : it takes its origin from emotion *recollected* in tranquillity.（私は詩とは強い感情の自然発生的なほとばしりだと言った。つまり詩とは静謐の中に想起された感情にその源泉をおくのである）

明治の文豪島崎藤村の言葉に、明らかにこの序文のことを言っている部分がある。「詩歌は静かなるところにて思い起こしたる感動なりとかや」（『藤村詩集』序文）

また Wordsworth と同時代の哲学詩人 Samuel Taylor Coleridge も "recollect" についてこう言っている。

(8) ...beasts and babies remember, that is, recog-

nize: man alone *recollects*. (動物でも幼児でもものを記憶する、つまり識別することはできる。しかし人間だけが回想することができる)

repress / suppress

　この2つは似たような心理学的用語で、欲望を抑圧することである。ただ欲望の種類が性欲と自由意志全体に分けられていて、どちらがどう使われるかが問題なのである。

　"suppress" は望ましからぬ謀叛分子を外部から弾圧することで、時には軍隊まで出動させて事に当たる。しかしこの言葉は外部からばかりでなく自制の意味に用いられることもある。

　外部からの抑圧の例　(1)　His children are all full of spontaneity. They're not *suppressed*. (彼の子供はみな自由にのびのびしている。親から抑えつけられていないからだ)

　(2)　The revolt was *brutally suppressed*. (暴動は残虐な方法で鎮圧された)

　自制心による抑圧の例　(3)　He desperately *suppressed* his sense of mirth at the ridiculous spectacle and managed to keep his face straight. (彼はその滑稽な光景を見て、こみあげる笑いを懸命に抑えつけ、どうやら無表情な顔を作ることに成功した)

　(4)　He was purple with *suppressed wrath*. (彼は顔を紫色にして怒りをこらえようとしていた)

"repress" は本来は欲望の自制を意味するが、"repressed" という形容詞形をとると克己心によって抑圧された欲望が外ににじみ出ていることを暗示する。セックスの心理用語で You look *repressed*. と言えば Your unconscious self is seeking an outlet for your sexual desires.（あなたは無意識に性欲のはけ口を求めている）といった意味になり、欧米では男が女を誘惑する時の常套語になっている。

しかし戦後は性の解放からか、"repressed" がこうしたフロイト的な意味に使われるのはまれで、一般的には国家に圧迫されている民間人のことを言うのに使われている。"repression" という言葉はソ連や南アフリカの政治批判のために特に用意された観がある。政府の方針に異論を唱えるものを片っぱしから弾圧して沈黙させることを言うのである。

(5) The Soviet Union is a *repressed society*. これは「ソ連の社会は自由意志の機能できない社会だ」ということで性生活の含みは見られない。

ただ "suppress" のほうはこのような使用上の変化はあまり見られず、"repress" のような暗い影はない。

result / *consequence*

両者とも原因に対する「結果」を意味する言葉だが、"result" は "consequence" よりも原因にはっきり直結して、具体的な結果を表わすことが多い。

(1) She followed a new recipe for salad she got

from a French cookbook and fed him *the result*. (彼女はフランス料理の本から手に入れたサラダのレシピに従って出来上がったものを彼に食べさせた)

(2) *The result* of my niece's marriage was a family of four children. (私の姪は結婚して4人の子供をもうけた)

(3) *The result* of his study was a beautifully argued treatise. (彼の研究の成果は見事な論理で綴られた論文だった)

(4) *The results* of the comprehensive examination will be announced coming Monday. (総合試験の結果はきたる月曜に発表される)

(5) *The lottery results* are on the back page. (宝くじの結果は裏ページに出ている)

(6) We made an inquiry *without result*. (調査したが、思うような結果は得られなかった)

"result" は上記の例のように、単に及落などの結果を言う場合もあるが、成果の意に用いることが多いの対し、"**consequence**" のほうは、悪業の報いの含みであることが多い。同時に "result" のように単純に原因と結びつく結果でなく、ややボヤケタ、抽象的な傾向がある。

(7) One of *the consequences* of your rash act is that it has left a stain on your otherwise spotless family name. (君の無分別な行為は、君の家のりっぱな家名に汚点を残してしまった)

(8) His poor health is a *consequence* of his early excesses. (彼の今の不健康は若いころのご乱行のつけの1

つだ)

(9) You can do what you want as long as you're prepared to *take the consequences*. (君が結果に責任をもつ気なら、何をしてもよい)

right / *correct*

問題が、数や事実の正否について、「正しい」と言う場合はこの2つのうち、どちらを使ってもよいが、それ以外の場合は、この両者の言う「正しい」は同じ意味ではない。

"right" は、正義 (justice) の見地から見て正しいのである。Right or wrong, it's my country. (善かれ悪しかれ、自分の国なんだから) とは古くから言われることである。

"correct" のほうは "right" のように道徳が基本でなく、世間の標準の見地から言うもので、

It is not *correct* to appear in loud colors at funerals. (お葬式に派手な色合の服で出るのは正しくない)
などと言う。

righteous / *just*

この両者は日本語の辞書にはほとんど同義語のように「正しい」「正義の」と訳されているが、意味の上で大きな開きがある。"just" と言うべきところに "righteous" は使えないのである。もしそういう使い方をすると思わ

ぬ誤解を招くのである。それはこの2つの言葉の性格を見ればわかる。

まず、"righteous" に別の英語を当てると "guiltless" または "blameless" である。"guiltless" を「罪の意識がない」と訳すと誤解される恐れがある。この言葉は自分は何一つうしろ暗いことはしていないという意識で、アメリカでは法廷で裁判官が被疑者に (Are you) guilty or not guilty? と聞く。Not guilty. と言う返答が大部分だが、これは「自分はまちがったことをしたつもりはない」の意である。これが "guiltless" に当たるわけである。"righteous" もこれと同じ感情なのである。つまり主観的に自分を正しいと思い、またはそういう態度に出ることである。

(1) "I never drink or smoke," he said in a *righteous* voice. (「ぼくは酒もたばこもやりません」と彼は殊勝げに言った)

(2) Senior members of the Church women's club met to discuss with *righteous indignation* the state of morality among the young working women in the parish. (教会の婦人クラブの老会員は教区の若い女性で働きに出ている者たちの行状について、いきり立って論議した)

現代英語に常用される "righteous" はほとんど全部この「神聖ぶった」とか「義人ぶった」の意としてである。だから She is a *just* woman. (彼女は心の正しい公平な女だ) というところを、She is a *righteous* woman. と書くと、まるで違って受け取られるのである。なぜならこれ

は She is a *sanctimonious* woman.（優越感を持ったいやな女だ）というのと違わないからである。

　しかし "righteous" が正義の意には用いられないと言うわけではない。だがそれは聖書のような文体、とくに神を引合いに出すような古式ゆかしき文章の中においてか、法文の中においてのみである。

(3)　The *righteous* go to Heaven.（正しきものは天国に行く）

(4)　I came not to call the *righteous* but sinners to repentance.──新約聖書「マルコ伝」2：17。（我は正しき者を招かんとにあらで、罪人を招かんとて来れり）

　"just" はあくまで公正な心を持っているという形容である。

(5)　I'm glad my boss in a *just* man. He is a hard driver but fair.（私のボスはありがたいことに公正な人だ。人をひどく働かせるけれど不公平なことはしない）

(6)　A *just* society could not tolerate racism in any form.（正義の社会なら人種差別をどんな形においても容認するはずはない）

(7)　He received his *just* punishment.（彼は当然の報いを受けたのだ）

rival / *vie* / *compete*

　この3つの動詞を、外からその性格を眺める時、"rival" は競争相手と実力が伯仲していることに重点がある。「いずれ劣らぬ」の感覚である。"vie" は相手が

誰であるか、つまり相手の器量（capacity）が問題である。"compete" はこの中で最も一般的で impersonal な言葉で、目的は competition そのものと、その報酬（prize）に外ならない。"compete" のまたの名は "race" なのである。

(1) In the cocktail party I attended, women sported the kind of exotic clothes that *rivaled* one another in vulgarity.（私の出席したカクテルパーティでは、女たちは俗悪さではいずれ劣らぬ妙な服を着ていた）

(2) Politicians seemed to *vie* each other for slightest advantage in Washington.（政治家は、首都ワシントンでちょっとでも有利な立場を獲得しようと大わらわだった）

つまり個人的に誰それには負けられないというのが "vie" の心理である。

"compete" は "rival" や "vie" に比して、ずっと personal な要素が薄い。"rival" と似ているようでも、競争相手と戦うことそれ自体が主眼であることが多い。

(3) "I'm not *competing* this year", Mrs. King said.（「私は今年は試合には出ません」とキング夫人は言った）

(4) A small team cannot *compete with* the University of Michigan.（小さなチームではミシガン大チームとは太刀打ち出来ない）

(⇒ compete / contest / contend)

S

satisfied / *content*

　この2つの形容詞はともに満足している状態を示すものだが、問題は満足の性質である。"(be) satisfied" は "satisfy" の受身で何らかの条件が満たされたため満足した状態、"content" のほうは現状に甘んずることである。一口に言えば、"satisfied" は fulfilment（充足）に通じ、"content" は complacence（自己満足）に通じる。自己満足と言っても一人で悦に入ることばかりではなく、ある点より先は強いて求めないという気持も入っている。

　"(be) satisfied" の "content" と違う特殊な使い方。

(1) I *am satisfied* that he was in his own room sleeping at 2 a.m. of Wednesday when the crime under review occurred.（私は問題の犯罪が発生した水曜の午前2時には、彼は自室で眠っていたことにまちがいないことを認める）

(2) On the surface, the verdict would seem to hang on A.T. & T's success in having met certain "targets" that are central to the decree. *In satisfaction of these*, the company has in roughly 225,000 instances hired or promoted people of the 'right kind'—women and minority men mostly.（その裁決は米電信電話会社が米政

府と結んだ同意書の主たる「目標」を達成し得た結果にほかならぬと見てよい。その目標を充たすにあたり、同会社は実に22万5000の実例にわたり、「適切なる人物」を雇い入れ、もしくは昇進させたのである。「適切なる人物」とは女性および少数派人種の男性のことである)

(1) の I am satisfied は I'm convinced と、(2) の In satisfaction of these は In fulfilment of these と同じなのである。

"content" は現状に甘んじ、それ以上を望まぬこと、"(be) contented" は満足しきった様子と思えばよい。

(3) You should not *be content with* your present state of inequality to men. Nothing would change unless you women insist on your constitutional rights. (あなた方は現在の男女の不平等に甘んじるべきではない。あなた方女性が憲法に保証されている権利を主張せぬかぎり、このままの状態が続くのです)

(4) He surveyed *contentedly* a vast sweep of land he had just inherited. (彼は自分が相続することになった広大な領地を満足気に見渡した)

(5) There's no spirits in the house, so let's *be content* to drink water for toasting. (家の中に酒がないので、乾杯は水でがまんするとしよう)

savage / *barbarous*

未開とか原始的といっても、この2つの形容詞の意味するものは必ずしも同じではない。その相違は元になる

名詞 "savage" と "barbarian" を比較してみると参考になる。

まず "barbarian" は "savagery"（部族を組む野蛮人社会）と文明の中間とされていて、文明の恩恵にこそ浴してはいないが、彼ら独特の culture を持つとされる。"a *barbarian* state of development"（文明進化への１つの段階）と定義されたりしている。"barbarous" はそういう民族の特徴で、原色を好み、粗野で、時として動物的な暴力を発揮するといった通念を含んだ言葉である。だが、"barbarian" という言葉は元来 nationalistic な国民の独りよがりなファンタジーの産物なのであって、**foreign devil** と同じ、夷狄（alien）の代用なのである。だから "barbarous" は "savage" のような primitives（原始人）を形容するものではなく、単に外国人との「好み」のちがいが基調になっている言葉なのである。自国独特の好みを refinement（洗練）と観じ、他国民の好みを wild で子供っぽいなどとする類いである。

しかし "savage" となると、全くの原始人の特徴とされる cannibalistic な烈しい感情を表わす形容詞になる。

(1) He became *savage* at the thought of injustice done him.（自分がこうむったひどい仕打ちを思うと彼は怒り狂った）

(2) He was subjected to a *savage attack* by hooligans on the street and was left crippled.（彼は街なかでならず者の恐るべき襲撃にあい、不具にされてしまった）

(1)の "savage" は "wild with anger" または "infuriated"、(2) の "savage" は "brutal" と入れ替えられる。

scold | reprimand | upbraid | berate | reproach

　これらはみな、人を叱る、けん責することだが、このうち最も親しみぶかい一般語は "scold" である。この言葉のイメージは、親がこわい顔をして悪い子を叱っている図である。この言葉の焦点がみがみ怒ることにあるのであって、罰を実際にくだすことにはない。「口やかましい」わりには効果的でない叱り方を言う。ふつう目上から目下に対するものだが、女性のぐちっぽい（nagging）ことにも使う。この場合は上下の区別はない。

(1) His wife is *a regular scold*.（彼の妻君はいつもがみがみ怒ってばかりいる）

　"reprimand" は、"scold" が気分的、非理性的であるのに反し、オフィシャルで、正当な理由から堂々とけん責することである。

(2) She was severely *reprimanded* by the registrar's office for being tardy with her fall-registration.（彼女は秋の学年始めの選択科目の登録が遅いといって記録室のオフィスから大目玉を頂戴した）

(3) He was *reprimanded* by the police for a disorderly conduct on the street.（彼は路上で人を騒がせたかどで警官にひどく怒られた）

　"upbraid" は "reprimand" と違い、個人的な叱り方だが "scold" ほど気分的でなく、批判の種を整然と並べたてて相手の弱味をつくのである。

(4) The coach *upbraided* the team for the way they bungled every time. （コーチはゲームのたびごとにチームがへまばかりしているといって小言を言った）

"berate" は、"upbraid" より具体性がなく、相手に対してもっと基本的な反感をもってする批判である。たとえば、その人の生き方に対する不満の披瀝(ひれき)などがそれである。

(5) Sons and daughters of the wealthy men are usually critical of their parents and *berate them for* their middle class values. （金持の息子や娘に限って親のブルジョア趣味の悪口を言う）

"reproach" はまったくの私怨から食い下がることである。

(6) She *reproached* her husband *for* having forgotten her birthday. （彼女は夫が彼女の誕生日を忘れたことを怨みがましく非難した）

scorn / *contempt*

この2つはどちらも優越感をもって人や物事を蔑視することだが、優越感の種類が違うのである。"scorn" は外面的で本能的な嫌悪感から拒絶行為に出ることである。

(1) She *scorned* his advances all the way. （彼女は彼の求愛を徹底的に拒否した）

(2) He did not *scorn* to take up a little sidework. （彼は会社の仕事以外の小遣いかせぎをするのをいとわなかった）

"contempt" は "scorn" より感情的に強い敵意をたたえた言葉である。しかもその敵意を道徳などの名において正当化して、公然とした軽蔑的態度に出る場合が多い。だが必ずしも "scorn" のように外に表わすとはかぎらない。

(3) She holds him in *contempt* because of his indecisiveness.（彼女は彼の優柔不断を軽蔑していた）

"contempt" はまた法廷用語でもあり、証人などでマナーが悪かったりすると退出を命じられたり、留置されたりする。この場合 "contempt" という１語で意が通じる。

"The judge dismissed the witness for *contempt*."（もしくは、"The judge dismissed him for *contempt of court*."）（裁判官が証人を不従順 (disobedience) の理由で法廷から追い出した）などという。

serious / *earnest* / *grave*

"serious" という形容詞には２つの面がある。１つは主観的な気持で、「一生懸命」とか「本気」などの意で、もう１つは客観的に見た事態の重大さを指すものである。前者の場合は "earnest" のシノニムであり、後者は "grave" がシノニムである。

serious / earnest　この２つの辞書の訳語は、「まじめ」とか「本気」と出ていて、これだけではどちらがどうなのかはっきりしない。実際にはそれぞれ違った含みを持っているのである。

"serious" は人の表情に使った場合、ユーモアのない硬い表情のことを言う。

(1) He looks *serious* this morning, I don't know what's wrong.（彼は今朝は深刻な顔をしている。どうしたのかしら）

と言ったりする。つまり "serious" な表情はあまり愉快なものではないのである。"serious" はまた実質的にも、事態を軽くあしらうことの反対で、いわゆるむきになることである。失望している友を慰めるのに、

(2) Don't take it so *seriously*, you'll get another chance.（そんなにむきになるな。チャンスはまたある）

などと言う。この "seriously" を「まじめに」と訳すと不まじめを奨励しているような誤解を生じないでもない。いずれにしても日本語の「まじめ」は不明瞭な訳語だから避けたほうがよい。"seriously" は「冗談はさておき」と話を切り替える時に冒頭にもってくる。

(3) *Seriously*, what are your plans for the coming year?（冗談はさておき、あなたの来年のご計画は？）

"in all seriousness" このイディオムは相手に忠告をする時などに使う。自分のこれから言うことを仇やおろそかに思ってもらっては困る、の意である。

(4) *In all seriousness* I'm telling you this: don't do anything rash about it.（よく言っとくが、その件については決して性急なことをするな）

"a serious novel"、"a serious play" は、いずれも人生を軽く笑いとばす種類のものとは反対に、人生を深刻に取り上げた作品を言う。

"earnest" は "serious" に比べてずっと内面的な言葉である。"serious" が顔の表情などの表面的な意味にも使えるのに対し、"earnest" はいちずな専心ぶりを表わすのである。日本語の「ひたむき」に近い。

(5) More and more *earnest* youngsters are going into social service. Out of sheer idealism, they put in their time and energy to improve the lot of the disadvantaged.（社会奉仕に身を投じる献身的な若者が増えている。彼らはまったくの理想主義から、社会の下積みの人びとの人生を少しでもよくするために、自分たちの時間と精力を捧げている）

このように "earnest" は人間の場合、理想主義と情熱をいっしょにした言葉だと思えばよい。

(6) It's raining *in real earnest*.（雨は本降りになった）

serious / grave　この2つはどちらも事態が重大であることを指摘する言葉である。なぜ重大かと言うと、ある危険が予想されるためである。ただその予想される危険の度合が、"grave" のほうが "serious" より重いのである。

病気を例にとると、"a grave illness" は死が目前に迫っていることだが、He fell *seriously ill*. の場合は、単に「彼は重い病気になった」ことで病状は好転するかもしれないのである。

病気ばかりでなく、"grave" は最悪の事態を暗示する言葉であって使い方に注意しないと誤解の原因になる。これは1930年代の終わりごろから40年代にかかるころの話だが、日本のある駐米大使が、時の米政府に出した

公文書の中で、"grave consequences" という語句を使ったために大さわぎになったことがある。日本語の「重大な結果」という特に意味のない型にはまった言い方を直訳したがためである。辞書で引くと "grave" は「重大」となっている。だからそれに「結果」"consequence" を付けたまでである。だが、英語では、外交官が "grave consequences" というような言葉を口にした場合、「戦争を招来する」という意味以外には受け取れないのである。日本側の語学力不足から出た言葉とは夢にも考えないアメリカ側はこれを一種の恫喝と解したため、日米関係は最悪の状態に突入してしまったのである。この場合 "serious" も grave ほどではないが使うべきではないのである。また "consequences" といった無神経な言葉も不幸な選択だった。

しかし "grave" が好感をもって迎えられる場合が1つある。それは顔の表情やマナーを形容する場合である。

(7) His face was *grave*, and his manner firm but gentle.（彼は沈んだ顔付きをしていて、マナーはしっかりはしているが優しかった）

"grave" は表情としては「お葬式のような顔つき」などと言われても、英米の男性には感じのよい表情とされている。"serious" のほうはユーモアに欠けているとして、顔の表情としてはあまり人気がない。

serve / service

"service" を名詞としてでなく、動詞として用いる場

合がある。これは単に口語用というだけでなしに、"serve" とはまったく違った特殊な意味になる。

"serve" はただ一般的に「仕える」という時に使うことが多い。

(1) We all *serve* our country.（われわれはみな、国のために尽くしている）

(2) "Let us *serve* God, not Devil."（悪魔にでなく、神に仕えよ）

だが "serve" には囚人が刑期をつとめることを言う場合がある。

(3) He *served* time.（刑務所にいたことがある）

一方、動詞としての "service" は本来、動物用語で copulate（つがう）のことである。

(4) One buck may *service* several does.（雄鹿は1匹で数匹の雌鹿とつがうことがある）

これは常に雄の側から言う場合である。人間に当てはめれば、むろん皮肉になる。だが "servicing" が常にセックスの意味だと思うと間違うから注意すべきだ。たとえば修繕、維持の仕事を "servicing" と言う。むろん有料である。

(5) I've had some dealings with them *in the servicing of* my imported car.（外車の修繕、維持のことで、あの会社に頼んだことがある）

sharp / *keen*

この2つはどちらも鋭利なナイフのような感じを言う

のだが、それが単に五官の反応に関するものである場合には、主として"sharp"を用い、"keen"は使わないのが普通である。この場合の"sharp"には善悪の意味はなく、あくまでも描写語にとどまる。

(1) When we went outside we felt *a sharp wind*.（外に出ると肌を刺すような風を身に感じた）

(2) The figures stood out *sharp* against the sky.（映像が空を背景にあざやかなシルエットを作っていた）

(3) The cheese had *a sharp flavor*.（そのチーズには強い風味があった）

(4) Their offer was in *sharp contrast with* the older product.（彼らが見せた品は、以前のものとはひどく対照的な品だった）

しかし、"sharp"と"keen"は比喩的に使われた時にはっきりした違いが出てくる。大別すると、"sharp"は悪い意味、"keen"はよい意味に使われることが多い。

(5) He has *a sharp mind* and *a sharp eyesight*.（彼は頭の回転が早く、目も早く、何物も見逃さない）

(6) He has *a keen eye* for details.（彼はディテールを見抜く目を持っている）

(7) He is *a sharp bargainer*.（彼は取引に辣腕を持っている）

(8) She is *sharp-tongued*.（彼女は毒舌家だ）

(9) He is *a cardsharp*.（彼はいんちきトバク師だ）

(10) He is *keen* to go abroad.（彼は外国に行きたがっている）

(11) He is *keen* on her.（彼は彼女に好感を持っている）

(12) I'm not *keen* on movies.（映画はあまり好かない）

(13) He was wearing *a sharp suit*.（彼はスマートな服を着ていた）これは最新流行の服のことで、悪い意味はない。

(14) She has *a keen sense* of color.（彼女は色彩感覚がいい）

(15) She is quite *keen*.（彼女はなかなか才女だ）

(15)の "keen" は "sharp" の油断のならない利口さに対して、よい意味で頭がよいことで "bright" の代用でもある。だがこれは「なかなか頭もいい」といったほめかたで、多少ひかえめにものを言う感じでもあるのだ。

shuck / *peel*

この2つは、どちらも外皮を取り去ること、つまり「皮をむく」に当たる言葉だが、その間に混同できない違いがある。

"shuck" は中味と外皮とを分離することを主眼とする行為である。"*shuck* corn" は "husk corn" と同じで、トウモロコシの皮をむくことで、この場合、殻はそのままの形で残る。これを "*shucked* corn" と言い、中味が取り出されたあとの殻である。"*shucked* clam" は蛤の中味を取ったあとの貝殻である。

"**peel**" は抜け殻には興味がなく、もっぱら中味に対する好奇心から皮をむく行為である。"Keep your eyes *peeled* for me." という表現がある。わたしのために、目をよくあけていてほしい、つまり情報を提供してほし

いの意である。これなども、遮蔽物を除いて目をよく見える状態にしておくこと、あなたの肉眼で見てくれ、の意である。

"peel" は元来手で果物やジャガイモの皮をむくことで、むいたあとの皮には興味はないのである。"peel an apple"、"peel potatoes" と言い、この場合 "shuck" は使わない。"shuck" という言葉は、殻とか莢(きゃ)といった名詞で、これがそのまま動詞化されて「むく」ことになったものだから、殻や莢の原形は中味と分離されても残るのである (shcuk peas ; shuck oysters)。つまり "shuck" は、それを覆っている外皮から中味を脱出させて自由にしてやることで、この事を意識した言葉として比喩的に多用される。

(1) "There is no definitive David Bowie," he once remarked, Ziggy and the Duke have been slithered out of, like *shucked snakeskins.*—*Time*.(「これがデビッド・ボウイだといえるような極め付きの人物は存在しない」と彼はかつて言った。ボウイの分身と思われてきた Ziggy にしても the Duke にしても、とっくに脱皮したあとで、残るは蛇の抜けがらにすぎなかったのだ)

"peel" も "shuck" も他動詞にふつう使うが、自動詞にも使う。自動詞に使った場合は、"peel" には "off"、"shuck" には "out of" をつける。

(2) peel の例:

The house was old and the paints were *peeling off*. (その家は古ぼけていて、ペンキがはげかかっていた) つまり、ペンキで塗った木の板の表面がところどころめくれ

ていた。

(3) shuck の例：

As soon as I reached home, I *shucked out of* my rain-soaked clothes and slipped into a clean shirt.（家に着くとすぐ、私は雨にびっしょり濡れた服をぬぎすて、さっぱりしたシャツに着がえた）

sick / *ill*

この2つは、ほんとうに身体の健康がそこなわれた状態を言う場合と、比喩的に使われる場合とに、使い方の差がある。アメリカ英語とイギリス英語は前者の場合にはっきりした違いが出てくる。

"sick" がイギリス英語の日常語の中に出てくる時は常に nausea「(吐き気) をもよおす」の意に用いられるので、他の意味には使われない。とくに女性の場合は悪阻(つわり)つまり妊娠と結び付くので、病気だと言う時は "ill" を使う。男性が吐き気をもよおす場合は、文字通り、I'm *sick of* stomach. または I am [feel] *sick at* stomach. と言う。

しかし、アメリカ英語では "sick" はこの意味にも使うが、一般に病気の総称としても使う。

(1) Quite a few people didn't show up today at the office. Are they all *sick*?（きょうは相当数の人が出勤しなかった。みんな病気なのか？）

"in sickness and in health"（病気のときも、健康なときも）は、結婚の宣誓のとき、牧師が祭壇の前で結婚する

2人に言う文句の一部として英語では最もよく知られている phrase である。その文句とは、...*in sickness and in health*, to love and cherish, till death do us part（「病めるときも、健やかなるときも、たがいを愛し、死によって引き離さるるまでいつくしみあうべきこと」）というのである。

比喩的用法での "sick" は大別して2種類ある。

① "(be) fed up with" あきあきした、または恐怖で死にそうな思いがする場合と、② "morbid" 病的心理を表わす場合とである。

(2) I'm *sick and tired of* the same payoff scandals the media feed us day in and day out.（テレビ、ラジオ、新聞などから毎日毎日おしつけられるワイロ・スキャンダル問題にはつくづく食傷した）——①

(3) He was *sick* with fear when the exams started.（彼は入試がはじまった時は恐怖で人心地がしなかった）——②

(4) The kind of gossip I hear around here *makes me sick*.（ここらで耳に入るゴシップは実にいやな感じだ）この "sick" は "disgusting" と同じ。

(5) She won. Her record made the previous record *look sick*.（彼女は勝った。彼女のうち立てた記録は、いままでの記録を顔色なからしめた）同じことを、The previous record *paled* before hers. とも言う。

(6) He has a *sick mind*; his jokes are sick.（彼は神経を冒されている。彼の言う冗談はふつうじゃない）

(6) の "sick" は "psychotic" と言ってもよく、"*a sick*

personality"、"*a sick man*"（精神病にかかっている）という表現をする。

"ill" が比喩的に用いられる場合は "evil"（悪）の意である。そしてこれは道徳的の悪である場合も、悪条件の意の場合もある。

(7) *Ill* got, *ill* spent.（悪銭身に付かず）

(8) At the end of the war, Japan was a nation *ill-housed* and *ill-fed*.（戦争の終わった時、日本人はひどいところに住み、餓死寸前の状態だった）

(9) With advancing years he grows more and more *ill-tempered*.（彼は年とるにつれ、ますます気むずかしくなる）

(10) To sight a black cat is considered *an ill-omen*, so says a superstition here.（黒猫を見ると縁起がわるいと、ここでは言われている）

sin / *guilt*

これは2つとも「罪」を表わす単語だが、罪の性格が違うために入れ替えがきかない。

"sin" はもともと神に対する罪のことで、宗教の戒律を犯すことを言う。「罪深い」は "sinful" で、犯罪とは別の次元の罪悪感である。

(1) She lived with him *in sin* for years before they finally got married.（彼女は彼と結婚する前から、彼と長年同棲生活をしていた）

これでもわかるように "sin" はひろく言えば、「邪道」

のことである。

(2) Repetition and exaggeration are two rhetorical *sins* you must avoid if you wish to master the art of writing.（ものを書くことを覚えようと思ったら、反復と誇張を避けなければいけない、この2つは修辞法では悪とされている）

"sin"が神仏または正道に対する邪道のことであるのに対して、"**guilt**"は、社会に対して犯す罪であり、罪悪感のことである。"guilt"という単語はこの両方の意味に使えるのである。犯罪を犯した当人がそれによって罰せられても仕方がないと意識するのも"guilt"である。英米法（わが国も基本的にはそれによる）では、判事は法廷で被告に対して、

(3) How do you plead, *guilty or not guilty*?
と尋ねる。これは換言すれば、Do you think you are *guilty of the crime* you are accused of?　別の言い方をすれば、Do you think *you deserve punishment for* what you have done?（あなたは自分のしたことで罰せられるべきだと思いますか）ということである。

これに対して被告はふつう、Not guilty. と答える。これは、英米法では、A suspect is innocent until he is proven guilty.（被疑者は有罪が立証されるまでは、無罪）ということになっているので、この考え方からきた形式である。

しかし"guilt"について注意すべきは、"guilt"が罪悪感の意に用いられる場合、それが必ずしも実際に罪を犯しているかどうかとは関係のない場合があることである。

人によっては、「自分が悪いのだ」といった自責の念から "guilt" の感じを持つ人がある。これを "inner guilt" とも、ただ "guilt" とも言う。

(4) *Inner guilt* and uncertainty are eating him.（自責の念と不安感が彼の心をさいなんでいる）

(5) You look *guilty*!（脛に傷もつという顔よ、何か悪いことしたんでしょう）これは「何もしないのに、おどおどしたところがある」人のことで、悪いことをしても、平気でいるのと正反対の人物である。

skin / *hide*

この 2 つはともに動物の「皮」のことだが、その種類に違いがある。また比喩的にはどちらを用いてもよい場合と、慣習的に片方しか使わないこともある。

"skin" は狩猟の対象になるような比較的小さな動物の皮および毛皮のことを言う。"sealskin"（おっとせいの毛皮）。

"hide" は牛馬など大きな動物の皮およびその毛皮のことを言う。同じ牛でも成長した牛の皮が "hide" で、仔牛の皮は "calfskin" である。

(1) *Calfskins* produce a softer leather than cattle *hides*.（仔牛の皮は牛皮よりやわらかい皮製品になる）

(2) ladies' luggage set in English *hide*（イギリス製の皮革で作った婦人手荷物用品）

"skin" も "hide" も人間の皮膚のことを言うこともある。

(3)　Constitutionally one is not discriminated by the color of his *skin*. (憲法の上では、人は皮膚の色で差別されることはない)

(4)　He sold his friends to save his own *skin*[*hide*]. (彼は自分が助かりたくて友達を売ったのだ)

(4)の "skin" または "hide" は実際の生命の意であることも、自分の職業的生命の場合もある。(3)の「皮膚の色」は常に "the color of one's *skin*" であって "hide" は使わない。しかし、(4)の「生命を守る」という場合はどちらでもよい。この他にまったく同じように使われる場合は、日本語で言う「顔の皮が厚い」という時と、「無神経な性格」の意に用いられる時である。両方とも "(to) have a thick skin" とも "(to) have a thick hide" とも言う。

(5)　He has too tough *a hide* to have hurt feelings. (彼は傷つくような感情の持主ではない。何を言われても平気だ)

(5)と同じことを He is *too thick-skinned* to be hurt. とも言う。ただ to give someone *a hiding*（なぐる）とは言うが、"a skinning" とは言わない。He is known to give his wife *a hiding*. (彼は妻君をなぐるそうだ) などと言う。

slim / *slender*

この2つはどちらも、デブデブしていることの反対で、やせて、すんなりしているの意に用いられ、これから延

長して、貧弱とか、貧しい、乏しいの意に用いられる。2つとも全く同じように用いられるのは、むしろ後者の比喩的用法としてである。

"slender" にあって "slim" に必ずしもあるとは言えないのは、美的要素である。

(1) He was a *slender* man with a sensitive face.（彼は感じ易い顔をした、すらりとした人物だった）

この "slender" を "slim" と入れ替えると、意味が少し違ってくる。優美な感覚がなくなり、やや貧弱な感じになるからである。

She wore a *slim skirt*. と言えば、フレアのない絹っぽくスベスベしたタイトスカートのことである。英語にはタイト・スカートという表現はないので、slim、skimpy skirt などがその部類である。

slim が slender と違う例。

(2) The boy is *slim* but he will fill out in a few years.（少年はまだ肉がつかず貧弱だが、2、3年すれば肉がついてくる）

(3) How do you keep yourself so *slim* and nice?（そんなにすらりと、体重をいつもうまくやっとくなんて、どうしたら出来るの？）

"slim" が最も多く用いられるのは(3)の例である。"slender" は、背丈と体重との比例がうまくほっそりとバランスがとれて美的印象を与えることをいい、"slim" は(2)の例のように、substance に欠けた貧弱な感じをいう。

しかし比喩的には両者は非常に似た使い方をするので、

多くの場合入れ替えがきく。イディオムとして定着しているものは別だが。

(4) Chances for his getting well are very *slim*.（彼の病気はまず直らないだろう）これはイディオム。

(5) We have a *slender hope* of success.（成功の望みはまずない）これもイディオムで、入れ替えはきかない。

しかし a *slim* meal は a *slender* meal（貧しい食事）のことで、a *slim* income は a *slender* income とも言い、乏しい収入のことである。

small / little

この2つはサイズの小さい、または量の少ないことを言う一般語として広く使われ、相互に交換可能の場合が多いが、性格的にも慣習的にも区別されなければならない点もある。

"small" は "large" の反意語で、容積、価値、数が常識的な標準を下まわることを言う。a *small* box（小さな箱）、a *small* economy（小さな経済）、a *small* number（少数）。

同じ小さなサイズでも "little" のほうは標準を極端に下まわる点で、常識的な "small" に比して、「小さい」という一味違った含みのある言葉になる。「小さい」ことが話の事情によって可愛い意味にもなれば、軽蔑的にも、謙遜にもなるのである。a *small* woman（小柄な女）、a *little* girl（12歳以下の幼女）、"*the little* woman"（開拓時代にできた米語で wife のこと）。

(1) She puts on the air of *a little girl*. (彼女は幼女気取りでいる)

(2) Packing his kids and *the little woman* in his car, he set out on a three-day weekend trip. (子供と女房を車に詰めこんで彼は3日間の週末旅行に出かけた)

"*a little* jacket" は使いようによっては軽蔑的にも、謙遜的にもなる。たとえばりっぱな毛皮のコートを着ている婦人に対して、社交界のライバルが、I like *your little jacket*. と言ったとする。長い毛皮のコートでも軽く "jacket" といͪなし、しかもそれに "little" をつけると完全に相手を牽制する効果があるらしい。欧米の社交婦人のよく使う手である。だがそんなことを言われる前にこの "little" を自分のコートに使えば謙遜的な言辞となる。

(3) I got *this little jacket* at a bargain price. (このちょっとしたジャケットはバーゲンで買ったのよ)

"a little man" は名もない平均的な男、つまり「庶民」の意味になる。

(4) Chaplin styled himself as the champion of *a little man*. (チャップリンは庶民のチャンピオンというポーズをとった)

He is a *little man*. は He is an unimportant man. ということで、これは社会的地位の問題である。

(5) He is not a big man at his workplace. He is just a *little man* there, not much better than an officeboy. (彼は職場では偉くない、オフィスボーイとあまり変わらないただの平社員だ)

しかし "small" もサイズの問題だけに限定されるわけではない。He is a *small* man. は背が低い男という意味にも話の内容によっては使われようが、大抵の場合は、「彼は小人物だ」と言う時に使うのである。

　"small" はまた心理的に「小さくなる」ことにも使う。
　(6)　I felt *small* there.（あそこでは小さくなっていた）
　この "small" は "cheap" に似ている。「自分がとてもつまらないものに感じられた」これは反省の意味ではなく、周囲のせいでそう感じざるを得なかったという意味である。

solitude / *seclusion* / *isolation*

　これらはみな、他と離れて独りでいる状態を言うのだが、本来の含みに多少の違いがあり、したがって使い方も同じでない。

　"solitude" は独り離れていることの精神内容、つまり独居の味である。独居を淋しいと思う人もあれば、快適と思う人もある。

　(1)　He lives in *solitude*.（彼は隠遁生活をしている）
　(2)　He is fond of *solitude*.（彼は独りが好きだ）
　(3)　Living in these *solitudes*, well supplied with foods and other necessities, you must be leading a life of real creative contentment.（こんな人里離れた閑静な場所で食料や日用品はたっぷり支給され、さぞ創作活動に満足のいく生活をしていられるのでしょうね）

　"solitudes" と複数にすると「人里はなれた場所」に

なる。"solitude" の形容詞は "solitary" で、"solitary confinement" は「独房」、精神的な罰なので "solitary" を使う。つまり強制された "solitude" である。

"seclusion" は仲間から切り離された状態で、これは意志的に自分で選んだものと、自然や社会的現象としてそうなっているものがある。

(4) She *secluded herself* in her room to write her report.（彼女は自分の部屋にこもって、リポートを書いた）

(5) You can enjoy your privacy only *in the seclusion* of your own home.（自分の家の中でだけはプライバシーを完全に保つことができる）

(6) In some regions of the Middle East, *the seclusion of women* is still the custom.（中東の諸国では女性を人前に出さない習慣が今でも残っている所がある）

単一のもの、または1つのグループを切り離すことを "isolate" と言い、"isolation" は切り離された孤立状態だが、これは意図的に何らかの目的のために隔離することと、突然の出来事などで孤立状態に陥る場合とある。

(7) We have *isolated* the bacterium for examination.（われわれは問題のバクテリアを調べるために分離した）

(8) Several villages *have been isolated* by the stoppage of the local line by the snow.（雪でローカル線が不通になったので幾つかの村が孤立状態に陥った）

(9) To put the contagious disease under control, they keep very close track of all carriers and *isolate* them.（発生した伝染病の蔓延を防ぐため、当局では保菌者

の足どりを厳重に監視し、かつ保菌者を隔離している)

spurious | sham | phony | mock | fake

　これらの言葉はみなニセモノを意味する点で一致している。しかし同じニセモノでも、だます魂胆がはっきりしているニセモノもあれば、ほんもののふりをするつもりは少しもないどころか、ニセモノとしての価値を売りものにするニセモノもあり、また、だます意図はないが結果的に根拠を欠いたものになっているものなどいろいろある。したがってそれぞれの言葉の中に含まれる感情の種類も大幅に違ってくる。

　"spurious" はこの中で最も使用範囲の広い言葉である。

　(1)　At the village fair you can amuse yourself with a garish collection of *spurious goods* displayed on roadside stalls.（村に市が立つと、露店に陳列されたけばけばしいゲテものを見てたのしめる）

　(2)　With the news of his death came a shower of *spurious wills.*—*Fortune.*（彼の死がニュースで伝えられると、インチキ遺言書が殺到した）

　(3)　The prosecution brought in *a completely spurious witness.*（検察側はまったくのでっちあげの証人を連れてきた）

　(4)　*A spurious painting* attributed to Van Gogh was on display at the bazaar.（ヴァン・ゴッホの作とかいう絵がバザーに出ていた）

(5) What fashion designers call new is always *a spurious novelty*. (ファッション・デザイナーの言う「新しい」は常に見せかけだけの新機軸だ)

(6) His whole effort was focused on proving his opponent's thesis was *spurious*. (彼は全力を挙げて、彼の競争相手の論文が根拠薄弱で価値がないことを証明しようとした)

(2)と(3)の "spurious" は、だます意志が先方にあることがはっきりしているが、(4)と(5)のは描写語に近い。特に(5)の "a spurious novelty" は、「厳密に言えば新しいとは言えない」といったほどの意である。また(6)のように "spurious" が論理の形容に用いられる時は、当人に人をだます意志はなくとも、その言葉は根拠に乏しい、の意である。

"phony" と "sham" は disapproval (不賛意) が明白な言葉で、"sham" は「見せかけ」の意。

(7) Their marriage is a complete *sham* entered into for financial gain. (あの2人の結婚は金のために行なわれた名のみの結婚だ)

"phony" は "sham" よりさらに強い軽蔑語である。誰かを He is a *phony*. と評した人があったとする。これは、「彼」なる人物が彼自身でないものになりすましているという意味ではない。彼なる人格全体がニセモノ、まがいもの、つまりインチキだという意味で、その人間全部を否定し去る言葉なのである。これは He is a *sham*. と言うよりはるかに強い軽蔑である。

"mock" は戦前、戦中の使い方と戦後から現在に至る

使い方が違ってきている。古い時代では、"mock" は、本人は大まじめで本物に似せようとしているのだが、まね方が下手すぎて愛嬌があるといった感じの罪のない似せ方を言った。

(8) He spoke in the style of the old guard politician he was, with windy oratory full of *mock patriotism*. (彼はいかにも昔気質(かたぎ)の政治家らしく、芝居じみた愛国の思い入れタップリの雄弁ぶりを発揮して演説をぶった)

だが戦後になると "mock" は本物を気取るとか、人の目をごまかすといった意図は消え去り、ニセモノ本来の用途とスタイルを誇るようになった。商品でも本物とわざと区別して "mock" というラベルを貼って独自の分野を開拓している。

"*mock* fur" これは光沢も手ざわりも本物の毛皮そっくりな上に軽く、虫がつかぬという長所があり、保存も簡単だが、値はあまり安くない。

mock turtle soup（スッポン式スープ）、*mock-jeans* silk evening wear（シルクで出来ているジーンズ・スタイルの夜会着）。

"fake" は当面の必要上本物に似せることで、人をだます意図は十分ある。"mock fur" のように "fake fur" と言う場合もある。

(9) She bought a *fake mink coat* along with her real mink coat.（彼女は本物のミンクのコートといっしょに、イミテーションのミンクのコートも買った）この fake mink coat は泥棒よけに本物そっくりに見せるためで、ただそれだけのことである。

"fake" には、似せる動機についてのせんさく心はないので、軽蔑の余韻はない。芝居の代役などの技術にも使う。

(10) She *faked the star's voice* as well as demeanor to perfection.（代役の彼女はスターの物ごしだけでなく声まで完璧にそっくりに演じた）

つまり "fake" は必要があって本物に見せようとする行為で重点は「そっくり」に到達したことにあり、"spurious" や "phony" や "sham" のような disapproval のひびきはない。

(11) Is this picture genuine or *a fake*?（この絵は本ものかにせものか？）

It's *a fake*.（にせものだ）この "fake" は単に事実の報告で道徳上の批判の含みは少しもないのである。

stain / *taint*

この2つが関連を持つのは、汚名または腐敗を意味するときだけである。つまり比喩の時点においてのみシノニムになるのである。

しかしながら、"stain" は物的にしみができること、または変色するの意があり、また化学的方法で着色することにも使う。この点、"taint" とは本質的に違うのである。

(1) His teeth were *stained* by years of smoking and his fingers were *stained* with nicotine.（彼の歯は長年の喫煙で黄色くなり、彼の指はニコチンで茶色に染まってい

た)

(2) Does this material *stain* easily?（この生地はよごれやすいですか？）この "stain" は "soil" と同義である。

(3) He *stained* the wood blue.（彼は板を青く着色した）

(4) The chairs were *stained* to match the dark table.（暗い色のテーブルに合わせてイスも着色してあった）

この(3)(4)の例の部類に入るものに "stained glass" がある。"to *stain wood*" ということもある。

(5) There were *blood stains* at the scene of murder.（殺人現場には血痕があった）

比喩的に用いられた "stain" と "taint" の違う点は "stain" のほうが汚名の度が社会的に深刻なことである。

(6) The scandal brought about *a stain* on her reputation she could never eradicate.（そのスキャンダルは、彼女の名にとりかえしのつかない汚点をのこした）

(7) It's *a stain* on his character.（彼の人間としての信用に傷がついた）

"stainless" は "stainless steel cutlery"（ステンレスのナイフやフォークの類）だけでなく、世間の信用とか名誉が完全に保たれている状態にも使う。

(8) He is a character *without a stain*.（彼は一点の曇りもない人格の人だ）

(9) Her family's *stainless reputation* can suffer if she is allowed to act that way.（彼女のそうした行動を許せば、汚れなき家名に傷がつくかもしれない）

"taint" は "stain" のように目で見てわかるような汚点ではなく、品質の中に深くしみこんだ腐敗を意味する。この腐敗は肉などのいたむことにも使う。人間に使う時は性的堕落に使うことが多く、また fascism のように狂的な病原菌として取り扱うものにも使う。

(10) Is this meat free from *taint*?（この肉はいたんでないでしょうね？）

(11) In former days, any one associated with stage carried with him *a taint of impropriety* in the eye of the straightlaced.（以前は、舞台に関係した職業の人は、世間のかたぶつからは、一種のいかがわしいものを見るような目つきで見られたものだ）

(12) The Supreme Commander's Office issued a directive to purge the roll *tainted with* fascism.（総司令官のオフィスは、ファシズムに毒されていると見られる人びとを公職から追放するとの司令を出した）

(13) His mind is *tainted*. これは He has *a dirty mind*. とも言う。日本語ではあまり言わない表現で、性的に病的な人を指す。

(14) There is *a taint of insanity* in the family.（あの家族には狂気のすじがある）

standard / *criterion*

この2つはともに標準または水準を表わす言葉とされているが、基本的な点で相違がある。

"standard" はオーソドックスな基準のことで度量衡

から生活水準まであらゆる範囲に用いられる。

(1) Kilogram is *the official standard* of weight measurement in Japan.（日本では重量測定の公的基準はキログラムだ）

(2) The workingmen's *standards of living* have greatly improved since the introduction of labor union.（労働組合がはじまってから勤労者の生活水準は大幅に向上した）

(3) One must conform to *the standards of society*.（社会生活の原則は守らなければならぬ）

(4) You must set *a high standard of moral conduct* for your children through your own example.（高い道徳水準を子供たちに、みずからの行為によって示さなければいけない）

"standard" は世間で認める現行の標準のことで形容詞に使うと「普通」とか、「標準型」の意になる。

(5) Arranged marriage is *a standard practice* in Japan.（媒酌結婚が日本では一般的な風習だ）

(6) The Smiths, with their three children, are *a standard American family*.（3人の子持のスミスさん一家はアメリカの標準的家庭だ）

このように "standard" は世間を抜きにしては考えられないが、"**criterion**" は世間とは無関係に、判断の基準になるものの種類を言う。

(7) *The sole criterion* for the abstract painter is the sense of inner congruity.—G. L. Lowes.（抽象画家の唯一の基準は内面の調和だ）

(8) *The criteria used for* the award of these prizes would seem to be stylish elegance, a clear point of view, and a subject of current interest to a wide educated public.—Lawrence Stone in *New York Review of Books*.

(8)は最近のピュリッツァー賞の傾向について述べたもので、大意は、「賞の選抜基準になったものは、一に文章の巧緻なこと、二に観点がはっきりしていること、三に広い範囲の教養ある読者層の興味の対象になり得るような時局的題材といったもののようだ」と言うのである。

state / *nation*

この2つは両方とも国家のことだが、"state" は国際法が定義する「独立国家」のことである。それによると "state" はこう定義されている。──一定の領土を永続的に占拠し、共通の法律、習俗によって1つの政治団体 (body politic) に結合され、外国のいかなる団体からも圧迫されることなく独立に組織された政府を通してその領域内の一切の人と物とに対して独立の主権と統制を行ない、平和、戦争を決定し、他の国と国際関係に入り得るもの。

ただアメリカ合衆国の場合はそれぞれの州が State で、国家としてのアメリカは a nation であり、a country である。米合衆国全体を統治する法律を "Federal law" と言い、1つの州の中だけの法を "State law" と言って厳

然と区別されている。State law に抵触しなくとも Federal law に抵触すれば罰せられるのである。

"state" が国際法の用語であるのに対し、"nation" は民族集団としての国家である。日本のように単一民族から成る国家もあれば、アメリカのように複数の民族出身者から成り立っている nation もある。

もともと "nation" はラテン語の nasc（生まれる）からきた言葉で、民族的な結合によって築かれた国家を "a nation-state" と言う。ヨーロッパに見る国家 (nation-states) は 13 世紀ごろから発達したものだと言われる。

"nation" はある民族の持つ culture によって作られた「共同体」のことで、国家を形成する場合も形成しない場合もある。つまり "state" でない "nation" もあるのである。"the Jewish *nation*"、"the gypsy *nation*"、"the Indian *nation* of the West"（北米インディアン、中南米インディオ族を含む）。つまり "nation" は同じ国語と文化で結ばれているが、統治権（sovereignty）の下に治められない、つまり政府を持たないバラバラの存在でもあり得るのである。

ついでに言うと、"country" は国を表わす一般語だが、これはもともと「場所」の意で土地に焦点がある。だから国土と訳せばよく、「祖国」に当たるのである。He is a man *without country*. ということを言うが、これは「あの人は祖国という観念のない人間だ」の意で、英国人のよく口にする表現である。

stick / *adhere* / *cohere*

　この3つは「粘着」するという共通の意味をもっている。このわく内でどう違うかというと、"stick" が口語、"adhere" がいかめしい言葉という以外に、たがいに入れ替えのきかない点を持っている。

　愛情からくる執着（attachment）を表わすには "adhere" は使わず、"stick" を使う。"adhere" は忠誠心からある主義、原則などを固守することに使う。

　"stick" しか使わない例。

(1) Two people marry usually because they intend to *stick to* each other to the end of their lives, and to let the world know about it.（2人の人間が結婚するのはふつう死ぬまで離れるつもりはなく、そしてそのことを世間に知らせるためである）

　「愛着」以外の表現でも "stick" は "adhere" よりもはるかに慣用の範囲が広い。その主な例を拾ってみると、

(2) We called him "Shylock" and it *stuck*.（われわれは彼をシャイロックと呼んだ。そしてその仇名は定着した）

(3) We intend to make our decisions *stick*.（われわれは決定事項を確実に実行させるつもりだ）

(4) The drawer of my desk *has stuck* and I can't open it.（私の机の引き出しがつまって開かない）

(5) He *stuck* a flower in his buttonhole.（彼はボタン穴に花を挿した）

(6) He *stuck* doggedly *at* his math problem.（彼は数学の問題にがんばって取り組んだ）

"adhere" しか使わない例。

(7) Abdomen tissues sometimes *adhere* after surgery.(腹部の手術をすると、筋肉組織がときどき癒着することがある)

(8) The lung sometimes *adheres to* the pleura.(肺が肋膜にくっつく例がある)

この "adhere" は、本来異なった筋肉組織が延びて癒着する、の意である。

(9) He *adhered to* his agrarian land reformist principle all his life.(彼は農地改革主義を守り通した)

"cohere" は、部分が結合または凝集して、全体を作り上げるというのが本質である。"adhere" や "stick" のように粘着作用が独立に行なわれるのでなく、首尾一貫した全体を成立させるために働くので、全体 (unity) の観念なしにはこの言葉は出てこない。

(10) He uses a lot of descriptive words to the point of sounding wordy but his rhetorical phrases always *cohere* into a unity most effectively.(彼は饒舌と思えるほど描写語をたくさん使うが、彼の修辞は常にみな渾然と凝集して全体の効果をもりあげる)

(11) Her article is *incoherent* in spots.(彼女の記事はところどころ論理がつながらない)

stop / *cease*

この2つは "cease" が "stop" の文語調だと一般に思われている。たしかに両者とも動いているもの、継続し

ているものが止まる、または止めることだという点は同じだし、入れ替え可能の場合も多いが、ある慣用句に "cease" を使ったものは "stop" と交換できないものがある。

まず "cease" は本来 "cease to exist"、つまり存在しなくなるという底意がある。これは生物なら死ぬことだし、無生物や物事なら、"cease to function"（機能しなくなる）ことである。"stop" はそれほど根本的なことでなく、いままで継続してきた action を「停止する」ことにウェイトがある。

(1) He *stopped* his car for the light.（彼は信号で車を止めた）

だがまた He resumed driving.（車を動かして行った）ことが予想されるわけである。しかし For some reason he *ceased to drive*. と言えば、「何かの理由で車を運転することを止めてしまった」ことである。口語調を使えば、For some reason he *quit* driving. ということになる。

アメリカでは鉄道の交差点に古くから立札がたてられている。それには "stop, look, listen" と書いてある。この "stop" はむろん一時停止のことで、よくあたりを見まわして、何かが近づいてきはしないかと耳をすましてから次の行動に移れ、の意である。この立札の言葉をさらに口語に直せば、*Stop to* look and listen. ということで stop＋infinitive は「手を止めて慎重に考え、何かをせよ」という含みがある。

Stop to look around. は「あたりを見まわしてごら

ん」で、Stop looking around.（あたりを見まわすのは止めなさい）とは全然反対になる。このどちらの場合も"cease"は使えないのである。

"cease"は永久停止の含みがあるところから次のようにも言える。

(2) The pounding noise which had never stopped through the night suddenly *ceased*.（どすんどすんという音は夜じゅう止まらなかったが、急にぱったり止まって再び聞こえることはなかった）

この"cease"を"stop"と置きかえても誤りとは言えない。だが"cease"という動詞の性格から、こういう使い方ができるという例である。

strategic / tactical

この2つはどちらも軍事用語から出発したものだが一般用語にもなっている。

"strategic"は"stratagem"および"strategy"の形容詞形である。"stratagem"は行動を起こすための周到な計画体系を言う。"strategy"はやや具体的で、いわば作戦全体の方向を示す青写真である。実戦にとりかかる前にあらゆる場合を予想して、対象をどういう具合に誘導し、どう攻め落とすかといった計画である。それ故stratagemもstrategyも厳密に言えば、机上の作戦体系である点は同じである。

"tactics"はこれに反し、実戦に当たってとる局部戦略である。局面打開策と言ってもよい。"tactical"はそ

の形容詞である。

(1) Those were *tactical* decisions.（それは当面の事態を乗りきるための決定だった）

(2) The big gains count, not the little *tactical* advances.（重要なのは大きな利点の取得で、ちょびちょびした当面の進出などは大したことでない）

"strategic" と "tactical" の両者を含む文例。

(3) The American armchair strategists have in recent years stressed that a restriction of *tactical* nuclear weapons to minisized nuclear bombs would create a "firebreak" against an escalation to *strategic* nuclear forces of *tactical* nuclear war in Europe.—George B. Kistiakowsky in *Atlantic*, June, 1978.（近ごろアメリカの机上軍師の面々は、実戦用の核兵器をミニサイズのものに限定しておくことは、ヨーロッパで核兵器を使用する戦争がよしんば起きても、それが世界の核戦争にまでエスカレートすることを防ぐクッションをこしらえておくことだ、と主張しだしている）

"strategic" は「作戦上の」という意味のほかに次のように "critical" の意味にも使う。つまりそれが欠けたら致命的になるほどの重大性を表わすのである。

(5) This is a chapter devoted to the construction of arteries in *strategic* areas of the brain.（この章は、脳髄の重要な機能を司る部分における動脈の構造の研究である）

(6) The jeweller's shop was *strategically* located on Ginza.（宝石商の店は銀座にあり、立地条件満点だった）

stress / *pressure*

　この2つはほとんど同義語のように使われる場合があるが、それは精神的な重圧感を意味する場合に限る。だがこの場合も本質的には違いは存在する。

　"stress" は外部の困難が人の心にもたらす苦痛のことである。

(1) He is *under stress* because his child is very ill. (子供が病気なので彼は心を悩ましている)

　つまりストレス状態にあることである。しかし "pressure" は、stress の原因になるような外部事情を指すのである。

(2) Nothing gives a man a greater misery than *financial pressure*. (金の心配ほど人間を惨めにするものはない)

(3) She was *under the pressure* of a busy social schedule. (彼女はたて混んだ社交の予定に追いまくられていた)

(4) The continued *stress* from *job pressure* may result in gastric ulcer. (職場の心労からくるストレスが続けば胃かいようをきたす恐れがある)

　しかし "pressure" の場合、"under pressure" という idiomatic phrase を単独に使うと、「外部からの強制で」の意になる。

(5) He says his statement to the police was made *under pressure* and was false. (彼は警察で自分が言った

ことは強制されて言ったもので、事実ではないと言っている）

この "under pressure" は "under duress" とも言う。この場合はどこまでも外圧の意だから、"stress" は使えない。"stress" と "pressure" が取り替えられない場合はほかにもある。

"stress" が emphasis または importance の意味に使われる時。

(6) He *laid stress on* grammatical accuracy in his language instructions.（語学を教えるに当たり、彼は文法の正確さをもっとも重視した）

(7) Not enough *stress* is laid on the need for planning.（計画の必要性をもっと重視すべきだった）

そのほかの入れ替えのきかない慣用句。

(8) *High pressure* salesmanship is best developed in America.（執拗で積極的な売り込み法ではアメリカは天下に冠たるものだ）

(9) *Stress diseases* are hazards of modern life.（ストレスからくる病気は近代病とも言えるものだ）

strike / *hit*

この2つはともに対象に接触してある衝撃を与えることで、ふつう、「打つ」とか「たたく」と訳されている言葉である。2つとも無色透明な一般語で、どちらを使っても意味が通じる場合も多い。だが本質的には相違があり、また独自の慣用が多いので、違いを知っておく必

要はある。

"strike" は "hit" より応用範囲が広く、そのインパクトも撫でる (stroke) 程度に軽いものから、致命的な激烈なものまであらゆる段階を含む。

(1) The gentle breeze was *striking* the sails of the boat that summer morning. (その夏の朝、微風が帆船の帆を撫でていた)

(2) He *struck* him down with a heavy blow. (彼はその男をなぐりたおした)

(3) She *struck* him *with* a broom. (彼女は彼を箒でぶった)

(4) He was *struck by* lightning. (彼は落雷にうたれて死んだ)

"strike" が行為、または打つ事実そのものに重点があるのに対し、"hit" は対象に与えるインパクトや対象の示す反応のほうに焦点がある。つまり対象に痛い思いをさせることである。アメリカ映画に出てくる殺し屋は "hitman" である。

(5) Life had never *hit her very hard*. (彼女はあまり苦労していない)

(6) The place was *hard hit* by the recent storm. (ここは先日の暴風雨でひどい被害を受けた)

これら物理的な打撃以外に "strike" と "hit" を比喩的、準比喩的に使う場合は非常に多い。その中の主なものをあげる。

(7) *It strikes me* [It seems to me] she is too impulsive to be consistent with anything. (彼女は瞬間の衝動

で動く女で、堅実さを期待するのはむりのように思う)

(8) He *struck it rich* with gold. (彼は金鉱脈を掘り当てた)

(9) He *struck* oil. (彼は油田を掘り当てた)

(10) Polio *struck him* at 10. (彼は10歳の時ポリオにかかった)

(11) He *struck* a note on the piano. (彼はピアノである音を出した)

(12) The clock *struck* 12. (時計が12時を打った)

(13) They *went on strike* [They *struck*] *for* better working conditions as well as a wage increase. (彼らは賃上げと労働条件改善を唱えてストライキに入った)

(14) We *struck* the main road.

これは、「表通りに偶然行き当たった」つまり見つけたことだが、"hit" を使って、We *hit* the main road. と言えば、We *reached* the main road. (表通りに着いた) ことで予定の行動である。

この hit とまったく同じ使い方で、

(15) The first edition of *The Morning Herald* will *hit* the news-stand at 5 a.m. (「モーニング・ヘラルド」の一刷りが街に出るのは午前5時だ)

などと言う。

(16) She *struck out on her own* at 30. (彼女は30歳の時、独立生活に入った)

"strike out on one's own" は "to take up an independent life"(独立の暮らしをたてる)の意で日常的に使う。

(17) The music [play] was *a hit*. 音楽、演劇、映画がヒットするのを "(be) a hit" と言う。

(18) He admires you; you've *made a hit*.
"(to) make a hit" は相手に強い好感をもたせることを言う。

(19) The increase in food price *hits* the housewife. (食料品の高騰は主婦には打撃だ)

(20) *Strike out* this paragraph. (このパラグラフを取り去って下さい)

(21) *Strike out* this name from the list. (この名前をリストからはずしなさい)

(22) He *hit the roof* [ceiling]. (彼はかんかんに怒った)

(23) About time we *hit the road*. (もう帰ろう)

(22)と(23)はアメリカのスラング。しかしスラングによっては "hit" を使っても "strike" を使っても一向にかまわない場合もまれにはある。

(24) He *hit pay dirt* with his historical novels. (彼は、歴史小説で当てた)

(25) After hours of questioning, the police *struck pay dirt*. (何時間も尋問にかけた末、警察は決め手にやっとありついた)

つまり "hit pay dirt" は "strike pay dirt" とも言い、思うつぼを当てる、金脈を当てる、の意である。

substantial / *substantive*

この2つは似ている点もあるが、総じて入れ替えのきかない言葉である。とくに "substantive" を "substantial" で間に合わすことはできない。"substantive" という言葉でなければ表わせないものがある。"*substantive appointment to an office*" または "*substantive position*" という言葉がよく使われる。これは有名無実の職場でなく、ちゃんと実体のある就職先のことである。名ばかりの閑職は substantive position ではない、といった言い方をする。This is not a *substantive* position. は、つまり It is a *nominal* position. と同じである。

　"substantial" は量感のあるという意味で「実質的」ということになる。

　He received a *substantial* sum of money from the company when he retired.（退職した際、彼は相当額の金を会社から受け取った）

　むろん、この "substantial" を "substantive" と入れ替えるわけにはいかない。

　英米の法律に "substantive law"（実体法）というのがある。実体法は rights（権利）そのものを create、define、regulate する法律で、権利の操作、侵害に対する処置など付随的な法律と区別した言葉が、この "substantive" なのである。また、"substantive evidence" というのがある。これは「独立の証拠」のことで争点になる事実の存否を証明するための証拠を指し、喚問した証人の証明力などに関する証拠などと区別するためのものである。

　この2つの法律語の例によっても "substantive" とい

う言葉の性格が明らかになるはずである。どれも "substantial" で代行させることのできない意味合いを持っているのである。

sullen / *sulky* / *morose*

　これらはみな、しんねりむっつりした不きげんな態度のことだが、それぞれ違ったムード内容を持っている。
　"sullen" は胸の中にうっ積した怒りを爆発できないまま、それをある程度不きげんな沈黙で外に表わしているのである。

(1)　She saw hordes of *sullen convicts* working in the quarry under the surveillance of two armed guards. (彼女は陰気にだまりこくった囚人の群れが石切場で武装したガードマン2人に監督されて働いているのを見た)

(2)　The black ghetto voters were a *sullen, silent crowd*, utterly unresponsive to the veteran campaigner's sweet-talk. (黒人ゲットーの有権者の一群は、不きげんにだまりこくっていて、ベテラン候補者の甘い言葉にも全然のってこなかった)

　"sulky" は "sullen" より子供じみた不きげんさで、原因もとるに足らぬことで、見方によっては、すねた強情っぱりの子供を見るおかしさのムードがある。

(3)　His *sulky refusal* to acknowledge his obvious defeat seemed to me incredibly naïve for a pro. (はっきりした敗北を認めようとしない彼のすねた様子は、私にはプロとしては信じられないくらい青くさい感じがした)

"morose" はこの 3 つの中で最も救いのない陰気でいやな感じを出した言葉である。まわりの人にとってその人間の存在をまったくやりきれないものにする unfriendly で意地のわるい半永久的なムードなのである。"sour" という形容詞に最も近い。

(4) She used to tempt her husband to drink. He was *so morose* when sober that she could not bear being alone with him. (彼女は夫によく酒を飲むように仕向けた。白面の彼はあまりにもふさぎこんでいて、一緒にいるのが堪えられなかったのだ)

supply / *provide*

両方とも必要なものを供給することで、交換できる場合も多いが、本質的な違いを知っておくと、より適当な言葉がえらべる。簡単に言うと、"supply" は必需品が不足しないように支給または補充することで焦点は品物にある。"provide" のほうは必要なことをおもんぱかって用意をしておいてやるという親心のほうに焦点がある。したがって "provide" には将来に備える (make provision for the future) という含みがある。

(1) The widow was well *provided* for by her late husband. (その未亡人は死んだ夫の残してくれた金でちゃんと生活できた)

(2) The man may be a good lover but he is definitely a poor *provider*. (あの男は恋人としてはいいかもしれないが、妻子の面倒を見る甲斐性はあまりない)

(3) The United States *provides* material aids for its allies.（アメリカは同盟国に物資の援助をする）

"supply" の性格を知るには、"provider" に準じて、"supplier" の形にしてみるとはっきりする。

(4) He worked for the company which was *a supplier* to the auto industry.（彼が勤めていた会社は自動車の部品を作るところだった）

つまり "supply" とは、全体が機能するために必要なものを供給することである。

(5) A man *provides* for his wife and children. A wife goes to the market to procure *a day's supply* of meat and vegetable.（男は妻子のために生活の資を稼ぐ。女はマーケットに行き1日分の肉と野菜を買ってくる）

(6) Wells were drilled to *supply* the town's water system.（町の水道の水不足の補充用に井戸がいくつか掘られた）

(7) She was dressed for the town when she got off the plane, but she had amply *supplied* herself with many changes to meet any occasion. これは、「女は飛行機から降り立った時には街着を身につけていたが、着替えはたくさん用意していて、イブニングでも何でも必要に応じた服装ができるようにしていた」の意で、この "supply" は現に着ているもの以外の衣類を用意したことである。

sure / certain

この2つはどちらを使ってもよい場合が多いが、前後の関係により片方しか使えないこともある。それは "sure" の特性と "certain" の特性だけに頼る表現の場合である。

　"sure" は同じ「確か」の意でも主観に傾いた言葉で、あまり外的の証拠はなくとも自分で確実だと思うことを表明するのに使う。これに反し、"certain" はちゃんとした証拠があり、誰が見てもまちがいないという意味での確かさである。

(1) I'm *sure* everything will work out in the end. (すべては最期になってはっきりすると思う)

　この sure は I hope that... といったほどの意味で心配している相手を元気づけるためのレトリックである場合が多い。"sure" のこの主観性を逆手に使った言い方もある。

(2) She is so *sure* of herself. これは、「彼女は大した自信家だ」ということで、底意は、自信がもてるような客観的事実もないのに彼女は自分の優位を主観的に信じている、の意である。She is so *sure* of herself when she has no ground for it. ということで意地の悪い言い方である。こういう悪い意味の使い方でなしに、よい意味の場合もある。

(3) Her brush strokes were *sure*. (彼女の書の筆致はしっかりしたものだった)

(4) For an amateur, his acting was surprisingly *sure* and beautifully controlled. (彼の演技はアマチュアにしては驚くほどしっかりして危げがなかった)

"sure" にはまた、主観性とは別に、確固として覆すことができない、という意味がある。つまり secure、steadfast の代わりとしてである。

(5) The whole thing is built on a *sure foundation*. (これは確固とした土台の上にうち建てられている) これを certain foundation とは言わない。

"certain" は "sure" に比べると冷たい感じの言葉である。Will you make two copies of this for me? (コピーを2部とって下さいませんか?) これに対する答は "Sure." が普通で、"Surely." はやや固苦しく、"Certainly." となるとよそよそしい冷たさが出てくる。だからアメリカでは今では相手との親密度とは関係なく、"sure" というのが礼儀にさえなっている。こういうのはまだ入れ替えがきくが、次の場合は絶対に "certain" の代わりに "sure" を使うことはできない。

(6) It is *certain* that we exist. (われわれが存在していることは疑いのない事実である)

(7) No one can escape the *certain advance* of age and decay. (どんな人も、よる年波と老化は避けられない)

"certain" がある (某) の意に使われる場合。

(8) *A certain number* of medical doctors were involved in the matter. (その件には複数の医師が関係した)

(9) *A certain* Mr. Yamada came to see you today. (山田さんという人があなたに面会に来ましたよ)

surrender / *yield*

　この2つはともに戦っている相手に屈することだが、言葉の性格は同じでない。とくに "surrender" を "yield" で代用するわけにはいかない。なぜか？　まず "surrender" は敗戦を認める（acknowledge defeat）ことで、文字通り「敵の軍門に降る」という感情も含んだストレートな言葉であって、比喩的にはあまり使わない。

(1) Japan's *surrender* in 1945（1945年の日本の敗戦）

Japan *surrendered* to the United States Army in 1945. と言ってもむろん同じである。"surrender" は最も一般的な言葉で、軍事的には "capitulate"（名詞は "capitulation"）である。これは勝者の指定する条件に従って降服することである。"surrender" は capitulate のほかにも様々な言い方がある。その中で有名なのをあげると、

show [wave] the white flag ; strike one's flag ; lay down one's arms ; throw in the towel ; bite the dust

などがあるが "yield" とは言わない。なぜか？　まず "surrender" とその類語は、強者の力に負けたことを、武器を投げ出すことにより、あるいは白旗を掲げることによって表明する、当事者にとって不本意な行為である。どんなにいやでもそうせざるを得ないからそうするわけである。だが "yield" のほうはもっとずっと日常的な言葉で、相手の力に屈服することに大した嫌悪感を持たない言葉である。また相手が優者であるかどうかもはっきりしない、ただ儀礼的な場合もある。

(2) He *yielded the floor* to his opponent. これは議員などが相手側の議員に演壇をゆずったことで、これはそうすることになっているから、発言の場を相手に譲ったのかもしれないし、時間がきたからかもしれないのである。

(3) She *yielded to her seducer* only with a token struggle.（彼女はほんの申しわけ程度の抵抗をしただけで、女たらしに身をまかせてしまった）

"yield" は人間の場合は、このように sexual implication のある言葉だが、同じ意味では作物などに広く使う。その場合は、人間の働きかけ（耕作）に応えて実を結ぶ、の意味からである。

(4) The fertile soil *yields* a wealth of crops every year.（この辺の沃土からは毎年多様な野菜の豊かな生産がある）

しかし "yield" は次のようにごく日常的な力関係を表わすのがより普通な使い方で、これはむろん "surrender" や "capitulate" では代用できない。

(5) The ground beneath their feet became increasingly *yielding*, as if it were afloat.—Hitchcock.（彼らの踏みしめる地面はだんだん軟化し、まるで根なし草の浮上物の上を歩くような感じになった）

suspect / *doubt*

同じく疑いの念を表わすのでも、この２つは用法をまったく異にする。"suspect" と言うべきところを

"doubt" と言ったり、"doubt" と言うべきところに "suspect" を使うと意味が逆になることがあるから注意を要する。

(1) I *suspect* that's what he said.
(2) I *doubt* that's what he said.

(1)は「彼はそう言ったに違いないと思う」、(2)は「彼がそう言ったとは思えない」

Who do you think killed her?(彼女を殺したのはだれだと思いますか?)という質問に対し① I *suspect* he did. と言えば、I think he killed her.(彼が殺したのだと思う)ということになり、② I *doubt* he did it. と言えば、I don't believe he killed her.(彼がやったとは思わない)ということになるのである。①は彼を犯人と見なすし、②は、彼を「白」と思うというので、まるで反対である。常に "suspect" は "suppose" と、"doubt" は "not believe" と入れ替えて考えればはっきりする。

T

talk / speak / say / tell

このどれも「ものを言う」、「話す」ことである。だが "talk" は相手があってしゃべることを意味し、"speak" はただ声を出してものを言うことである。"talk" はあ

る程度の相互信頼と親しみを前提としているのに対し、"speak" はあくまでも意志的に声帯を駆使してものを言うことである。

(1) They were standing in small groups, *talking*. (彼らはそれぞれ小グループを作って、おしゃべりをしていた)

この文章をそっくり使って、"talking" のところだけを "speking" に変えたらどうなるか? ただ声を出してしゃべっていたといっても啞(おし)でないことの証明にはなろうが意味がない。一歩進めて、"speaking together" としてみてもおかしなものである。声を合わせてしゃべったかのようにも聞こえる。また一方、

(2) She *spoke to* the club. (彼女はクラブでスピーチをした) の "spoke" を "talked" として、She *talked to* the club. としてみたらどうなるか? 彼女は、クラブに何か文句があるか説得することでもあって、お説教じみた話をしたことになり、まったく別の意味になる。

(3) The boys are getting lazy, they skip classes too often. I must *talk to* them. (男子生徒に怠けぐせがついて、クラスをサボりすぎる。お説教してやらなければ)

"Speak up!" (黙っていないで、みんなの前で発言してください) という言い方があるが、これを talk up とは絶対に言わない。"talk" は会話の相手に働きかける言葉である。

(4) He *talked* his father *into* donating a large sum of money to his school. (彼は父親を説得して自分の学校に大金を寄附させた)

この "talked" を "spoke" と入れ替えるわけにはいかない。

　"speak" が声を出して発言することであり、"talk" が会話的感覚にウェイトがあるのに対し、"say" は、言うことがらの内容にウェイトをおく言葉なのである。

(5) He uses a lot of words to *say* very little.（彼は言葉をいろいろ使うが、ほとんど何も言わないと同じだ）

という具合に内容の貧困さを描写する。この内容とは、しゃべることの内容でも、書いたものの内容でも、どちらにも使うのである。

　また "say" が "talk" や "speak" と違うところは、主語が人間ばかりでなく、事物であってもよいという点である。

(6) Do you understand what this picture [film] *says*?（この映画の語っていることがわかるか？）

(7) The clock *says* 5 minutes past eleven.（時計は11時5分を示している）

　"tell" は idea なり情報なりを伝えることに力点がある。口ででも、書いたものによってでも、または他の形によってでも、とにかく情報があなたに伝わることを言うのである。

(8) Don't *tell* him this.（この情報は彼に知らせるな）

(9) You *can tell* he is not doing well.（彼は財政的によくないことはすぐわかる）

　また "tell" はあるものでも事柄でもを識別するだけの情報を持っていることも言う。この場合 can tell の形を使う。

(10) *Can you tell* the difference between fog and mist?（霧ともやの違いがわかりますか？）

tell me は常にある情報を聞かせてほしい時に使うので、これを "say to me" とは絶対に言わない。"say it to me" という形はあるが、これはそれを口に出して言ってくれということで、情報を求める言葉ではない。

teach / *instruct*

"teach" は広い意味でも限定された意味でもあらゆる意味の教育活動にまたがる言葉である。教師として学校で教えることも teach なら、技術を伝授することも、ものの考え方を教えることも teach である。

(1) She *taught* the Tsuda College for years.（彼女は長年津田塾大学で教えた）

(2) The experience has *taught* him that truth-telling is the best policy.（本当のことを言うのが最も賢明な策だということを彼は経験で知った）

(3) She *taught* me more than English.（彼女から学んだものは英語だけではない）

この場合の "taught someone" は moral な感化の意を含んでいる。

同じ教えるのでも "instruct" は、文字通りに教えることで意味がずっと狭まる。

(4) He had a tutor to *instruct* him in English.（彼は英語の個人教授を受けていた）

つまり特定の分野で、またはある科目などについて知

識を授けるのが "instruct" である。アメリカの大学では Professor が正教授で、Assistant Professor が助教授、その下に instructor という地位がある。たとえば米文学の科目をとると、教授が週１回ないし２回ほど大講堂で講義をする。そのあと何人もの instructor が、学生を数グループに分け、大先生の講義の内容を組織的に教えこみ、月に何回かペーパー（小論文）を書かせる。学生は単に講義を聞いただけでは単位がとれない仕組みになっている。

学校ばかりでなく、一般社会においてでも、"instruct" は本番に備えて必要な知識を当事者に与えることを言う。大統領をはじめあらゆる公職のリーダー格の人に、演説などその時々の目的のために必要な予備知識を与える作業が "instruct" なのである。

こう言うと "instruct" はいつも裏方さん的な仕事のように聞こえるが、上のものが下のものに指示を与えることにも使うのである。

(5) My boss *instructed* me to gather material on detente.（デタントについての資料を集めるように上司に命ぜられた）

tear / rip

この２つは乱暴にものを「引きちぎる」ことだが、そのやり方に多少の違いがあり、したがって比喩にもそれぞれ特徴が現われる。

"tear" は乱暴にものを引き裂く、または引きちぎる

ことで、また不用意に衣服や皮膚などにかぎ裂きや傷を作ることをも言う。

(1) Don't *tear* the cloth but cut it with scissors.（布地を手で裂かないでハサミで切りなさい）

(2) She *tore* a photograph out of an album.（彼女は1枚の写真をアルバムからはがした）

(3) My boss got real angry, bellowed at me and everyone else and *tore the place apart*.（私のボスはかんかんに怒って私や他のみんなにどなり、おかげでオフィスはてんやわんやだった）

(4) I *tore* my dress on a nail.（私は釘にドレスを引っかけてかぎ裂きをこしらえた）

(5) His wife's grief *tore at his heart*.（妻の嘆きを見て彼の心は痛んだ）

"rip" は "tear" よりもクールな行為で、布を引き裂くときもなるべく縫目にそうか、布地の織り条にそって引き裂くことである。言葉のイメージとしては鋭利なナイフで切り裂く行為で "Jack the Ripper" という殺人鬼を描いた推理小説がある。また比喩としても、次のように言う。

(6) The sight *ripped open* her old wound.（それを見た彼女は、古傷があらたに切りさいなまれる思いがした）

また rip を off と組み合わせて "rip off" とすると、いま流行のアメリカのスラングになる。日本語でも「むしり」(ripoff)、「むしる」(to rip off) という形で取り入れられている。"rip off" は steal（ぬすむ）と exploit（搾取する）の代用に使われるのである。

(7) Someone *ripped off* my pen.（だれかが私の万年筆を盗んだ）

(8) It's *a ripoff*！（これはべらぼうな値段だ）

(8)と同じことを以前は、It's a highway robbery.（まるで追いはぎだ）という表現を使った。

(9) They really *ripped* us *off* at that hotel.（あのホテルではひどくぼられた）

tendency / *trend*

ある方向にかたよる傾向のことだが、この2つは同じようには使わない。

"tendency" は人間にも物事にも使うが、人間の場合は先天的な傾向でも後天的なものでもよい。"inclination" とか "bias" とも言えるものである。

(1) I have a *tendency* to gain.（私は太るたちだ）

(2) My instinctive *tendency* is to restrain myself.（私はいつも本能的に自分を抑えようとする傾向がある）

(3) There is *a general tendency* towards lower prices for imported goods.（舶来品が一般的に安くなる傾向にある）

(4) We find *a pronounced tendency* toward a diminishing birthrate in developed countries in contrast to developing countries.（開発途上国とは対照的に、文明国には人口減少の顕著な傾向が見られる）

(5) She has *a tendency* to exaggerate things.（彼女は物事を誇張する傾向がある）

"trend" は主として人間でなく事象について言う。"tendency" よりもやや抽象的で動きが緩慢で、行く方向もはっきりとしていないが、その方向に動いていることだけは確実である。そしてこの動きはいつも決まっているのでなく、変化するのが特徴である。はっきりした言葉を使えば「流行」である。

(6) Anti-narrative is the new *literary trend*. People no longer speak of plots and stories. (文学の新しい傾向はストーリーを拒否することである。小説の筋とか物語などはもはや問題ではなくなっている)

"set the trend" は流行を作り出すこと、つまりファッションの先駆けをすることで、流行を作り出す人は "the trend setter" である。"the starter of fashion" と言っても同じである。fashionable のことを今の英語では "trendy" と言う。この言葉はむろん服飾ばかりでなく建築、美術、文学そのほか何にでも新しい風潮の意に使う。1970年以前に出来た辞書にはこの言葉はのっていない。

(7) This is *a trendy* Zen-inspired robe. (これはいま流行の、禅僧の法衣的なガウンだ)

(8) He is what you call *the trendy intellectual type*. (彼はいわゆるナウなインテリ型だ)

the press / *newspaper* / *journal* / *the media*

新聞・テレビ・ラジオを一括して "the press" とも "the media" とも言う。しかしこの2つの違いは、"the press" は新聞記者またはメディアの writers 全部を総称できるのに対し、"the media" は "mass media" の略称にすぎない。そしてその扱い方も抽象的である。

(1) *The media* is largely responsible for the dissemination of vulgar slangs.（俗っぽいスラングの普及はメディアのせいだと言うことができる）

(2) A *press conference* was held at the Prime Minister's official residence.（総理官邸で記者会見が行なわれた）

(3) *The press* was invited to the wedding of the popular actress.（その人気女優の結婚式にはメディアも招待された）

これら(2)、(3)の両者とも新聞だけでなく、テレビ・ラジオを含んでいる。

(4) The new Kurosawa film had *a good press* and all tickets were sold out for the opening day.（黒澤の新作は、新聞で好意的な映画評論だったので、初日の切符は売り切れてしまった）

このように "have a good press" は新聞や雑誌での評判がよいことで、"have a good writeup" と言っても同じである。あまりよくない評判は "have a poor press" である。"have a bad press" と言う時もある。

"newspaper" は新聞そのもので、a newspaper は a daily とも、a daily newspaper とも、a paper とも言う。また会社としての新聞社のことも言う。

(5) *The Evening Post*, one of the oldest *newspapers* in America went out of business last year.（アメリカで

は最も古い新聞の1つに数えられていた「イヴニング・ポスト」は昨年廃刊になった)

「新聞紙」は "newspaper" で冠詞も複数形もとらない。

(6) A bottle of whiskey *wrapped in newspaper* was found near the body.（ウィスキーのボトルが、新聞紙にくるまれて死体のそばにあった）

だが新聞を印刷する用紙は "newsprint" と言い、専門的な用語になる。

"journal" の原意は、日記のことだが、新聞、週刊、月刊などの定期刊行物の総称を "journals" と言う。

(⇨ magazine / journal / periodical)

thief / *robber*

この2つはいずれも他人の財産を盗むという点で泥棒だが、それぞれ異なった特徴を持っていて、代用できない。

"thief" は一般語で、抽象的であり、使用範囲も広い。特徴は、泥棒しようとする対象と面と向かうことを絶対にせず、相手の知らないうちに金品をまきあげることである。こそ泥から、会社や主人の商品を盗んで口を拭う従業員、他人の私有財産を大きく横領する者など、いろいろな形をとる。

(1) Those tip-based waiters and attendants in European hotels and restaurants are a bunch of despicable *thieves*.（チップで動く、ヨーロッパのホテルやレストラン

のウェイターや従業員は、見下げ果てた泥棒の群だ)

この "thieves" は "robbers" では代用できない。なぜなら "robber" は犯人としての泥棒で、大っぴらに金品を強奪にかかる輩である。cops and robbers（探偵小説）というフレーズまである。

(2) I keep to well-lit streets because I don't want to be accosted by *robbers* in dark lanes.（暗いところで泥棒につけられたくないから、私はいつも明るい通りだけを歩く）

この "robbers" は hold-ups なども含む強盗の総称で、"thieves" ではふつう代用できない。

thin / *lean*

この2つはともに人間に使った場合、やせた人のことを言う点は同じである。He is a *thin* man. と言っても、He is a *lean* man. と言ってもあまり違わない。しかし、これとても主観の相違が暗示されているのである。"a thin man" は単にやせた (skinny) 男だが、"a lean man" のほうは、すらりとしてぜい肉のない引き締まった体質の男を想わせる。この違いは、人間以外のものを形容した場合に、よりはっきりと出てくる。"thin" は内容の稀薄なといった批判語に使うのに反し、"lean" はあぶらみ (fat) がない上質のミートといったよい感覚を含み、両者とも広く比喩的に使う。

(1) He wrote a long article but it was rather *thin*.（彼は長い論説を書いたが、やや内容に乏しい感じがした）

(2) The boys on the (football) team were *feeling lean and mean* and spoiling for actions.（チームの面々はみな引き締まった体でファイト満々だった）

この "to feel lean and mean" は英語独特の感覚で、ごろがいいのでよく使う。

threat / *menace*

この2つはともに危険の可能性を感ずることである。またその危険も自分が原因で起こる危険ではなく、自分の力の及ばないところからわが身に迫ってくる危険感のことである。両者の違いは、①危険を感ずる対象の種類と、②その度合の違い、である。

"threat" は "menace" に比べると対象が漠然と一般的でその度合もずっと弱く、かつ陽性である。まず対象の存在自身が危険感を与えることがある。

(1) As a political rival, he is formidable, he is a distinct *threat to* me.（政権の座を争う相手として彼はなかなか手ごわい。私にとっては確かに脅威だ）

(2) China's potentials are a *threat to* the Soviet Union.（中国の潜在力はソ連には脅威だ）

"threat" の特徴を知るためには "threaten" と動詞にしてみるのがよい。

(3) It *threatens to* rain.（雨が降りそうだ）

(4) He seems to have something on his former employer; he *threatens him with* exposure unless his terms are met.（彼は以前の雇用主の痛いところを握ってい

るらしい。自分の条件をかなえてくれなければバクロするぞとおどしている)

(5) Deliberate provocations like those are *a threat to* peace. (そういった故意の挑発行為は平和をおびやかすものである)

上記の例のうち(4)以外は、実際には脅迫とは言えないが、異質な脅しがある。

しかし、"menace" となるとそんな軽い意味ではない。それにこの言葉は、使用範囲がずっと狭く個人的ではっきりした危険感、つまり恐怖を伴っている。

(6) My boss has a nasty temper. He acts on impulse too. He is capable of firing you for no reason at all. So he is *a constant menace* to us all. (ぼくの上司はかんしゃく持ちで、そのうえ衝動で行動する。わけもなく人をくびにして平気だ。だからわれわれはみんな彼に絶えずおびやかされている)

(7) Mankind is no longer exposed to *the menace of* tuberculosis as in the prewar days. (人類は、戦前のように、結核の恐怖にはもはやさらされなくてすむ)

throw / cast

この2つは同じくものを「投げる」ことだが、"throw" は力を入れてほうること、"cast" は軽いものをすばやく投げることである。そしてこの感じは、スポーツ用語になる時、最もはっきり現われる。

(1) The pitcher *threw a curve*. (ピッチャーがカーブ

を投げた）

(2) He *cast a line* downstream and reeled it in against the current. （彼は川下へ釣糸を投げて、流れに逆らってリールで巻きあげた）

しかし"throw"も"cast"も文字通りにものを投げることよりも、比喩的な決まり文句として使用する場合が多い。

"throw"の例

(3) He *threw* a fit. （彼はかんかんに怒った）

(4) I *threw* a party last Friday. （先週の金曜に私はパーティをもよおした） この"throw"は"hold"と同じ。

(5) Business recession *threw* thousands of men out of work. （不景気で何千もの人が職を失った）

(6) He *threw* the game. （彼は試合を投げた）

(7) He is known to *throw off* his friends as soon as they outlive their use to him. （彼は利用できなくなると友人をさっさと捨ててしまうそうだ）

(8) Don't *throw away* your only chance. （君のただ1つのチャンスを捨ててはいけない）

(9) He *threw for* big stakes. （彼は大バクチを打った）

"cast"の例

(10) His article *cast a new light on* the problem. （彼の記事はこの問題に新たな光を投げた）

(11) There comes a time in your life when you have to *cast dice* to make a decision about yourself. （人は自分自身の一生を決定するためにサイを振るべき時がいつかはくる）

(12) The ship *cast anchor* at the port of Yokohama. (船は横浜港にイカリをおろした)

(13) He *cast the play* well. (彼はその劇の配役にすばらしい手腕を発揮した)

(14) They *cast me* as Ophelia. (私はオフィリア役をもらった)

(15) It is our civic duty to *cast our ballot* to elect right men for our public offices. (わが国の公職につく人を選挙するために一票を投じるのは市民の義務だ)

(16) He *cast about for* some handy pastime. (彼は何か手ごろな娯楽はないものかと物色した)

(17) Trees *are casting* leaves. (木々は落葉しつつある)

tie / *bind*

どちらも縛ることだが、"tie" は一般的な言葉で、"A robber *tied* a victim to the bed."（泥棒が被害者をベッドにしばりつけた）のように、ひもでゆわえつけることだが、どの程度きつく縛ったかには関知しない。同じく、"A robber *bound* and gagged him."（泥棒が男をしばって、サルグツワをかました）とも言い、この場合は "tie" と "bind" は入れ替えがきくのである。

だが I am *tied up* this week.（今週は空いた日がない）といった場合、I am bound up this week. とは言わない。"We are *bound to each other* by a common destiny."（われわれは運命共同体だ）の代りに We are tied together. とは言わない。そのわけは、"tie" は

"bind" のような「しがらみ」的な含みを持たない、無感情で文字通りの拘束（restraint）しか表わさない言葉だからである。

(1) He is *tied* to his job by a contract.（彼は契約で今の仕事に拘束されている。——他の職には従事できない）

(2) He is unwilling to accept *ties* and responsibilities of family life.（彼は家族生活の拘束と責任を受け入れようとしない）

この "ties" は、"bind" の名詞である bondage と入れ替えるわけにはいかない。後者は、運命的な拘束で、ふつう love の裏付けを意味しているからである。

timber / *lumber*

この2つはアメリカとイギリスでは同じものを意味しない。アメリカ人が "timber" と言えば立木（standing timber とも言い、森に生えている樹木）のことである。

(1) Beech is his *favorite timber*.（白樺は彼の好きな木だ）

イギリス人が "timber" と言うと建築用に製材した材木のこと、これは米語では "lumber" と言う。つまり用途に応じ所定の大きさに切った木材である。

しかしイギリスでは木材の意味には "lumber" は使わない。何に使うかというと、家の中でやたらにかさばるばかりで役に立たず処置にこまる家具などのがらくた（junk）のことを言うのである。

米語の "lumber" は動詞にすれば建築用の材木をとるために森から樹を伐り出すことで、その仕事に当たる人を "lumberer" と言い、"lumberjack" とも言う。"lumber man" は材木商人のことを言う場合もあり、lumberer、lumberjack と同義に使うこともある。

"lumber" は木材に必ずしもかぎらない。製材した木と同じような体裁に切った建築材料なら金属などでも "lumber" と言う。*insulating lumber*（断熱材）、*metal lumber*（金属板）。

しかし "timber" は木にかぎり、木の材質から敷衍してアメリカでは material（素材）としての人間の意にも使う。

(2) He is hardly *presidential timber*. （彼は大統領の素材ではない）

(3) He is definitely *officer timber*. （彼には将校の技量が具わっている）

この "timber" は "material" と入れ替えても使う。

tired / *exhausted* / *fatigued*

この3つはみな、体力と精神的なスタミナが消耗しつくされた状態、俗にいう精も根も尽きたことを表わす言葉である。このうち、"tired" は最も一般的かつ包括的で、体力が限界にきたこと以外に、忍耐、願望、興味といったものがなくなることを表わす場合がある。俗にいう「あきあきした」に当たる。英語では sick and tired of の形をとるのが最も口語的である。むろん tired of で

もいい。

"exhausted" は純然たる体力の消耗、または激しい運動による涸渇で、"I was too *exhausted* to talk." (あまり疲れていて人に物を言うことも出来なかった) などという。

"fatigued" というラテン系の言葉は、他の2つよりもっとはっきりとした状態の指摘で、神経的にまいっている状態とか、病気の症状などを示すのに使う。

(1) After what he went through in the Soviet concentration camp, my uncle says he gets *easily fatigued*. (ソ連の捕虜収容所でひどい経験をした私の伯父は、疲れやすくなったと言っている)

(2) I get up every morning *feeling fatigued*, I don't know why. (毎朝、どういうわけか、起きた時から疲れている)

training / discipline

この2つは共に、どんな事でも高い水準に達するために必要な訓練をいう。ちがうところは、"training" は主として練習による訓練であるのに対し、"discipline" は自分自身に向けられた訓練精神が基調になっている。

つまり "training" は、動物を含めて他者をある芸に熟練させるためにトレーンすることである。競馬の調教師は trainer である。"training" の訓練は、主として同じ事を繰り返して、その事に慣れさせることから始まる。先生が生徒を教える teaching は、英語では "training"

とも言うのである。これから発展して教育そのものも口語では training と言うことがある。

(1) A person of *your training* should be appreciated anywhere.（あなたほどの教育があれば、どこでもありがたがられるだろう）

"training" が外的訓練であるに対し、"discipline" は自己の内部に向けられた訓練、つまり self-control に基づく修業である。

(2) He had talent to spare but he lacked the *discipline* to practice the four to eight hours a day that a concert pianist must devote to his craft.—S. I. Hayakawa.（彼は才能は十分あったが、コンサート・ピアニストになるためには1日4時間から8時間練習しなければならないのを、それだけ毎日やるだけの自己抑制力に欠けていた）

この "discipline" は self-control という言葉と入れ替えることが出来る。

"discipline" は self-control だけでなく、他者よりの control を意味することもある。

(3) The cold war liberals justified the expulsion of communists and fellow travellers from American institutional life...on the ground that the leftists were '*under the discipline*' of a foreign, hostile power.— Andrew Kopkind.（冷戦リベラル派の人々は、共産主義者とその同調者はすべてアメリカの公的機関から追放さるべきだということを、彼ら左派の人々が、敵性外国の指揮下にあるという理由で、正当化しようとしたのだっ

た)

"discipline"もまた学業に関して用いられるが、"training"が一般教育であるに対し、"discipline"は専門の科目を総称する。

(4) Some *disciplines*, including philosophy, had to be eliminated due to the lack of funds when the government stopped grants to some universities. (大学のある科目、哲学もその1つだが、は廃止に追いこまれた。政府がある大学には補助金をストップしたためである)

また、"discipline"にあって"training"にない意味は、懲罰(punishment)である。

(5) Some of the boys were *disciplined* for their failure to observe the classroom regulations; they were caught smoking. (男子生徒のあるものは授業中にタバコを吸って教室の規則を破ったので罰則を食った)

tribute / praise

この2つは、感嘆、賛美の念の表現だという点でシノニムだが、"tribute"は"a tribute to"という独特のイディオムがあって、使い方が"praise"ほど簡単ではない。尊敬、賛美の念を表わすために"tribute"は必ずしも言葉をもってしない。言葉によってほめるのは"praise"である。

"tribute"には意図的なものと、そうでないものとあ

る。

(1) The party is meant to be *our tribute to him*. (あのパーティは彼のためのパーティだった)

これは意図的な "tribute" の例で、次の例は意図しない "tribute" の例である。

(2) The violent reaction and controversy his work aroused in the public is *a tribute to* the power of his art. (彼の作品のひきおこした激しい反応や論争は、彼の芸術の力を世に示すものだ) つまり意図せざる賛辞になっているの意である。

(3) The fact that he appointed me as sole executor for him is *a tribute to* my lifelong friendship with him. (彼が私を彼のただ1人の遺言執行人に指定したことは、私の彼への生涯変わらぬ友情に対する謝意とも見られる)

"praise" は "tribute" と違って、言葉による賛辞である。この賛辞は神を賛える (homage to God) ことから、先生ができない生徒を元気づけるためにほめてやることまで動機は様々だ。うまく仕組んだお世辞で人のいい人間をだまして金をとるのがアメリカのサギ師 (confidence man) の最も得意とするところだと言う。こういう虚偽の賛辞は "tribute" には絶対にないのである。"tribute" は行為による賛美だからである。

trousers / pants / slacks

この中で米語は "pants" だけで、あとは英国英語である。"pants" は英国でいう "trousers" もしくは

"slacks" に当たる。日本でも最近はこの意味に使われる。"trousers" は日本語ではズボンと言っている。パジャマのズボンは英語でも pyjama trousers という。米語の "pants" はふつう長く、短いのは short pants または shorts である。これを "underpants" と混同してはいけない。

"slacks" はレジャー用にデザインされたスマートなズボンで、男性用のもいうが、英国では普通女性用のをいう。pant-suit（pants-suit は誤り、suit と組み合わす場合は常に単数形を使う）は上着とズボンとの組合せで女性用、英国では trouser-suit といって、いつも女性のものである。slack-suit は女性用でなく、男性のスポーツウェアとしてのスラックスと上着の組合せである。

true / real / actual

これらは何かが事実と照合してまちがいないこと、また何かが実際に存在していて想像の産物ではないこと、または正真正銘のもので、にせものではないことを宣する言葉である。この意味で "true" と "real" は入れ替えのきくことが多い。しかしこの３つにはそれぞれ特徴があり、あることを表わすためにはどうしてもこのうちの１つでなければならないこともある。

"true" が "real" と入れ替えられない場合。

① 忠誠心、まごころを意味する時。

(1) I don't care what he is, she said, so long as his heart is *true*.（あの人が何者だろうとわたしはかまわない。

心さえ真実なら、と彼女は言った）この真実とはむろん自分に対する loyalty の意である。

② 事実に照らして正確だという時。

(2) What he says is *true*. （彼はほんとうのことを言っている）

(3) There is *no truth in* what he is saying. （彼の言っていることはでたらめだ）法廷とか、改まった場所では "lies"（うそ）という言葉は使わない。

③ 専門の分野における水準、約束事などから見て完全に満足すべき出来として評価する時。

(4) She sings *true*. （みごとな歌いぶりだ）

"real" が "true" と取り替えられない場合。

フィクションでなく実在の意の時。

(5) The characters in his play are all taken from *real life*. （彼の劇の中の人物はみな実生活から取り入れられている）

(6) That's her *real* mother. （あの人が彼女の生みの母親だ）

"actually" は日本語で言う「現に」に当たる。つまり "real" の存在感をさらに強めた言葉である。

(7) What he says and what he *actually* does are two different stories. （彼の言うことと実際にすることとはまったく別のはなしだ）

(8) This is *an actual* event in history. （これは歴史に実際あったことだ）

(8)の場合、"actual" を "real" にすると単に実話ということだが、"an actual event" とすると、それが驚く

べきことであることが強調される。

(9) He was caught in the *actual* commission of the crime.（彼は現行犯でつかまった）

(9)の "actual" は "real" とも "true" とも言い換えるわけにはいかない。

また "actual cost" は推定価格に対する「実際かかった費用」の意で "actual" 以外は使えない。

turf / *lawn*

この2つはともに「芝生」と訳されているが、使い方に大きな相違がある。

"turf" は芝や草根がからみ合って表面に浮き出ている土壌の表皮で、その表皮の小片が turf、複数形は turfs、たまには turves とつづるのも見かける。スポーツ用語でもあり、racetrack（競馬場）の意もある。またゴルフのクラブをスイングした勢いではがれる土片も "turf" である。しかし "turf" の最もよく知られている使い方は "territory" のスラングとしてである。「勢力範囲」つまりギャングのなわ張りのことである。ヤクザじみた言葉だが一般的にもよく使われる。

You're stepping on someone else's *turf* when you do that.（それをすると他人の領分の侵害になる）

"lawn" のほうはあくまで観賞用の芝生のことで、lawn mower（草刈り機）できれいに刈り込まれた庭園のイメージである。"lawn tennis" は "court tennis" と区別する用語だし、「ローン」と呼ばれる北フランス産

の木綿の生地もある。

V

vague / *ambiguous* / *murky*

この3つはみな曖昧模糊を表現する言葉だが、それぞれ含みを異にしている。この中で最も一般的で mild（どぎつくない）なのは "vague" である。輪郭がハッキリしないことで、これには意図的な場合と、単に事実の描写である場合とある。

(1) She was *vague about* her plans.（彼女はどういうプランを立てているのかハッキリ言わなかった）

(2) I have only *vague* memories about my childhood.（子供の時の記憶はあまりハッキリしない）

"ambiguous" は "vague" よりも曖昧度が目立つ場合に使う批判語で、単なる状況描写ではない。"vague" と違う大きな点は、"ambiguous" は論理についての疑惑を含むことである。つまり相手の意図がどこにあるかが不明瞭であることをいうのである。ただこの場合も、相手が意図的に曖昧にして、どう解釈されてもいいようにしているのか、結果的に明確を欠いているのか、両様に使う。

(3) He prefers to *keep his speech ambiguous* on this matter, apparently.（彼はこの問題についての自分の発言をどうにでもとれるようにしておきたいらしい）

(4) He tried to explain the matter but succeeded only in making the whole thing more *ambiguous*.（彼はそのことについて説明しようと試みたが、それは事態をますます不明瞭なものにすることに役立っただけだった）

"murky" は全く別の意味で明確を欠くことで、即物的には泥色をしたモヤがかかって、物がハッキリ見えないイメージを持つ言葉である。つまり光線を通さないうす暗がりの中の感覚なのである。これから敷衍して、文章などがよくわからないことにも使う。また理論だけではどうにもわからない現象などにも "murky" を使う。

(5) Rain was pouring down from *murky skies*.（どんよりと泥色に曇った空から雨がざあざあ降っていた）

(6) He sees himself a determined student of political science, eager to work in the *murky field* of politics.（彼は政治学に情熱を持っていて、政界という複雑な分野を身を以て知りたいと思っている）

(7) Her letter to him was devious and *murky*, there was nothing cheerful about it either.（彼女の彼に当てた手紙は何を言おうとしているのかハッキリせず、明るいところもなかった）

villain / *scoundrel* / *knave* / *rogue* / *rascal*

これらはみな悪者とか悪党のことだが、意味の強弱とニュアンスがそれぞれ違う。

"villain" はこの中で最も古典的な部類に属する言葉で、今では、シェイクスピア時代に使われた意味ではほとんど使わない。

(1) One may smile and *be a villain.—Hamlet*. (顔に笑みを浮かべていても心は邪悪な悪党かもしれぬ)

(2) One rarely meets an authentic *villain* in lifetime. (正真正銘の悪人といえるような人物には人間一生のうちめったに会えるものじゃない)

これはフランスの作家コレット (Colette) の言葉なのだが、彼女が "an authentic villain" と言っていることで、"villain" というものが近代人には抽象的なものになりつつあることを暗示している。

だが "villain" は現代でもある意味では盛んに使われているのである。それは劇の中の仇役としてである。以前は仇役は主役の相手方であったものが、今では "villain" そのものが主役である劇も多い。劇の悪役は "a heavy" とも言うが、これから敷衍して悪の原因、つまり「元凶」の意味にも "villain" を使う。

(3) Ozone was previously reported as *the villain* of the smog.— *The New York Times*. (以前はオゾンがスモッグの元凶だと報じられていた)

"scoundrel" は邪悪で、利益のために人を犠牲にすることを何とも思わぬ悪徳漢を意味し、最も強い非難を含む powerful な現役の言葉である。

(4) Yet statesmanship is so scarce in our time that

apparently it must be rewarded, even if it emerges from *scoundrels*.（しかし大政治家のリーダーシップというものが払底しているわれらのこの時代にあっては、たとえそれが悪徳漢から出たものであっても、報償されなければならないだろう）

　これはアメリカの政治・経済・文化の先端的評論誌 *The New Republic* の editorial の一節で、折しもノーベル平和賞がイスラエルのベギン首相とエジプトのサダト大統領に与えられたことについてコメントしたものである。ベギンもサダトもそれぞれしたたかな辣腕家で scoundrel であることを先に詳述したあとにこの文句がくるのである。これは "scoundrel" のオーソドックスな使い方だが、この言葉はこのほかに社交的にいたずらっぽく女が男を「いけない人」と言いながら、愛情を持つ時などに使うこともある。You're such a *scoundrel*.

　"knave" は小悪党とでも言おうか、小さな詐欺やトリックを用いる人間、この言葉は昔は使い走りの若い男のことだったものが、いまではただ、心のいやしい、小ずるい男の意にだけ使われる。たいして問題にされない悪人である。"rogue" や "rascal" と同義に用いられることもある。男性に限られ、女性のことは言わない。

(5)　He is more fool than *knave*.（あの男は悪人というよりはむしろバカだ）
というようなことをよく言う。

　"rogue" はシェイクスピア時代からの古い言葉で、「追い剝ぎ」などを働く大胆不敵な悪者といったイメージ。

(6) Those sturdy *rogues* are taking to the roads as highwaymen.（屈強な悪党が追い剥ぎを働くことを覚え出した）

"highwayman" という言葉自身が今は昔物語のイメージを持っている。それで "rogue" も愛嬌じみた「わるもの」の意に今では多く用いられる。これとは別だが警察で犯罪者の写真を集めて陳列して、証人に見覚えがあるかを聞くようになっているのを "rogue's gallery" と言う。"rogue" は動物などの愛称にも使う。a rogue elephant（いたずらものの象さん）といった具合である。

"rascal" も "rogue" と同じように古い言葉で、まったく同じ使い方をする。つまり子供や動物を「わるさ」とか「わんぱく小僧」と呼ぶのと同じやりかたである。子供は乳呑児にも使う。

(7) We must feed *our little rascal*.（かわいいわんぱくに食事させねばならない）

vital / *fatal*

類義語ということになっている2つの単語のどちらを使おうかと辞書を繰ってみると、まったく同じような訳語が出てくるため、どちらでもよいのかと思って使うと、思っていることとはまるで違ったコミュニケーションになってしまうことがある。そういうものの1つに、"vital" と "fatal" がある。これが参考書などで類義語のリストに入っているのは、英和辞書に出ている共通の訳語「致命的な」のせいである。そしてこれには「重大

な」という説明が付いている。つまり生命に関わることだから重大なことだというのである。だがこの2つは実際に同じなのか？　答はノーである。まず"vital"は「生きるために必要な」という意味で重大なのである。これに引きかえ、"fatal"は死に至ることを明示した言葉なのである。

(1) College education is considered to be *vital* in the world of Japan's bureaucracy. つまり日本の官僚社会では大学出でなければ出世できないという意味である。

ところがこの文章のvitalをfatalと入れ替えてみたらどうなるか？

(2) College education is *fatal* in the world of Japan's bureaucracy. (日本の官僚社会では、大学教育を受けていることは致命的で、絶対に出世しない)
ということになる。"vital organs"と言えば、人体の枢要な機能を司る諸器官で、これから比喩的に政府の重要な各省のことにも使う。"fatal organs"とは絶対に言わない。"fatal disease"は「不治の病」、「死病」である。

vogue / *fashion*

この2つはほとんど区別なしに使われることが多いが、"vogue"のほうが同じ流行という意味でも"fashion"よりも限界のある言葉である。つまり流行と言える期間が短いのである。

(1) That's the young comedian who became *a vogue* after one lucky break in TV commercials. (あれ

がテレビのコマーシャルのラッキーな一発でたちまちはやりっ子になった若いコメディアンだ)

(2) Short skirts and short hair are *out of vogue* now. (短いスカートと短い髪形は流行おくれだ)

"fashion" は "vogue" よりも人気の上がり下がりがゆったりしていて、必ずしも時期に左右されない。

(3) Women's *fashions* of that era are peculiarly unfeminine. (その時代の婦人服の流行は妙に女らしくない感じのものだった)

(4) A sexless look is more or less *in fashion* for men and women today, they call it 'unisex'. (性別のあまりない感じが現在では男女ともに流行だと言ってよい。「ユニセックス」と言われている)

(5) He likes to be seen with *people of fashion*. (彼は好んで社交界の人たちとつきあう)

この "people of fashion" は流行の先鞭をつけるような立場にある社交界の寵児といった意味である。"fashion" はまた単に流行の意味ばかりでなく、fashion (形作る) という動詞からきた意味に使われることもある。

(6) I don't like *the fashion* of that coat. (あのコートの形は好かない)

volume / *bulk* / *mass*

この 3 つは量感を表わす言葉で立体的な大きさを言うがそれぞれ内容が違う。

volume / bulk　英語では "size" という一般語で両者

を代表させることはできる。

(1) *The volume* [size] of traffic in the rush hours is nearly 5 times that of the afternoon.（ラッシュ時の交通量は午後の5倍に近い）

(2) *The bulk* [size] of breakfast food is deceiving.（朝食の食料品は袋がかさばるが、実はフカフカで重くない〔大きくても案外、軽いのだ〕）

このように"size"で両者を兼ねることはできるが、意味が同じだというわけではない。"bulk"はそれ自身にサイズが大きいという意味が含まれている。

(3) The sheer *bulk* of her accomplishment bespeaks of her energy and drive.（彼女が達成した仕事の量そのものが彼女の精力と勉励ぶりの証拠である）

(4) He squeezed *his great bulk* into the little cubby hole that was his present office.（彼は窮屈そうにその巨体を、彼の現在のオフィスである小さな檻のようなところに押し込んだ）

だが"volume"は(1)の"The volume of traffic"の例のように、単に量のことで、大小の先入観はない。また"bulk"が"volume"と違うところは"the bulk of"または"the great bulk of"という形にすると、ある物事の大きな部分を示すことである。だが"volume"はそれ自身がトータルなものなのである。

(5) *The bulk of* his time is taken up for writing.（彼の時間の大部分は書くことにとられる）

(6) He is a *voluminous* writer.（彼は多作だ）

(7) Unmilled grains are shipped *in bulk*.（殻つきの

穀物は大量に出荷される)

"mass"は同種のものの堆積で重量感を伴い、また量感も"bulky"や"volume"とは異質で抽象性が強い。"masses of people"（群衆、大衆）、"mass media"はいまでは単に"the media"と言う。"landmass"は広大な土地で"landmasses"と複数形にも使う。

(8) The day garbage-collectors struck, we found *masses of debris* left on the street. （清掃人のストライキの日、大量の生ごみが街路に放置されているのを見た）

(9) I have *a mass of* student papers to correct. （わたしは学生の答案を大量に直さなければならぬ）

vow / swear / pledge

この3つは、みな「誓う」という訳語をもっているが、意味は基本的にそれぞれ違い、したがって使い方を異にする。

"vow"は最も日常的に使われる言葉で"assert"（断言する）、"declare"（宣言する）とほとんど同意義である。"vow"の原意をparaphraseするとto make a solemn promise to God or to oneself といったところ。神様に約束することと、自分自身に約束することとは違うのだが、"vow"はその区別を問わない気やすい言葉なのである。

(1) He *vowed* that he'd never smoke or drink again for the rest of his life. （彼はもう二度と酒、たばこはのまないと心に誓った）

この場合、人のいるところで大声で意思表示をしても同じ。

(2) She made *a marriage vow* five years ago.（彼女は5年前に結婚した）

結婚式で神と人の前で誓言させられるところからくる。

"swear" は "vow" より宗教臭のある言葉である。I *swear on* my life.（私の命にかけて）とか、または I *swear on* the life of my only child.（私の一人っ子の命にかけて誓う）といった生々しい宗教的なレトリックからきている。欧米の法廷では、証人はいちいち聖書に手を置き宣誓させられる。この "swear on" の on は、日本の願(がん)をかける場合と同じく、誓いを破ったら命を失ってもよいという意である。

"swear" を paraphrase すると to declare as true with an oath（絶対に自分の言葉にうそはないと宣誓する）である。つまり "vow" と違うところは、"swear" のほうは "testify"（証言する）と同義だという点である。

(3) I *swear* I've seen him somewhere.（彼とはどこかで会ったことがあるとはっきり証言できます）

"vow" のほうは「決心する」ことに近いのである。

"pledge" は "swear" よりも "vow" に近く、"vow" よりもさらに宗教性が薄い。

(4) We *pledged* friendship in our youth.（幼いころ友情を誓いあった仲だった）

これは vow のように大げさに神や人の前で誓うことではなく、2人だけで無言のうちに誓い合うといったほどの意である。しかし "pledge" には "vow" や "swear"

のどれにもないまったく別の面がある。それは物的な公約の意に用いることである。

(5) He *made a pledge of* ¥70,000 to the alumni fund.（彼は母校に7万円の寄付を申し出た）

W

war / *battle*

"war" は戦争で、"battle" は個々の戦闘のことだと一般に言われているが、その違いがあまり明確でないものもある。たとえば、"**war of the sexes**" とも "**battle of the sexes**" とも言う。昔からあった男女間の優位争いのことである。だが "**battle of wits**"（知恵くらべ）は war of wits とは言わない。

"war" は元来、独立国の間の武力による争い（armed hostilities between two independent countries）のことで、これから個人でも党派でも戦闘状態にあることを They [We] are in state of war. という形で表現する。これを They [We] are in state of battle. とは絶対に言わない。"war" と "battle" をはっきり区別した好例としては、

(1) You can win all the *battles* yet lose a *war*.
（個々の戦闘にはみな勝っていても戦争に負けることもある）という有名な文句がある。それは、食糧などの物量戦で

負けることを言うのである。比喩的に使う場合をあげる。

(2) The couple are *at war with* each other.
(3) The couple were found *battling* yesterday.

(2)は、「あの夫婦は仲が悪い」だが、(3)は、「あの夫婦は昨日大げんかをしていた」ことになる。

(4) Women, like negroes, fought a long *battle for* their basic human rights.（女性は黒人と同じく基本的人権を獲得するために長い間戦ってきた）

(4)の場合 "battle" であって "war" でないのは、ある目的のために戦うのが "battle for 〜" であって、奮闘することに焦点があり、敵意を表明することはまた別だからである。男性に対する敵対行為ならば、Women were *at war with* men for a long time.（女は男と長い間相反目してきた）という形をとる。

wide / *broad*

幅の広い、ひろびろとしたことを表わすこの２つの形容詞はまったく同じように使われることもある。"broad and wide fields" もその１つである。これは主として有形のものについての形容の場合である。しかしこの場合でも用途がどちらか１つに限られることもある。用途の違いには大まかに言って次のような基本的なルールのようなものがある。

"wide" は具体的に測定できるもの、およびそれに準じたものに使う。a box one meter *wide*（幅１メートルの箱）; a fireplace 3 meters *wide*（３メートル幅の暖炉）; a *wide* doorway（広い入口）。

"broad" は "wide" のように明確な測定ができるような広さではなく、漠然と広々した広さを言う。His shoulders are *broad*. a *broad* river; a *broad* area.

"wide" と "broad" が入れ替えのきかないのは主として比喩的に用いられる時である。この場合も上記のルールを根底において見ていくとわかりやすい。

"wide" だけを使う例。(1) The event was broadcast *on nationwide* hookup [*on worldwide* hookup]. （その事件は全国放送〔または、世界放送〕された）

(2) The matter was given *wide* publicity. （その事は広く新聞などで伝えられた）

(3) *Wide* trousers are in style. （ゆったりしたズボンが流行っている）

(4) New York was my first experience of a big city. The first week there, I took in everything in my *wide-eyed* delight. （ニューヨークは私にとって最初の大都市だった。そこに着いた第1週には、私は何を見てもめずらしく、何でも見てまわった）

(5) His answer was *wide of the mark*. （彼の答は大幅に的はずれだった）

"broad" しか使わない例。"wide" より測量できる具体性がなく、包括的、全般的な意味に使うと同時に、open で自由な雰囲気に富んでいることも特徴である。だがこれはよい意味ばかりではない。

(6) He is a man of *broad views*. これは視野が広いということだけでなく、偏見がないことでもある。

(7) I used the word in its *broadest* sense.（私はその言葉を広義の意味で使った）

(8) I have a *broad* idea of your plan, now give me details.（あなたの計画のあらましはわかったから、具体的なことを話してくれ）

(9) Give us in advance your story in *broad outlines*.（あなたの記事のあらましを先に知らせてほしい）

(10) The crime was committed in *broad daylight*.（その犯罪は白昼行なわれた）

(11) This story is too *broad* [*risqué*] for television or radio.（このストーリーはきわどい部分が多すぎてテレビやラジオ向きではない）

この(11)のように "broad" は野卑の婉曲語として使うことがある。"broad jokes" はセックスに関するジョーク、"broad burlesque humor" も同じである。

(12) He is *broadminded*. これは心が広く、他人をゆるす度量の持主と訳してもよいが、この "broadminded" は一面、少々曲がったことでも平気で受け入れる性格の意でもある。たとえば、You can call him a *broadminded* politician.（彼は清濁併せ呑む政治家と言える）と言った場合、「濁」のほうにウェイトがあるのである。

wish / *want*

この2つはともに現在不足しているものを欲する点では共通だが、共通性のない部分もある。"want" は I *want* something. I *want* to do something. I *want* this (or that). というように子供が物を欲しがるのと同じストレートな欲求を表わすのに使う。だが "wish" のほうはこれと同じ次元の欲求でも、"want" よりもやや相手を意識した丁寧さがそこにはある。同僚や年少者などに対する時や、物を注文する時などには "wish" は使わない。だが注文をとるほうでは礼儀正しく "wish" を使うのである。

(1) Do you *wish* cream in your coffee? (コーヒーにミルクをお入れしますか？)

答は、Yes, please. あるいは No, I *want* my coffee black. (いや、ブラックで頼む) である。

だが "want" と "wish" で最も問題になるのは、入れ替えのきかない使い方はどういう時かである。

"wish" の場合。① 実現できそうもない欲求を表わす時。これは "wishful thinking" (希望的観測) というフレーズがもっともよくその特徴を物語る。

(2) I *wish* I were a billionaire. (億万長者になりたい！)

(3) I *wish* you would come a little earlier? (もう少し早く出て来てほしい)

② "wish" が祈願をこめたあいさつに使われる時。

(4) I *wish* you a happy new year. (よいお年を！)

(5) I have nothing against him. I *wish him well*. (彼には何の怨みもない。彼がよくなればよいと思っている)

③ "wish" が賛辞に使われる時。

(6) His performance was all one could *wish for*. (彼の演技は申し分なかった)

これは His performance has left nothing more to *be desired*. と同じである。

"want" の場合。"wish" が絶対に使えない "want" の使い方が1つある。

それは "want" が "should" や "ought to" と同じ意味に用いられる時である。

(7) Children *don't want to* be told; they *want to* be shown. これを次のように言い直すとはっきりする。Children *should not* be told but be shown. (子供の教育は、口で言うより、例をあげ、お手本を見せてなされるべきである)

(8) *Do I want to* take Route 7 to get to Yokohama? (横浜に行くんだが、環7で行けばいいんですか?)

No, you *don't want to* take Route 7 to get to Yokohama. You *want to* take the 2nd or 3rd Kei-hin route. (いえ、横浜には環7じゃ行けない。第2京浜か第3京浜でなきゃだめだ)

これでもわかるように、この "want" は当人の意志や欲求とは何の関係もないのである。口語で should と ought to の代用にするだけである。

(9) Lord is my shepherd; I shall not *want*. (エホバはわが牧者なり、われ乏しきことあらじ)

これは最も有名な聖書の文句である。また "freedom from *want*" (欠乏よりの自由) は、米大統領ルーズベルトが1941年1月6日に米議会で演説した民主主義の「4つの自由」の1つとして、今ではだれ知らぬもののないフレーズになっている。

word / *words*

"word" は、単数と複数では意味がまったく違う言葉の1つである。

単数の場合。(1) He was *as good as his word*. (彼は約束を果たした)

(2) *Word went around* that the bank was going broke. (あの銀行は破産寸前といううわさが流れた)

複数の場合。(3) He *had words with his wife*, the reason why he has been grouchy all morning. (彼は出社前に妻君と口げんかした。そのため午前中ずっと不きげんだった)

(4) I *had words with* the policeman, and he put me in jail. (私は巡査と口論して拘置所に入れられた)

work / *labor* / *toil*

これらはみな心身の精力を使って働くことだが、それぞれスポットの当てどころが違う。

"work" はこの中で最も総体的、包括的な言葉で、あらゆる意味での労働、仕事、その産物を言う。"work" と "labor" との違いは聖書の中にまず出てくる。

(1) Six days shalt thou *labor*, and do all thy *work*.——旧約聖書「出エジプト記」20：9。(6日の間はたらきて、汝のすべての業をなすべし)

つまり、汝の生業が何であろうと週の6日間は額に汗

してそれにはげめとあり、そのために労すること、これすなわち "labor" なのである。

"work" はまた、そうして働いて出来たものの総称でもある。画かきや芸術家ならば出来上がった作品のことも言う。

(2) I get *more work done* in the morning than in the evening.（わたしは朝のほうが夜間より仕事の能率がよい）

(3) This painting is *the work of* an unknown artist.（この作品をかいた画家は、名がわかっていない）

"labor" は主として肉体労働を指し、しかも重労働である。

(4) He was sentenced to six years' imprisonment *at hard labor*.（彼は6年間の禁固重労働の判決を受けた）

(5) These pictures depict the backbreaking physical *labor* of the old quarry workers.（これらの絵は、昔の石切場で働く人たちのひどい労働の有様を描いている）

"labor" は苦痛の連想があるところから、出産時の苦しみ、つまり陣痛からはじまって子供が生まれるまでの妊婦の苦痛との戦いを "labor" と言うのである。

(6) She was *in labor* for 12 hours when her first child was born.（彼女は最初の子を生んだとき、12時間かかった）

"labor" はまた経済や労使の用語にもなる。

(7) Two thirds of the repair bill *went for labor*.（修繕費の3分の2は仕事の手間賃にかかった）

(8) *Labor* and management met to discuss the future of the wage system.（将来の賃銀制のありかたを議す

るために労使が相よって会議を開いた)

"toil" は "labor" をさらに長引かせた形で、こつこつと倦まずたゆまず辛い仕事に堪えていくことを暗示している。しかしこの言葉は現代の日常語としては調子が高すぎるきらいがあるので、ことさらにドラマティックなレトリックを必要とする場合か、感傷的な意味をこめたい時以外には日常的にはあまり使わない。

(9) We should think back, with admiration and humility, of the *toil* of our forefathers to build a modern nation.(われわれの祖先が近代国家を建設するために営々として労した苦心を、われわれは感激をもって、頭をたれて思いおこすべきであります)

(10) The parents' *toil* for the good of their children usually go unrewarded.(子供のために親が尽くす労苦は、たいていの場合むくわれはしない)　　　(⇒ job / work)

索 引

本文の見出し語になっているものは、目次を参照のこと。

A
Abandon ship ! 20
accidental 162
accomplishment 25
achievement 25
actual cost 385
actual event, an 384
actually 384
adequate 21
adversary 255
advocate 147
agonized 107
agree on [upon] 40
agree with 40
agreeable 34
allowance 262
animal lust 30
animate 30
animation 30
answer for 34
anxious to 36
apathetic 120
arguable 122
argue 199
argue against 37
argue for 37

artless 207
assailant 43
assemble line 172
assert 394
assert in opposition 285
at one's peril 101
attempt 134
attorney-at-law 227
austere 166

B
battle for 〜 397
battle of the sexes 396
battle of wits 396
barbarian 313
Beloved Personalities 266
benign smile 54
Benign Violence 55
bias 368
big issue 57
bite the dust 360
blameless 308
boaster 59
boastful 59
body 245

bored 120
braggart 59
brag about 59
brazen 66
bright 213, 322
broad and wide fields 397
broad burlesque humor 399
broad jokes 399
brute force 277
brute power 277
by a happy chance 184
by a lucky stroke 184

C
calfskin 328
can tell 364
candid camera 163
cannibal 114
capitulate 360
care for someone 68
carry 60
(to) catch someone with the goods 178
cerebral 214
cheating 100
clever 99, 207, 213
client culture, a 80
client state, a 80
clothing 81
coalesce 248
coalition 248
collection of people, a 171
communicable diseases 88
company town 89
company union 89
compatible 34
compete for 90
competition 91
compulsory 256
conclude 50, 104
condition 280
conference 95
contagious 88
containment 97
contender 92
contention 91
cool 66
cooperative 170
cops and robbers 372
counsel 226
count on 106
counterpart 255
country 343
court tennis 385
credible person 98
credible witness 98
credibility 98
critical 348
cronies 217
cruel 207

D
danger 101
declare 394
deeply troubled 107
deferment 272
deferred payment of a debt 272
demanding 76
demote 113
departures and arrivals 175
deserter 20
desertion 20
despotic 112
diffuse reading 215
dilemma 279
disgusting 325
dislike 68
dispossess someone of 189
dispossessor 189
dispute 91, 199
DA (district attorney) 227
dreary 46
dressing 81

E
easy 186
effectful 126
elementary school, the 148

elements, the 148
emancipation 165
emigration 130
end 50
entire 30
envy 138
equivalent 89
ethnic trait 144
Euclid's axiom 287
every 30
evil 326

F
fail 23
fair 120
fair game 170
fairly good 137
fatal disease 391
favorable 34
Federal law 342
(be) fed up with 325
(to) feel lean and mean 373
feeling 244
feeling low 106
fetching girl, a 61
fight 91
foreign devil 313
foreigner 161
friend 35
friendly 35
friends 217

friends or foes 135
fringe benefits 52
fringe groups 236
frustrated by 167

G

gathering, a 171
give permission 41
goods and services 178
govern 301
governor 179
"grave consequences" 319
grieve 299
guardian spirit 115
guiltless 308

H

happy with 185
hard-line 186
hard-liner 186
harmful 209
harmless 209
hasten 197
hate 56
have a bad press 370
have a good press 370
have a good writeup 370
have a poor press 370
have a thick hide 329
have a thick skin 329
have an option for 256
have one's ear 192

heart 245
help, the 194
help someone to 194
hit pay dirt 353
hitman 351
hold 375
hustler 199

I

illegitimate 229
impartial 120
in action 27
in all seriousness 317
in business 86
in harm's way 209
in peril 101
in repair 242
in sickness and in health 324
in the mend 242
in the nude 50
inaction 27
inclination 368
including 98
incommunicative 87
incredible 99, 116
incredulity 115
indifferent 229
induce 104
infectious 88
infirm 155
infirmities of old age 119

ingenious 99
inimical 134
inner guilt 328
insecurity 36
inseparable 216
insistence 264
inspector 212
instructor 366
intellectual sympathy 215
intellectual 214
intellectualize 214
intelligence 213
intensive care 215
intensive reading 215
interior decoration 127
intimacy 217
intimate friends 216
intimates 216
isolate 334
it does not follow that... 157
it follows that... 157

J
jostle 198
jump at 223
justify 147

L
lament 299
landmass 394

large 331
large importer 57
lawn tennis 385
lay down one's arms 360
Let me hasten. 197
life's journey 219
listen in to 192
little man, a 332
loan 228
local anesthesia 233
local politics 233
locale 232
lumberer 378
lumberjack 378

M
(to) make a hit 353
make a profit 53
melevolent 54
malignant 54
mandatory 257
mass media 370, 394
masses of people 394
medical ethic 142
mental 213
mesmeric 150
mind 213
minority group 144
modify 70
moral philosophy 143
moral values 142
morbid 325

mourn 299
mystery factor 253
mythology 250

N
naked power 49
naked truth, the 49
nation-state, a 343
newsprint 371
nonprofit organization 169
not believe 362
not in a hurry 198

O
occupation 218
old womanish 154
open hostilities 35
oppose 91
optional 256
ought to 401
out of repair 243
overheat 82

P
pain in the neck, a 26
painful 26
pant-suit 383
parallel 89
pay for 34
peek at 261
peephole 260
Peeping Tom 260
peril 101
perilous 101
persist in 263
persistence 264
pick up one's ears 192
picture show 75
police inquiry 294
polite society 269
political client 79
power corrupts 278
powerful 276
(one's) preferences 55
presumptuous 39
prick up one's ears 192
privilege 256
procurement agent 64
professional ethic 142, 143
protest against 285
protest one's affection 286
provider 357
psychotic 325
purposes 289
push 198
put off 271
put under control 97
pyjama trousers 383

R
race 310

racial prejudice 56
racial segregation 146
racism 145
rash 197
reciprocate 249
reciprocity treaty, a 249
region 233
regrets 182
relative 89
remind one of 302
repercussion 33
repressed 305
repression 305
revise 70
"Right or wrong, it's my country." 307
rip off 367
rivalry 91
rogue's gallery 390
rude 39
ruler 179

S
save 193
saying(s) 286
scorn 111
scrutinize 233
sealskin 328
secondary divinities 115
see action 28
segregation 146
self-control 380

serenity 66
serious novel, a 317
serious play, a 317
servicing 320
set the trend 369
short pants 383
shorts 383
should 401
shove 198
show [wave] the white flag 360
sick and tired of 378
simple 207
sinful 326
size 392
slight 215
slippery 100
soil 339
solitary 334
solitary confinement 334
solitudes 333
sour 356
Speak up ! 363
squabble 199
stained glass 339
stainless 339
State law 342
state of the art 92
stop 50
stratagem 347
strategy 347
strike one's flag 360

strike out on one's own 352
strike pay dirt 353
strong 276
struggle 91, 218
stunned 121
substantive evidence 354
substantive law 354
supplier 357
suppose 362
suspend hostilities 35
suspiciously 123
swear on 395
synthesize 247

T
tactics 347
take action 28
talkative 87
tell me 365
territory 385
testify 395
threaten 373
throw in the towel 360
thrust oneself into [upon] 292
(be) thrust upon one 293
tidy sum, a 254
tired of 378
tolerate 230

tranquility 66
trend setter, the 369
trendy 369
tribute to, a 381
trouser-suit 383
tyrannical 112

U
unbeliever 116
unbiased 120
unbiased view, an 56
uncalled-for 162
under duress 350
under pressure 350
unprejudiced 120
use 195

V
vertigo 121
vital organs 391
vocation 218
vote for 72

W
war 35
war of the sexes 396
welfare client 79
wishful thinking 400
witness 233
writ large 58

解説　人間と言葉への鋭敏な感性

加島祥造

　この小辞典は1979年に出て著者から私に送られてきたが、その時の私はあちこちひろい読みしたのみで、しっかり読まなかった。なぜなら、当時の私は英語版の同義語類語辞典のほうに強い関心を持ち、日本人の書いた「英語類義語辞典」を軽視していたからだ。

　私が英語版の同義語諸辞典にいかに熱中したかは、本辞典より3年前の1976年に出した『英語の辞書の話』（講談社）の第4章「同義語辞典」によく現われている。そこでの私は45ページにわたって幾つもの英語同義語辞典を挙げ、比較検討している。それらの諸辞典が英文読解にいかに役立つかを、自分の翻訳と読書経験から熱っぽく述べている。

　今度、この小辞典が再刊されることになって解説を担当した私は、はじめてゆっくり通読した。通読できたのはほとんどどの項目がじつに面白く読めたからだ。多くの項目からは新鮮な教示をうけた。そしてこれは、英語版の数々の同義語辞典に引けをとらないものだ、日本人の見地をふまえた全く独自の同義語辞典だ、見かけより

はずっと深い内容のものだと強く感じた。またこれを書いた最所フミという人が日本語と英語の語感においていかに卓越した能力をもつ人だったかも、改めて実感した。解説ではこの辞典の深さと著者の語感の鋭敏さの2点を少しでも明らかにしたいと思う。

まずこの小辞典の奥行の深さについてだが、この辞典はふつうの英語学習辞典とは全く違う。まずこれが単語辞典でなくて同義語の諸単語をめぐっての辞書であることだが、これは著者の「まえがき」によく語られているから略す。ただひとつ強調したいのは、この辞典が著者の英語体験に裏打ちされ、自分の内側からの発想と判断によって書かれている点だ。

私たちは日本語の同義語についてでも、それら同義語の意味のどこが違うか、説明できないことが多い。まして英語のなかの同義語・類義語の領域は、薄気味のわるい沼みたいなものだ。英語圏生まれのいわゆる native speakers でも、同義の単語の違いを問われると、口ごもったり戸惑ったりしがちである。まして私たち非英語圏の学習者には、この領域は踏みこめない。うっかり踏みこんだら泥沼に足をとられて動けなくなる。だからここは日本の英語学者たちが恐れて近づかないし、翻訳者たちもそ知らぬ顔ですまそうとする。英文を書く人たちも同じだ。すでに井上義昌『英語類語辞典』(開拓社) があったが、これは外国の同義語辞典類からのぬき書きであり、自分の体験からの見解はない。

こんな沼池に橋をかけて、渡る人たちに水中の同義語

魚たちを見せる役が、英語の同義語諸辞典であり、だから私もひとときは熱中したのだが、しかしそれはあくまで橋の上から見ることにとどまっていた。

ところが最所フミは独りでこの沼に入りこみ、水に潜り（時にはかなり深く潜り）、魚を左と右の手につかみとって、その二匹の単語魚を私たちに示す——それらの単語魚がどう違うかを、まだピチピチ跳ねている姿で示すのだ。この本の題名にある「活用」の1語は、ここを指している——彼女の引用した用例がみんな新鮮で、すぐに活（いか）して使えるものだ、という意味である。このような仕事を独力で仕上げるのはじつに目ざましい離れ業なのであった。あまりの離れ業に、わが国の英語学の人たちは信じられないままこの辞典の価値を無視したのだった。

英語同義語に近づく読者は英語の深靴をはく必要がある。英単語の1000や2000を暗記したていどの短靴ではなくて、それらの単語をどのように適切に使って、話したり書いたりできるか、と思いはじめた読者だけがこの辞書に有益な素材を見いだす。そういう読者には、この辞典は幾つものドアをあけて、英語表現の深い興趣を提供してくれる。

ではどのような深さのものなのか。それは各自の英語力がちがうことなので説きにくいが、ごく基本的な例を少し示そう。

largeとbigの2語はどこが違うのか、書くときにはどう使いわけるのか。これは簡単にひびくが、自分の力

で答えるとなると口ごもる人が多いのではないか。最所フミはそれを明快に言う。

large / big

> "big" がボリューム、重量の大きいことに対し、"large" は面積、収容力の大きいことである。

同じように簡単にあつかえそうな同義語、look と see についてもこんな解説がある。

look / see

> この2つはどちらも「見る」ことだが、その違いは、あらかじめ意志があったかなかったかによって決まってくる。まず、"look" は、見てやろうという腹で、目を使うことである。（中略）"look" が初めから見てやろうと思って見るのに対し、"see" は何かを偶然に目撃することである。

こんなごく基本的な同義語間の用法の違いについてでも、私たちは目をひらかされた思いがする。もう少し深入りしたい人には次の例などが、感嘆の念を覚えさせるものだろう——

polite / courteous / civil

> 同じ「礼儀正しい」と言っても、温かみが内にどれだけあるかが、この3つの言葉の性格の違いを決定する。（中略）"courteous" はこの3つの中で最も温かみのある言葉である。昔ふうのマナーのよさの裏にはある誠意の存在することが暗示されている。女性にはとくにそうだが、だれに対しても思いやりがあり、無遠慮なところはみじんもないような人のことである。

3つの同義語を「温かみが内にどれだけあるか」という実感から使いわけることを、彼女はすすめる。こういう彼女の語感の働き方に私は驚く。よほど生きた英語の体験の裏打ちがあってはじめて言えることだ。頭で英語を理解するだけでは生まれてこない判断だ。

次の例にも彼女の語感への慧敏さと適確な判断力の見事な結合がみられる。

power / strength
　この2つを大別すると、外部に現われた力が"power"で、内なる力を"strength"と言うことができる。"power"は権威（authority）に"strength"よりも近い言葉で、また"strength"よりも世間的な種類の力を指す。

これらの例を面白く感じる人なら、さらに多くの項目で興味ぶかい教示や啓示に出くわすだろう。また、英語の論理や心情の表現がいかに日本語の表現と違うかが、さまざまな用例から明らかになってゆく。

たとえば help / assist の項では著者の体験がインパクトに語られ、intimate / close の項ではよほど人間心情にふかく親しんだ人の知恵が伝えられ、remember / recall / recollect では英文学からの好例が語られ、serious / earnest / grave の項では日本の外交官の重大な誤解という政治上のエピソードが打明けられ、throw / cast、suspect / doubt の項には「あ、そうなのか」と驚き、ついには、animal / beast / creature、personality / character、antagonistic / hostile のように、さらにデリケイトな深い心理を説く項目に目をみはりもしよう。

このような奥深い楽しさのある辞典なのだ。

　もうひとつ、この辞典のもつ深さを語る逸事を述べよう。

　私には『ハートで読む英語の名言』(上・下、平凡社ライブラリー、1996年) がある。英語の有名な句に自分の感想短文を加えたものだが、この「あとがき」(下巻)で私はほぼ次のように言う。

　「日本語の「心」は英語のハートとマインドの両方をごたまぜにして使っている。しかし英語ではハートとマインドをはっきり区別して用いている……」そしてさらに1ページほどこのポイントについて自分の考えを述べている。

　作家の (そして私の碁仇の) 中野孝次はこの私の考えに共感した感想を書いている。それをみて私は嬉しかった。この「心——heart・mind」のポイントは自分なりに英語文学を理解する大切な要点と考えてきたから、これが同世代の知性に共感されたことで、この視点が独り合点のものではないと知ったからだ。いまの私はこの「心——heart・mind」の違いを、東洋と西洋の人間観の相違にまで延長して考えるまでになっていて、私の思考軸の1つなのだ。

　今度、この辞典を見ていて、mind / sprit の項に、私の考えと同じ説があるのを知った (本文の244頁参照)。そこでは実に明快な説明と用例が出ている。私が長いこと大切にして役立ててきた考え——それがここでは一項目としてさりげなく出ている。この一事でもこの辞典の

奥行の意外な深さが読者に察せられるであろうと思う。

　ところで、この「心——heart・mind」の件は、私をもうひとつの方向に導く。
　まず思ったのは、私がこの考えをこの辞典から学びとったのに、それをいつしか自分の考えと思いこむようになったのか、ということだ。しかし私は初版を手にした時にはこの項を読んではいない。その記憶はない。
　そして私は、卒然と分かったのだった——そうだ、このハート・マインド説は私が最所フミ自身の口から聞いたのだ。それはあまりに以前のことだから、いつしか私自身の考えだと思いこむようになったが、元は彼女の口から出たのだった。

　このように書いた以上、その「あまりに以前のこと」を少し語らねばならない。それはたしか1950年前後のことだ。だがここまで遡ったからには、さらにこれ以前のこと——最所フミの略歴にまずふれておこう。
　彼女は戦前に、津田英学塾を出てからミシガン大学に留学し、英文学でBA、MAを取得し、10年を過ごしてから帰国した。NHKの海外放送課に働き、戦後は日本リーダーズ・ダイジェスト社で翻訳原稿をチェックする仕事にたずさわった。また1948年からはジャパン・タイムズ紙に映画批評欄を持ち、これは26年間つづいた。
　私が彼女に出会ったのは、彼女が映画批評を書きはじめたころであった。私の20代後半であり、敗戦から3、

4年しかたっていなかった。私は海外ニュースの旬刊雑誌編集部にいて、依頼原稿のことから彼女と会ったのがはじめである。いまは懐旧談をする場ではないから、ごく簡略に述べるが、当時の東京人の多くと同様に、彼女も私も家のない不自由な暮らしをしていた。私は思いついて彼女に1冊のアメリカ・ベスト・セラー小説の翻訳権をとってもらい、それを訳し、ある社から2人の名で出版してもらった。かなり売れて、その印税で目黒に小さな土地を購入した。彼女が会社から借金もして小さな家をつくり、共に住んだ。私が1952年にアメリカに留学するまでの3年ほど、彼女から、英語について聞くことが多かった。いま私が少しは「英語のできる人間」とみられているのも、彼女から受けた英語イニシエーションによるのだ。とくに英語の語感について深く教えられた。

「心」と heart / mind の関係もこの時期に聞いたのだが、もう1つ、今も深く記憶していることがある。彼女は、「英語が実に柔軟で自在な言語」だということをよく口にした。どんな複雑な考えも言い表わせるしどんな微妙な感情の綾も適切に伝えられる言葉だ、これだけは日本語はとても及ばない……こういったことを彼女は静かに言った——それは英語をそのように柔軟自在に使うまでに至った人の口調だった。

このことを最もよく伝えるのは彼女がかなり長文の映画コラムに書きつづけた英文であろう。それはジャパン・タイムズ紙に Foumy Saisho の名で出た。この当時の事情と彼女の意気込みは、この本の「今回の増補版を前にして」に語られているから読んでいただきたいが、

彼女は控え目に言っているので、私が少し繰り返して強調しておきたい——「いわゆる"native speakers"の群に」1度の文句もつけられずに「自分の意思の入った」「魅力的な英文を綴る」こと、それを「足かけ26年間つづける」ということは、実に稀有な英語力の人にしか出来ない。こう書いて思いだしたが、彼女が私にこう言ったのを覚えている——「私の映画コラムは誰もみんなネイティヴが書いたと思ってるようよ。ジャパニーズが書いていると思う人は誰もいない……」。だから彼女は「日本人の誰ひとり出来ない英文コラムを書くこと」に深い自負と意気込みを持っていた。それだけの値打ちは十分にある仕事だったのだが、若かった私には分からなかった。次のような会話をしたのを記憶している——

「フミ、映画批評ばかり書いてるのはモッタイナイよ。自分のものを書いたらどうか」

「小説を書きたいと思ってるけど、なかなか時間がとれないわ」

「そんな大きなことじゃなくて、いま出来ることを書いたらいい」

「たとえば？」

「たとえば英語と日本語の表現の違いの話なんかだよ——いつもそういう話を聞いてて、とても面白いと思ってた」

「そんなことなら、いくらでも書けるけれど、発表するところがないわ」

「それは僕が手配するよ」

すこし後になって私は研究社の編集部に話をした。研

究社では雑誌「時事英語研究」に彼女の連載コラムを設け、それからの彼女は長いこと「時事英語研究」その他の雑誌に書きつづけ、それがいくつかの本になっていった……（そのリストは後にかかげる）。

私はアメリカ留学から帰国して以来、信州の松本、横浜、そしてこの10年は再び信州の伊那谷と移り住んだ。その40年の間、互いの消息は時おり聞きあったし思いがけぬこともあったがいまは省略したい。つい去年のことだ。次男のMが伊那谷の私の家に遊びにきて、書棚から最所フミの本をとりだして読み、面白いから貸せと2、3冊を持ち帰った。今年にはいって私はふと、忘れられかけている最所フミの本を復活させたいと思った。筑摩書房の平賀孝男氏に話すと検討してくれて、この学芸文庫の1冊として出すことになり、私が解説を依頼された。そして読んでみて、改めて最所フミという人の大いなる言語センスに感嘆したのだった。

津田英学塾を出てからアメリカの大学に長期留学するというコースは、日本の英学史の始まる時からつづいてきた。最も高度の修学コースであり、それだけに明治以来の長い年月、このコースをへて帰国した女性たちが日本の英語教育に大きな貢献をしたことは広く知られている。しかし誰ひとり、最所フミの英語表現力の高みに達した人はいなかったと思う。それは彼女が知的能力（理解と判断）に秀でていたからだけではない。その奥に、人間と言葉への生きた感性を深く備えていたからだ。彼

女の語感の鋭敏さは天性であり、彼女はまず日本語の語感を十分に発達させた後、その感性のみなぎった全身を、10年の間、英語での生活にひたしたのであった。その体験と知性から彼女は、英文をあのように書けるようになったし、その仕事を基にして、誰にも頼らずに独力で、英語と日本語のはざまに分けいって、この辞典を書いた。

　おわりに、彼女の言葉をいくつかしるしておきたい。
　「西欧文化と日本文化との、もっとも顕著なちがいは、個人に対する認識の差に煮つめることができる。そしてその差はたちまち言語の上に現われる」(『日本語にならない英語』まえがき)
　「言葉とは、あるアイディアの中に生きる生き物だから、植物や鉱石の採集でもするように別々に取りだして眺める性質のものではない」(『英語にならない日本語』まえがき)
　「意識の奥深く根づいた英語は、……どこへほうり出されても生きて機能しつづける内部構造を具えている英語である。……日本語との対比において英語を捉えることは、英語とのつき合いを深めるだけでなく、日本語そのものの理解をも深めることにもなる(『続・英語にならない日本語』まえがき)
　「私は英語の幼児教育を重視しない。それどころか大人になってから英語を学ぶことに大きな利点を認めるものである」(『日英語表現辞典』まえがき)
　「英語は元来内省的な、考える言葉、絶えず自問を要求する言語である」(『アメリカ英語を読む辞典』序にかえ

て)

　こういう人とその仕事がふたたび世に出て、英語に志す人たちに役立つ機を得たことを、私は心から、喜んでいる。

　私は最所フミという人を称揚しているのではない。彼女の書き残したものを通して、彼女の言うように読者の「個人的発見が生まれることを祈りつつ」この解説を閉じる。

2003・5・15

　　　　　　　最所フミ　著作リスト

『〈カレッジ・ライブラリー 8〉日本語にならない英語』(1968.11)
『英語にならない日本語』(1971.3)
『日本語にならない英語　増訂新版』(1974.7)
『英語と日本語　発想と表現の比較』(1975.11)
『続・英語にならない日本語』(1977.3)
『英語類義語活用辞典』(1979.7)
『日英語表現辞典』(1980.4)
『英語の習得法』(1981.7)
『英語類義語活用辞典　増補新版』(1984.5)
『アメリカ英語を読む辞典』(1986.8)
　　　　　　　　　　　(全著作とも研究社出版刊行)

本書は、一九七九年七月二十日、研究社出版より刊行された。底本には、一九八四年五月二十五日刊行の増訂新版を用いた。

イメージを読む てつがくを着て、まちを歩こう	若桑みどり	ミケランジェロのシスティーナ礼拝堂天井画、ダ・ヴィンチの「モナ・リザ」、名画に隠された思想や意味を鮮やかに読み解く楽しい美術史入門書。
	鷲田清一	規範から解き放たれ、目まぐるしく変幻するモードの世界に、常に変わらぬ肯定的眼差しを送りつづけてきた著者の軽やかなファッション考現学。
英文翻訳術	安西徹雄	大学受験生から翻訳家志望者まで。達意の訳文で知られる著者が、文法事項を的確に押さえ、短文を読みときながら伝授する、英文翻訳のコツ。
英文読解術	安西徹雄	単なる英文解釈から抜け出すコツとは？ 名コラムニストの作品をテキストに、読解の具体的な秘訣と要点を懇切詳細に教授する、力のつく一冊。
英語の発想	安西徹雄	直訳から意訳への変換ポイントは、根本的な発想の転換にこそ求められる。英語と日本語の感じ方、認識パターンの違いを明らかにする翻訳読本。
《英文法》を考える	池上嘉彦	文法を身につけることとコミュニケーションのレベルでの正しい運用の間のミッシング・リンクを、認知言語学の視点から繋ぐ。
日本語と日本語論	池上嘉彦	認知言語学の第一人者が洞察する、日本語の本質。既存の日本語論のあり方を整理し、言語類型論の立場から再検討する。（西村義樹）
文章表現 四〇〇字からのレッスン	梅田卓夫	誰が読んでもわかりやすいが自分にしか書けない、そんな文章を書こう。発想を形にする方法、〈メモ〉の利用法、体験的に作品を作り上げる表現の実践書。
第2言語習得のメカニズム	ロッド・エリス 牧野髙吉訳	最も効率よく英語を学ぶには？ 初心者が必ず犯す誤りは？ 第2言語習得の仕組みを理論的に提示するいまだかつてなかったユニークな語学書。

「星の王子さま」をフランス語で読む	加藤恭子	「星の王子さま」——この名作の詩的な美しさと微妙なニュアンスを原文でじかに味わいつつ、面倒なフランス語の基本的な文法を習得する。
レポートの組み立て方	木下是雄	正しいレポートを作るにはどうすべきか。『理科系の作文技術』で話題を呼んだ著者が、豊富な具体例をもとに、そのノウハウをわかりやすく説く。
日本語はいかにつくられたか?	小池清治	太安万侶・紀貫之・藤原定家・本居宣長・夏目漱石・時枝誠記を主人公に、古代から現代まで、日本語の発見と創造を平易に語る。 (久保田淳)
現代日本語文法入門	小池清治	これまでの文法解説を超えて、格関係と係関係の多重構造として日本語文法を把え、さらに文の意味を最終的に確定するものは何かを考える。
どうして英語が使えない?	酒井邦秀	「でる単」と「700選」で大学には合格した。でも、少しも英語ができるようにならなかった「あなた」へ。学校英語の害毒を洗い流すための処方箋。
快読100万語!ペーパーバックへの道	酒井邦秀	辞書はひかない!わからない語はとばす!すぐ読めるやさしい本をたくさん読めば、ホンモノの英語が自然に身につく。奇跡をよぶ実践講座。
翻訳仏文法(上)	鷲見洋一	多義的で抽象性の高いフランス語を、的確で良質な日本語に翻訳するコツを伝授します!多彩な訳例と実用的な技術満載の名著、待望の文庫化。
翻訳仏文法(下)	鷲見洋一	原文の深層からメッセージを探り当て、それに言葉を与えて原文の「姿」を再構成するのが翻訳だ。——初学者にも専門家も読んで納得の実践的翻訳術。
ことわざの論理	外山滋比古	「隣の花は赤い」「急がばまわれ」……お馴染のことわざの語句や表現を味わい、あるいは英語の言い回しと比較し、日本語の心性を浮き彫りにする。

知的創造のヒント	外山滋比古	あきらめていたユニークな発想が、あなたにもできます。この著者の実践する知的習慣、個性的なアイデアを生み出す思考トレーニングを紹介！
名文	中村明	名文とは何か。国木田独歩から宮本輝に至る五〇人の作家による文章の精緻な分析を通して、名文のスタイルの構造を解明する必携の現代文章読本。
文章作法入門	中村明	書きたい！茫漠としたその思いを形にし、文章を発信するときのすべてを解説。原稿用紙の約束事から論理的な展開法にいたるまで徹底指導します。
悪文	中村明	文法的であってもどことなくしっくり来ない日本語表現をAからZまで26のテーマに分類、誤用・悪用例をとおして日本語の面白さを発見する。
「不思議の国のアリス」を英語で読む	別宮貞徳	このけたはずれにおもしろい、奇抜な名作をいっしょに英語で読んでみませんか──『アリス』の世界を原文で味わうための、またとない道案内。
日本語のリズム	別宮貞徳	耳に快い七五調の基盤には四拍子のリズムがあった！「声に出して読む」日本語から文化のアイデンティティーに迫る異色の日本語論。（安西徹雄）
さらば学校英語 実践翻訳の技術	別宮貞徳	英文の意味を的確に理解し、センスのいい日本語に翻訳するコツは？日本人が陥る誤訳の罠は？達人ベック先生が技の真髄を伝授する実践翻訳講座。
達人に挑戦 実況翻訳教室	別宮貞徳	達人ベック先生の翻訳教室を紙上に再現。幅広い分野の課題を出題、生徒の訳例を俎上に、的確な読みと一歩上を行く訳文を教授する、上達約束26講。
明治東京風俗語事典	正岡容	江戸・明治の東京で語られ、やがて消えていった言葉たち。当時を髣髴させる数多の言葉を、寄席芸能の第一人者が集大成した労作。（池内紀）

わたしの外国語学習法	ロンブ・カトー 米原万里訳	16ヵ国語を独学で身につけた著者が明かす語学学習の秘訣。特殊な才能がなくても外国語は必ず習得できる! という楽天主義に感染させてくれる。
英語類義語活用辞典	最所フミ編著	類義語・同意語・反意語の正しい使い分けが、豊富な例文の中から理解できる定評ある辞典。学生や教師・英語表現の実務家の必携書。
日英語表現辞典	最所フミ編著	日本人が誤解しやすいもの、まぎらわしい同義語、日本語の伝統的な表現・慣用句・俗語を挙げ、詳細に解説。(加島祥造)
英語・語源辞典	宮本倫好	英語理解のカギになるもの、それは語源だ! (加島祥造)
言海	大槻文彦	「言葉の源をほじくる衝動を持つ動物」だ! 人間は様々な言語を受け入れつつ発展した英語。その淵源をたどるスリルに富んだ知的謎解き。
婦人家庭百科辞典(全2巻・分売不可)	三省堂百科辞書編集部編	統率された精確な語釈、味わい深い用例、明治の刊行以来昭和まで最もポピュラーで多くの作家に愛された辞書『言海』が文庫で。(武藤康史)
異人論序説	赤坂憲雄	昭和初期、女子啓蒙を旗印に「時代の先端」を行く百余名の学識を結集し、衣食住の合理化・近代化を志した辞典。楽しい図版を多数収録。(武藤康史)
排除の現象学	赤坂憲雄	内と外が交わるあわい、境界に生ずる〈異人〉という豊饒なる物語を、さまざまなテクストを横断しつつ明快に解き明かす危険で爽やかな論考。
夜這いの民俗学・夜這いの性愛論	赤松啓介	いじめ、浮浪者殺害、イエスの方舟事件などのまさに現代を象徴する事件に潜む、〈排除〉のメカニズムを解明する力作評論。(佐々木幹郎)
		筆おろし、若衆入り、水揚げ……。古来、日本人は性に対しおおらかだった。在野の学者が集めた、柳田が切り捨てた性民俗の実像。(上野千鶴子)

差別の民俗学	赤松啓介	人間存在の病巣〈差別〉。実地調査を通して、その実態・深層構造を詳らかにし、根源的解消を企図した赤松民俗学のひとつの到達点。(赤坂憲雄)
非常民の民俗文化	赤松啓介	柳田民俗学による「常民」概念を逆説的な梃子として、「非常民」こそが人間であることを宣言した、赤松民俗学最高の到達点。(阿部謹也)
日本の昔話(上)	稲田浩二編	神々が人界をめぐり鶴女房が飛来する語りの世界。はるかな時をこえて育まれた各地の昔話の集大成。上巻は「桃太郎」などのむかしがたり103話を収録。
日本の昔話(下)	稲田浩二編	ほんの少し前まで、昔話は幼なな子が人生の最初に楽しむ文芸だった。下巻には「かちかち山」など動物昔話29話、笑い話123話、形式話7話を収録。
アイヌの昔話	稲田浩二編	アイヌ族が遠い祖先から受け継いだ韻文のユーカラと散文のウエペケレの中から最も愛されているものを選び「昔話」の名で編集。文庫オリジナル。
日本の葬式	井之口章次	日本人は死をどう捉え、死者をどう弔ってきたのか。各地の資料を駆使し、葬式に込められた私たちの祖先の死生観を説き明かす。(川村邦光)
遠野物語の誕生	石井正己	新たな学問の胎動を告げた名作『遠野物語』はどのように誕生したのか。草稿等の資料を丹念に読み解き、その成立過程を明らかにした画期的好著。(中沢新一)
異人論	小松和彦	「異人殺し」のフォークロアの解析を通し、隠蔽され続けてきた日本文化の「闇」の領野を透視する。新しい民俗学誕生を告げる書。
新編 江戸の悪霊祓い師	高田衛	憑き物をおとす呪術で江戸町民の絶大な人気を博した祐天上人とは――その虚像と実像をあばき、もうひとつの江戸をとらえる。(小松和彦)

百鬼夜行の見える都市　田中貴子
古代末から中世にかけ頻発した怪異現象・百鬼夜行を手掛かりに、平安京・京都という都市と王権が抱え込んできた闇に大胆に迫る。

初版 金枝篇（上）　J・G・フレイザー　吉川信訳
人類の多様な宗教的想像力が生み出した多様な事例を収集し、その普遍的説明を試みた社会人類学最大の古典。膨大な註を含む初版の本邦初訳。図版多数。〈桑原夏子〉

初版 金枝篇（下）　J・G・フレイザー　吉川信訳
なぜ祭司は前任者を殺さねばならないのか？　そして、殺す前になぜ〈黄金の枝〉を折り取るのか？　事例の博捜の末、探索行は謎の核心に迫る。

妖怪の民俗学　宮田登
妖怪はいつ、どこに現われるのか。江戸の頃から最近の都市空間の魔性まで、人知では解し難い不思議な怪異現象を探求する好著。〈常光徹〉

南方熊楠随筆集　益田勝実編
博覧強記にして奔放不羈、稀代の天才にして孤高の自由人・南方熊楠。この猥雑なまでに豊饒なる不世出の頭脳のエッセンス。

象徴天皇という物語　赤坂憲雄
天皇とはどんな存在なのか。和辻、三島、柳田、折口らの論を検証しながら象徴天皇制の根源に厳しく迫る、天皇論の基本図書。〈中野正志〉

日本中世都市の世界　網野善彦
自由、流通、自治等中世の諸問題を実証的に追究し、非農業民、都市民の世界である新たな中世社会像を提唱する画期的な論集。

日本の歴史をよみなおす（全）　網野善彦
中世日本に新しい光をあて、その真実と多彩な横顔を平明に語り、日本社会のイメージを根本から問い直す。超ロングセラーを続編と併せ文庫化。

幻想の東洋（上）　彌永信美
西洋はいかに東洋を表象したか。伝承・図像を渉猟する比較なき夢想の考古学。上巻は、古代異教世界の歴史意識から中世の聖人伝説を博捜する。

ちくま学芸文庫

英語類義語活用辞典

二〇〇三年七月九日　第一刷発行
二〇一八年十二月二十日　第六刷発行

著　者　最所フミ（さいしょ・ふみ）
発行者　喜入冬子
発行所　株式会社　筑摩書房
　　　　東京都台東区蔵前二-五-三　〒一一一-八七五五
　　　　電話番号　〇三-五六八七-二六〇一（代表）
装幀者　安野光雅
印刷所　明和印刷株式会社
製本所　株式会社積信堂

乱丁・落丁本の場合は、送料小社負担でお取り替えいたします。
本書をコピー、スキャニング等の方法により無許諾で複製する
ことは、法令に規定された場合を除いて禁止されています。請
負業者等の第三者によるデジタル化は一切認められていません
ので、ご注意ください。

© NOBUKO OIWA 2003　Printed in Japan
ISBN4-480-08756-7 C0182